著作権関係資料集

図書館等公衆送信サービス編 2020 ~ 2023

公益社団法人 日本図書館協会

2024.3

Collection of Materials on Copyright Law

著作権関係資料集 / 日本図書館協会著作権委員会編 .

東京：日本図書館協会 , 2024.

190p ; 26cm

ISBN 978-4-8204-2313-3

機器種別：機器不用

キャリア種別：冊子

表現種別：テキスト

表現系の言語：日本語

著作の優先タイトル：著作権関係資料集 ‖ チョサクケン　カンケイ　シリョウシュウ

創作者：日本図書館協会 ‖ ニホン　トショカン　キョウカイ

BSH4: 著作権

NDC10: 021.2

はじめに

　2021年5月26日，第204回通常国会において「著作権法の一部を改正する法律」が成立し，6月2日に令和3年法律第52号として公布されました。また，2022年12月には施行日が2023年6月1日と定められました。これにより，〈図書館等における公衆送信サービス〉が開始されることになりました。

　本書では，法改正に至るまでに作成された文化審議会著作権分科会の報告書や法文，各団体の要望書などの関係資料と，新制度を運用するために関係者間の協議により作られた「ガイドライン」等を収録して，一覧できるようにしました。これら法改正の一連の経緯を知ることで，新しいサービスの意義への理解が深まることと思います。現在，各図書館において公衆送信サービスの実施の準備が進められていることと思われますが，その一助として，本書をご活用いただければさいわいです。

　今回の改正では，文化審議会著作権分科会法制度小委員会およびその下に置かれた「図書館関係の権利制限規定の在り方に関するワーキングチーム」において検討され，取りまとめられた『図書館関係の権利制限規定の見直し（デジタル・ネットワーク対応）に関する報告書』に基づいて，〈図書館等における公衆送信サービス〉を実現するための内容が盛り込まれました。また，2021年10月には上でも触れた「図書館等公衆送信サービスに関する関係者協議会」が権利者・出版関係者と図書館等関係者により発足し，法改正の具体化に向けたさまざまな協議が進められてきました。

　日本図書館協会では，著作権委員会委員長が同協議会の共同座長となり，著作権委員会が中心となって取り組み，他の図書館団体，権利者側団体と協力してこの課題に対応してきました。本書に収録した「ガイドライン」等の作成にあたっては，時に利害の相反する関係者が集まり，少なくない時間とエネルギーを費やして一致点を見出す努力をしてきました。こうしてできた新制度ですが，短期間での作業ということもあり，必ずしも図書館界や図書館利用者が思い描いていたものでないところもあります。しかし，現時点ではとにかくスタートさせ，実績を踏まえて見直しを行い，よりよいものに仕上げていくということが多くのかかわった者の思いです。そのため，ぜひ各図書館においても積極的に取り組んでいただき，協議会へのフィードバックをお願いしたいと考えております。

　　　2024年3月

> ▶本サービスに関する情報提供のため，日本図書館協会のウェブサイト上に「図書館等公衆送信サービス」の特設ページを開設しました。随時公表される，文化庁やSARLIBからの情報を収集し，掲載していく予定です。本書に収録できなかった資料や，用語解説，FAQなども予定しています。トップページにあるバナーからリンクされていますので，ご参考にしてください。

目　次

【1】 国における見直しの検討結果とそれにより改正された著作権法

図書館関係の権利制限規定の見直し（デジタル・ネットワーク対応）に関する報告書
〔2021.2.3　文化審議会著作権分科会〕 ···································· 7

著作権法の一部を改正する法律　新旧対照条文（図書館関係部分の抜粋）··········· 26

著作権法の一部を改正する法律　御説明資料（条文入り）〔抄〕·················· 41

著作権法〔抄〕 ··· 44

施行令・施行規則（図書館等公衆送信サービス関係部分）····················· 78

「著作権法の一部を改正する法律」等の一部の施行（令和 5 年 6 月 1 日施行関係）に
ついて（通知）〔2023.5.31　文化庁，文部科学省〕·························· 82

【2】 見直しの議論

知的財産推進計画 2020 −新型コロナ後の「ニュー・ノーマル」に向けた知財戦略 〔抄〕············ 86

知的財産推進計画 2021 −コロナ後のデジタル・グリーン競争を勝ち抜く無形資産強化戦略 〔抄〕

··· 91

著作権法第 31 条における「図書館等」に関する要望···························· 93

・文化審議会著作権分科会での「図書館関係の権利制限の見直し（デジタル・ネッ
トワーク対応）について」における検討について（依頼）〔2020.9.15　近畿病院図書
室協議会，日本病院ライブラリー協会，日本図書館協会〕　93

・著作権法第 31 条における「図書館等」に学校図書館を加えることについて（要
望）〔2020.9.26　学校図書館問題研究会〕　94

・文化審議会著作権分科会での「図書館関係の権利の見直し（デジタル・ネットワー
ク対応）について」における学校図書館の扱いについて〔2020.10.14　日本図書館協
会〕　95

・著作権法第 31 条第 1 項の図書館等に学校図書館を含めることについて　学校図
書館において想定される具体的な活動内容〔2020.10.27　日本図書館協会〕　96

図書館関係の権利制限規定の見直し（デジタル・ネットワーク対応）に関する検討
に当たっての論点について〔2020.8.27　図書館関係の権利制限規定の在り方に関するワー
キングチーム（第 1 回）資料〕 ·· 97

図書館関係の権利制限規定の在り方に関するワーキングチーム（第 1 回）ヒアリン
グ発表資料〔2020.8.27〕 ··· 100
　国立国会図書館／日本図書館協会／全国美術館会議／日本博物館協会／
　図書館休館対策プロジェクト／国公私立大学図書館協力委員会

図書館関係の権利制限規定の在り方に関するワーキングチーム（第2回）ヒアリング発表資料〔2020.9.9〕 ·· 113

　学術著作権協会／日本写真著作権協会／日本書籍出版協会・日本雑誌協会／
　日本新聞協会編集委員会新聞著作権小委員会／日本美術著作権連合／
　日本文藝家協会著作権管理部／日本漫画家協会

文化審議会著作権分科会法制度小委員会「図書館関係の権利制限規定の見直し（デジタル・ネットワーク対応）に関する中間まとめ」に関する意見募集に対する意見
·· 129

　日本図書館協会／国立国会図書館／日本弁護士連合会／日本病院ライブラリー協会／
　図書館休館対策プロジェクト／日本経済団体連合会知的財産委員会企画部会／
　日本映像ソフト協会／日本ペンクラブ／図書館問題研究会／専門図書館協議会／
　学校図書館問題研究会／情報科学技術協会著作権委員会／全国公共図書館協議会／
　国公私立大学図書館協力委員会

その他の日本図書館協会の意見等 ··· 149

・図書館関係の権利制限規定の見直し（デジタル・ネットワーク対応）について
　〔2021.3.9 〔自民党〕著作権法改正ヒアリング資料〕　149

・改正著作権法第104条の10の4第1項の規定に基づく「図書館等公衆送信補償
　金」の額の認可に係る審査基準及び標準処理期間（案）に関する意見提出につ
　いて〔2022.4.12〕　150

・「著作権法施行令の一部を改正する政令（案）」及び「著作権法施行規則の一部
　を改正する省令（案）」に関する意見提出について〔2022.11.4〕　151

その他の諸団体の意見等 ··· 151

・著作権法の一部を改正する法律案について〔2021.3.12　全国知事会，文教・スポーツ
　常任委員会〕　151

・第204回国会提出「著作権法の一部を改正する法律案」に対する見解〔2021.4.28
　日本出版社協議会〕　152

・図書館資料の公衆送信サービス実施に係る諸施策について（要望）〔2022.6.22　全
　国公共図書館協議会〕　153

・図書館等公衆送信サービスの実施予定等に関する調査結果〔2022.9.9　〔文部科学省，
　文化庁〕〕　154

【3】「関係者協議会」の成果と補償金関係の資料

「図書館等公衆送信サービスに関する関係者協議会」関係資料〔2021.10.28　第 1 回会議資料〕·······················155

・設置要綱(案)　155

・図書館等公衆送信サービスに関する関係者協議会の構成について　157

・主な検討課題(案)　157

補償金管理団体に関する資料·····················159

・図書館等公衆送信サービスに係る著作物や著作権者等の判別のための著作権法第 30 条の 4 による利用について〔2022.7.19　文化庁著作権課〕　159

・一般社団法人図書館等補償金管理協会定款［抄］〔2022.9.5 設立〕　160

・改正著作権法第 104 条の 10 の 2 第 1 項の図書館等公衆送信補償金を受ける権利を行使する団体の指定について〔2022.11.7　文化庁〕　164

・図書館等公衆送信補償金の額の認可申請理由書［抄］〔2023.3.20　図書館等公衆送信補償金管理協会〕　165

・図書館等公衆送信補償金の額の認可について〔2023.3.29　文化庁報道発表〕　172

・図書館等公衆送信補償金の額の認可に関する留意事項について（通知）〔2023.3.29　文化庁〕　173

補償金規程および「ガイドライン」等·····················174

・図書館等公衆送信補償金規程〔令和 5 年 3 月 29 日認可〕　174

・図書館等における複製及び公衆送信ガイドライン〔2023.5.30 制定・8.30 修正〕　176

・図書館等公衆送信サービスに関する関係者協議会　事務処理等スキーム分科会合意事項〔2022.6.20　2023.5.18 修正〕　182

・図書館等公衆送信サービスに係る特定図書館等及び利用者に求められる要件等について〔2022.8.3 修正・2023.5.17 修正　特定図書館等分科会〕　184

付録　・「図書館等公衆送信サービスに関する関係者協議会」委員・オブザーバー名簿〔2023.5.25〕　186

・文献リスト　187

・「JLA メールマガジン」配信記事　189

1 国における見直しの検討結果とそれにより改正された著作権法

図書館関係の権利制限規定の見直し（デジタル・ネットワーク対応）に関する報告書

令和 3 年 2 月 3 日
文化審議会著作権分科会

第 1 章　問題の所在及び検討経緯

　著作権法（以下「法」という。）第 31 条に規定する図書館関係の権利制限規定については，従来から，デジタル化・ネットワーク化に対応できていない部分があるとの指摘がなされてきたところ，今般の新型コロナウイルス感染症の流行に伴う図書館の休館等により，インターネットを通じた図書館資料へのアクセスなどについてのニーズが顕在化した[1]。
　こうした状況を踏まえ，「知的財産推進計画 2020（令和 2 年 5 月 27 日知的財産戦略本部決定）」において，図書館関係の権利制限規定をデジタル化・ネットワーク化に対応したものとすることが短期的に結論を得るべき課題として明記されたことから，早急に対応を行う必要がある。

◆知的財産推進計画 2020（令和 2 年 5 月 27 日知的財産戦略本部決定）（抄）
【本文】
　絶版等により入手困難な資料をはじめ，図書館等が保有する資料へのアクセスを容易化するため，図書館等に関する権利制限規定をデジタル化・ネットワーク化に対応したものとすることについて，研究目的の権利制限規定の創設と併せて，権利者の利益保護に十分に配慮しつつ，検討を進め，結論を得て，必要な措置を講ずる。

【工程表】
　図書館等に関する権利制限規定をデジタル化・ネットワーク化に対応したものとすることについては，2020 年度内早期に文化審議会で検討を開始し，2020 年度内に一定の結論を得て，法案の提出等の措置を講ずる。

　これを受け，本分科会（法制度小委員会・ワーキングチーム）においては，権利者の利益保護に十分に配慮しつつ，デジタル・ネットワーク技術を活用した国民の情報アクセスを充実させる観点から，(1) 入手困難資料へのアクセスの容易化（法第 31 条第 3 項関係），(2) 図書館資料の送信サービスの実施（法第 31 条第 1 項第 1 号関係）という 2 つの課題について，幅広い関係者（図書館等関係者，研究者（図書館等の利用者），権利者）からのヒアリングを行った上で，集中的に議論を進めてきたところであり，その検討結果は下記のとおりである。

第 2 章　検討結果

第 1 節　入手困難資料へのアクセスの容易化（法第 31 条第 3 項関係）
1. 現行制度及び課題
(1)　現行規定
　平成 24 年改正により創設された法第 31 条第 3 項では，国立国会図書館においてデジタル化された「絶

版等資料」（絶版その他これに準ずる理由により一般に入手することが困難な図書館資料をいう。以下同じ。）[2]のデータを，国立国会図書館が他の図書館等（著作権法施行令第1条の3第1項に定める図書館等をいう。以下同じ。）に対してインターネット送信し，それを送信先の図書館等において館内での閲覧に供するとともに，一部分を複製して図書館等利用者（以下「利用者」という。）に提供することが可能となっている。

このような権利制限規定が設けられているのは，絶版等資料については，（ア）国民が市場等で入手・閲覧することが困難であるため，公的機関の責任において国民の情報アクセスを確保する必要性が高い一方で，（イ）市場等で流通していない資料（マネタイズしていない資料）であれば，その送信等により権利者に大きな不利益を与えることも想定されないなどの理由によるものであると考えられる。

(2) 運用実態

法第31条第3項に基づく「図書館向けデジタル化資料送信サービス」として，令和2年9月時点で，約149万点の絶版等資料（図書・雑誌・博士論文等）が，国立国会図書館のデータベースを通じて，参加承認を受けた図書館（令和2年9月1日時点で，国内1,207館，海外2館）内の端末で閲覧できることとなっており，そのうち1,087館では，一部分の複写サービスも実施されている。閲覧数は年間約30万回，複写数は年間約12万回である。

送信対象資料や送信データの利用方法等については，「国立国会図書館のデジタル化資料の図書館等への限定送信に関する合意事項」（資料デジタル化及び利用に係る関係者協議会）（平成24年12月10日国図電1212041号，改正平成31年1月24日国図電1901151号）において，将来の電子出版市場への影響や権利者の利益保護等にも配慮したルールが定められており，これに基づき10年近くにわたって安定的な運用が行われている。

〈送信対象資料の範囲や除外手続等の概要〉
① 送信対象資料（入手困難な資料）は，流通在庫がなく，かつ商業的に電子配信されていない等，一般的に図書館等において購入が困難である資料とすること。オンデマンド出版されている資料及び電子書籍として流通している資料は入手可能なものとして扱い，送信対象としないこと。
② まず「図書・雑誌・博士論文」を送信対象候補資料としつつ，その中でも，漫画，商業出版社に係る雑誌，出版されている博士論文等については，取扱いを留保又は除外すること[3]。
③ 送信対象候補資料から実際の送信対象資料を絞り込むため，(i) 国立国会図書館による入手可能性調査，(ii) 事前除外手続，(iii) 事後除外手続（オプトアウト）の3段階の手続を行うこと。(ii)(iii)において，出版社等[4]から除外申出があった場合，（ア）市場で流通している場合（おおむね3か月を目安として流通予定である場合を含む。），（イ）著作権が著作権等管理事業者により管理されている場合，（ウ）著作者から送信利用の停止の要請があった場合，（エ）出版者から，経済的利益以外の正当な理由（人権侵害，個人情報保護等）により送信利用の停止の要請があった場合のいずれかに該当する場合には，除外を行うこと[5]。

(3) 課題・要望

現行制度上，絶版等資料のデータの送信先は図書館等に限定されているため，図書館等の館内での閲覧しかできず，個々の利用者が各家庭等を含む様々な場所からインターネットを通じて閲覧することはできない。また，データを受信した図書館等において可能な行為が一部分の複製及び複製物の提供に限定されているため，図書館等から利用者に対してメールによりデータを送付することなどもできない。

このため，感染症対策等のために図書館等が休館している場合や，病気や障害等により図書館等まで足を運ぶことが困難な場合，そもそも近隣に図書館等が存在しない場合など，図書館等への物理的なアクセスができない場合には，絶版等資料へのアクセス自体が困難となるという課題がある。また，実態上，必ずしも全ての図書館等が国立国会図書館による参加承認を受けているわけではなく，参加承認を受けた図書館等においても利用できる端末数が限定的であるなどの課題もある。

これらを背景として，現に，国立国会図書館に対しては，今般の新型コロナウィルス感染症の流行に伴う図書館等の休館を受け，デジタル化資料のイン

ターネット公開等を求める要望が寄せられているとともに，身体障害で来館できない利用者等からも遠隔地からの資料へのアクセスについての要望が寄せられている。

また，「図書館休館対策プロジェクト」[6] からは，令和2年4月に実施した「図書館休館による研究への影響についての緊急アンケート」（対象者：広義の研究者及び学生）において，75.7%が国立国会図書館におけるデジタル化資料の公開範囲拡大を望むと回答するなど，絶版等資料を利用者に直接インターネット送信することを可能とすることへのニーズは極めて高い状況にあることが報告されている。

こうした状況を踏まえ，国立国会図書館のほか，日本図書館協会や国公私立大学図書館協力委員会等からも，利用者が自宅等においても絶版等資料の閲覧等ができるよう制度改正を行うことを求める意見が出されている。

2．対応の方向性

新型コロナウィルス感染症の流行に伴うニーズの顕在化等を踏まえ，様々な事情により図書館等への物理的なアクセスができない場合にも絶版等資料を円滑に閲覧することができるよう，権利者の利益を不当に害しないことを前提に，国立国会図書館が，一定の条件の下で，絶版等資料[7]のデータを利用者に直接インターネット送信することを可能とすることとする[8,9]。

なお，平成24年の著作権法改正に当たっての文化審議会著作権分科会の議論[10]においても，最終的には各家庭等での閲覧を可能とすることが目標とされていたところ，今回の対応は，その流れにも沿ったものであると考えられる。

3．制度設計等

(1)　補償金の取扱いを含めた全体の方向性

①　前提

法第31条第3項に基づく図書館等への送信については，現状，補償金は課されていない。これは，(i) 市場等で流通していない資料（マネタイズしていない資料。いわゆるネバー・イン・コマースのものも相当程度含まれる）であるという入手困難資料の性質上，送信に伴う権利者への影響が軽微であると評価できること，(ii) 国立国会図書館が非営利目的

で行う公益性の高い行為であること，(iii) 送信先が図書館等に限定されていることなどを考慮したものだと考えられる。

その上で，送信の実施方法等に関しては，上記のとおり，関係者間の協議による合意事項として送信対象資料の範囲や除外手続等が定められており，将来の電子出版市場（潜在的市場）や権利者の利益等に悪影響を与えない形での厳格な運用が担保されている。

②　検討結果

以下の (i) ～ (iv) の視点に基づき議論した結果，まずは，権利者の利益保護を図りつつ，国民の情報アクセスを早急に確保する観点から，「送信対象資料の範囲等について現行の厳格な運用を尊重しつつ，利用者に直接インターネット送信することを可能とし，補償金制度は導入しないこと」とすることで認識が一致した。

他方，将来的には，送信対象資料の拡大を含めてサービスの利便性を高めつつ，併せて補償金制度を導入する方向性を目指すべき[11,12,13,14,15]との意見が複数示されたことから，今回の見直しに基づく個々の利用者への送信の実施状況等を踏まえ，幅広い関係者の意見を丁寧に聴きながら，継続的に議論を行うことが望まれる。

〈補償金の要否を考える際の視点〉
(i) 送信先の拡大が権利者に与える影響
・送信先（閲覧場所）が図書館等から各家庭等を含む様々な場所に広がることに伴う補償の必要性をどのように考えるか。
・上記① (i) (ii) 及び現行の厳格な運用（潜在的市場への配慮を含む。）を前提に，既に図書館等において誰もが容易に閲覧できるような形で送信されている資料について，各家庭等を含む様々な場所からの閲覧を可能とすること（上記① (iii) が変更されること）をもって，新たに補償金を課すだけの不利益を権利者に与えるものと評価されるか。
(※) ワーキングチームでヒアリングを行った権利者団体の中には，送信先の拡大をもって補償金を課すことが必要又は望ましいとの意見を有している団体もある。他方，現行の厳格な運用

を維持しつつ送信先が拡大するだけであれば，補償金は必ずしも必要ではないと考えている団体も多い。

（ii）国民の情報アクセスへの影響
・入手困難資料の性質上，国立国会図書館による送信サービスが国民にとってほぼ唯一の情報アクセス手段となるところ，新たに補償金を課すことが，入手困難資料に対する国民の情報アクセスにどのような影響を与えるか[16]。
・特に，物理的に図書館等に足を運べる者（無償で閲覧可能）と，そうでない者（病気や障害等の事情を有する者を含む。）とのイコールフッティングなどの観点から問題はないか[17]。
・公立図書館の無料公開の原則（図書館法第17条）との関係で，入手困難資料の閲覧自体への対価を徴収することについて，どのように考えるか[18,19]。

（iii）サービスの利便性を高める観点からの補償金の積極的活用の可能性[20]
・送信対象資料の拡大や，送信形態の利便性向上（例えば，データのダウンロードまで可能とすることなど）のために，補償金を積極的に活用することについてどのように考えるか。
　（※）ワーキングチームでヒアリングを行った権利者団体の中には，一定の条件（現行の運用で無償となっている部分も含めて補償金の対象とすること，補償金は商業出版における通常の使用料ベースを基準とすること，著作者等の意思に基づくオプトアウトが認められること，ダウンロードまでは認めないこと）を前提に送信対象資料の拡大に前向きな意見を有している団体もある。他方，仮に補償金制度が導入されるとしても，送信対象資料を現行の運用より拡大することやデータのダウンロードまで可能とすることには反対又は慎重な意見を有している団体も多い。

（iv）適切な徴収・分配等のためのシステムの実現可能性
・国立国会図書館が多数に上る利用者個人に対して課金する仕組みを採用することは，現行のシステムでは不可能であり，人手による対応も事務負担が過重となり困難であるなど多くの課題があるところ，早急に運用可能なシステムを構築できる見通しはあるか。

・補償金制度においては，権利者への対価還元を的確に行うことのできる徴収・分配の仕組みが求められる。入手困難資料に係る権利者は所在不明等の場合も多いと考えられるところ，仮に補償金を課すこととした場合に，適切な分配が担保できる見通しはあるか。

（2）「絶版等資料」について
　①　用語・呼称
「絶版等資料」は，法第31条第1項第3号において「絶版その他これに準ずる理由により一般に入手することが困難な図書館資料」と定義されている。「絶版」は，あくまで典型例を示す例示に過ぎず，絶版か否かに関わらず，現に「一般に入手することが困難」と言えるかどうかによって，権利制限の対象となるかどうかが決まることとなる。このため，条文上「絶版」という用語が用いられていることで，権利制限の適用に当たって，対象となる資料が限定されるなどの実質的な問題が生じているわけではない。

ただし，「絶版」の意義が多義的であることに加え，最近では，紙の書籍が絶版になったとしても電子出版やオンデマンド出版等により流通が確保される例が多く，絶版であることが入手困難性を示す典型例と言い難い状況になっている面があると考えられるところ，「絶版」という用語が強調されることで，権利制限の対象となる資料の範囲に関する誤解・混乱が生じることも想定される。

このため，ここでは，権利制限の対象となる資料を，便宜上「入手困難資料」と呼称することとする。なお，法律上の定義まで改めるか否かについては，内容面の取扱いを踏まえて検討する必要がある（その内容・外延が現行と本質的に変わらない場合に，法律上の定義を改めることができるか否かについては，法制的観点からの検討が必要となる）[21]。

　②　内容・外延
　（i）現行規定の解釈・運用等
上記①に記載のとおり，現行規定上，絶版か否かではなく，現に「一般に入手することが困難」であるか否かが権利制限の対象範囲を画するメルクマールとなっている。

このため，（ア）絶版であっても，電子出版やオ

ンデマンド出版等により円滑な流通が確保されている場合には，権利制限の対象とはならないが，（イ）絶版でなくても，流通在庫がなく，かつ，電子出版やオンデマンド出版等もされていないなどの場合[22]には，権利制限の対象となり得る。また，（ウ）そもそも，絶版という概念自体が存在しない種類の資料や，最初から広く一般に流通させることを目的としていない資料（例：ごく小部数しか発行されない地域資料，郷土資料，行政資料等）についても，現に一般に入手することが困難であれば権利制限の対象となることに加え，（エ）将来的に再版等の構想があるとしてもそれが現実化していない場合には，権利制限の対象となり得る。他方，（オ）単に値段が高く経済的理由で購入が困難であることや，郵送等の手続のため入手までに一定の時間を要することなどをもって，権利制限の対象となるということはない[23]。

この点，上記1.（2）①で記載した「国立国会図書館のデジタル化資料の図書館等への限定送信に関する合意事項」における「送信対象資料」の内容は，基本的に，現行規定の意味するところを具体的に示したものであると考えられる[24]一方，上記1.（2）②③で記載した留保・除外については，法律の解釈というよりは，当事者間における運用上の配慮として，将来の電子出版市場の発展や権利者の利益に悪影響を与えないなどの観点から独自に定められたものであると考えられる。

この合意事項を踏まえた今後の取扱いに関しては，図書館関係者から，現状よりも送信対象の範囲が縮小することには反対するとの意見や，安易に除外手続が行われないようにする必要がある一方で運用の柔軟性を損なわないことに留意する必要があるとの意見が出されるとともに，出版社・権利者団体からは，利用者に直接送信することを可能とする場合には，現行の運用を維持・尊重又は更に厳格化すべきとの意見が出されている。

（ii）対応方針

①利用者に直接送信することを可能することに伴い，権利者の潜在的な市場（将来的な販売計画等）への影響が一定程度大きくなること，②今回の見直しの主眼が，図書館等への物理的なアクセスができない場合における入手困難資料へのアクセスを容易化すること（現状で図書館等では閲覧できる資料を，

各家庭等を含む様々な場所からでも閲覧できるようにすること）にあることを踏まえると，少なくとも，利用者に直接送信する資料については，現行の運用よりも対象範囲を広げることについては慎重である必要がある。この点，法整備に当たっては，対象資料の範囲が過度に拡大することのないよう，法令において一定の担保を行うこと[25]も含め，検討を行う必要がある。

他方，図書館等への送信の対象とする資料については，社会状況の変化や利用者のニーズ，権利者に与える影響等を踏まえつつ，現行の運用を厳格に維持するか否かについて別途検討を行う余地もあると考えられる。

いずれにしても，これらの点に係る具体的な運用の在り方については，上記（i）の（ア）～（オ）に記載した考え方や関係者間の合意に基づく現行の運用をベースにしつつ，基本的には，送信サービスの実施主体である国立国会図書館と，資料の流通状況等を適確に判断できる立場にある出版社・権利者等との間において，権利保護と利用円滑化のバランスを考慮の上で議論が行われるべきである。ただし，本件は，国民全体の情報アクセスの確保や，出版社・権利者団体に属しない権利者全体の利益にも関わる重要な事柄であることから，今回の改正後における運用について議論する際には，関係府省や研究者・弁護士など，中立的な立場の第三者も参画することが望ましい[26]。

（中古本の市場との関係）

昨今，新刊本が入手できない場合でも，中古本がインターネット上で簡易に入手できるという場合も生じており，このことと「入手困難資料」の定義との関係が問題となるが，議論の結果，以下の（ア）～（ウ）の理由から，権利制限の対象とする「入手困難資料」に該当するか否かの判断に当たって中古本の流通状況は考慮しない（新刊本が入手困難であれば，中古本の流通状況に関わらず権利制限の対象とする）との認識で一致した[27]。

（ア）当事者間の合意に基づく現行の運用においても，中古本の流通状況は考慮されていないこと（国立国会図書館から，仮に中古本が入手可能な場合を権利制限の対象から除外した場合，大半の資料が送信できなくなりサービスが低下するという強

い懸念が示されている）。

（イ）中古本の流通によって権利者に対価が還元されることはなく，権利者の利益保護の観点からの考慮は必ずしも求められないこと（権利制限を行う許容性が高いこと）。

（ウ）中古本については幅広いニーズに応え得る十分な分量が確保されていないことも多く，価格も流動的であるとともに，流通状況についての統一的・確実なチェックも困難であるという点で，新刊本の場合と同様の入手容易性が確保されているとは言い難い状況にあること（権利制限を行う必要性も認められること）。

なお，このことは，今回の改正後における運用の議論に当たって，古書店の有する社会的役割等に鑑み，中古本の市場との関係を考慮することを妨げるものではない。

(3) 送信の形態

① 閲覧者の範囲・手続

国民の情報アクセス確保の観点から，特定の属性を有する者（例えば，研究者）のみが閲覧できるといった現行の図書館等における閲覧と取扱いを異にした仕組みは望ましくない一方で，権利者の利益保護の観点から，ID・パスワードなどにより閲覧者の管理を行う仕組みを設ける必要があるとの認識で一致した[28]。その場合，ID・パスワードなどの取得・登録時に，利用者に利用規約等への同意を求め，不正な利用を防止することなどが想定される[29]。

② 複製の可否

ストリーミング（画面上での閲覧）のみを可能とするか，プリントアウトやデータのダウンロード（複製）まで認めるべき否かという点については，様々な意見があったが，①ストリーミングだけでは利便性の観点から問題があること，②紙媒体でのプリントアウトについては，データの不正拡散等の懸念も少ないため，利便性確保のために認めていくべきであることについては認識が一致した[30]。

他方，プリントアウトを認める分量については，（ア）研究目的での全部利用の必要性など利便性確保の観点に加え，入手困難資料であり権利者の利益に与える影響は軽微であることなどから全部のプ

リントアウトを認めるべきであるとの意見のほか，（イ）現行の第31条第3項後段との関係や補償金が課されないことなどを踏まえて一部分に限定する必要がある[31]との意見があった[32]。また，データのダウンロードについても，分量を限定することや，技術的な複製防止措置を講じることなどをした上で可能とすることが望ましい[33,34]との意見があった。

なお，仮に入手困難資料の全部のプリントアウトを可能とする場合には，現行法第31条第3項後段に基づく送信先の図書館等におけるコピーサービスについても，全部の複製を可能とすべきであると考えられる。

いずれにしても，具体的な送信の形態等については，システム上の実行可能性等も踏まえながら対応を進める必要があるとともに，技術の進展等に柔軟に対応する観点から，法律ではなく，政省令やガイドラインなどで具体的な取扱いを定めるのが望ましいと考えられる[35,36]。

(4) 受信者側での複製の取扱い

上記（3）の取扱いとも連動するが，何らか複製が可能な形態での送信を行うこととする場合，送信された入手困難資料を，受信者が自身の手元で複製するという行為が伴うこととなる。

この点，それが私的使用目的の複製（法第30条第1項）や授業の過程における複製（法第35条第1項）など現行権利制限規定で認められている行為に該当しない場合（例：業務目的での複製）であったとしても，自ら閲覧するために複製する限りにおいては，権利者の利益を不当に害することは想定されないため，その限りにおいて受信者側での複製も権利制限の対象に含めることとすべきである[37,38]。

(5) 国立国会図書館から送信される入手困難資料に係る公の伝達権の制限

現行規定上，国立国会図書館からの送信を受信して行う公の伝達（不特定又は特定多数の者に対するパソコンやディスプレイでの表示など）については，明示的な規定は置かれていないが，法第31条第3項において送信の目的が「図書館等又はこれに類する外国の施設で政令で定めるものにおいて公衆に提示することを目的とする場合」と定められていることから，その範囲では当然に公の伝達も可能である

と解されている。

　この点，今回，送信先が図書館等に限らず大幅に拡大することに伴い，①公の伝達に関するニーズも高まることが想定されるとともに，②現行の「…において公衆に提示することを目的とする場合」というのとは異なる規定ぶりとなることも想定されるところ，別途，明示的に公の伝達権を制限する規定を設けることとすべきである。

　その際，図書館等以外の場（例：公民館）における公の伝達も幅広く認めることとする一方で，非営利・無料で行うことなどを要件として課すべきである[39]。

（6）　大学図書館・公共図書館等が保有する入手困難資料の取扱い

　国立国会図書館が保有していない貴重な資料（入手困難資料）を，大学図書館・公共図書館等が保有している場合も想定されるところ，こうした資料についても国民の情報アクセスを確保する観点から，（ア）大学図書館・公共図書館等においてデジタル化した上で，（イ）大学図書館・公共図書館等から国立国会図書館に提供し，（ウ）国立国会図書館において専用サーバーにデータを蓄積するとともに，（エ）国立国会図書館から全国の図書館等や個々の利用者に向けた送信を行うこと（いわば，国立国会図書館をハブとして資料の全国的な共有を図ること）が望ましいと考えられる[40]。

　この点，基本的には，既に平成29年4月の文化審議会著作権分科会報告書[41]において整理されているように，（ア）については法第31条第1項第2号，（イ）については法第31条第1項第3号，（ウ）については法第31条第2項，（エ）については法第31条第3項（及び今回の見直し）により，それぞれ可能であると考えられる。

　このうち（イ）に関して，法第31条第1項第3号では「他の図書館等の求めに応じ…」と規定されているが，国立国会図書館は網羅的な資料収集の役割を担っているところ，個別に国立国会図書館が資料を特定した上で他の図書館等に提供を要請するという行為を行わずとも，包括的に資料の提供を要請していれば，「他の図書館等の求めに応じ」の要件を満たすものと評価できると考えられる。

　また，同号では「…の複製物を提供する場合」と

規定されており，複製権の制限のみが行われているところ，大学図書館・公共図書館等から国立国会図書館に対してメールで提供することも可能であると評価できると考えられる。他方，大学図書館・公共図書館等から国立国会図書館の管理する専用サーバーに直接データを蓄積することは「…複製物を提供」とは評価できない可能性もあるため，このようなニーズの有無も踏まえながら，規定の文言の取扱いについて検討を行う必要がある。

　なお，美術館・博物館等[42]において所蔵・保管している入手困難資料について，国立国会図書館がハブとして機能することには限界があるため，将来的に他の機関をハブとすることなどについても検討が必要となるものと考えられる[43]。

第2節　図書館資料の送信サービスの実施（法第31条第1項第1号関係）

1．現行制度及び課題
（1）　現行規定

　法第31条第1項（第1号）では，国立国会図書館又は政令で定める図書館等は，営利を目的としない事業として，調査研究を行う利用者の求めに応じ，公表された著作物の一部分を一人につき一部提供する場合に限り，図書館資料を複製して提供することが可能となっている。

　このような権利制限規定が設けられているのは，（ア）図書館等の果たすべき公共的奉仕機能に鑑み，図書館等における重要な業務形態としての複写サービスを可能とする必要がある一方で，（イ）厳格な条件（主体の限定，非営利性，利用目的の限定，一部分要件など）の下での複製・提供であれば権利者の利益を不当に害することもないなどの理由によるものであると考えられる。

（2）　運用実態

　国立国会図書館では，職員等が著作権法上の要件を審査の上，複写サービスを実施しており，館内複写サービスの利用が年間約130万件，遠隔複写（郵送）サービスの利用が年間約30万件となっている。利用に当たっては，コピー代としてA4白黒で1枚当たり25.3円，郵送の場合は別途，発送事務手数料＋送料（実費）を支払う必要がある。

　『図書館における著作権対応の現状－「日本の図

書館 2004」付帯調査報告書−』（日本図書館協会，2005 年）によると，公共図書館・大学図書館では，全体の約 90 ％が複写サービスを実施しており，このうち，利用者によるセルフ式コピーを導入している館が約 47 ％，郵送サービスを実施している館が約 50 ％となっている。利用に当たっては，コピー代，郵送の場合は別途，送料等を支払う必要がある。サービス実施に当たっては，関係団体が作成するガイドライン[44] 等に基づき，複写申込書等による複写内容の確認・点検（セルフ式コピーの場合の事後確認を含む。）や，利用者に対する著作権法についての啓発・周知の徹底（ポスターの掲示を含む。），利用者からの誓約書の提出等が行われている。

(3) 課題・要望

現行制度上，図書館等において行うことができる行為が複製及び複製物の提供に限定されている（複製権と譲渡権の制限はされているが，公衆送信権の制限はされていない）ため，図書館等から利用者に対して，FAX やメール等による送信（公衆送信）を行うことはできない。

この点，遠隔地から資料のコピーを入手しようとする場合，郵送で複製物の送付を受けることは可能であるが，郵送サービスを実施していない図書館等も多く，郵送サービスを実施している図書館等においても複製物を作成してから申請者が入手するまでに時間がかかるなどの課題もあり，デジタル・ネットワーク技術の発展を踏まえた利用者のニーズに十分に応えられていない面があると考えられる。

これらを背景として，現に，国立国会図書館をはじめとする図書館等に対して，デジタルデータでの複製物の提供（例：メール送信，サーバーにアップロードされた複製物のダウンロード）を求める要望が利用者から寄せられている。

また，「図書館休館対策プロジェクト」[45] からは，令和 2 年 4 月に実施した「図書館休館による研究への影響についての緊急アンケート」（対象者：広義の研究者及び学生）において，回答者の 73.0 ％が，研究目的の文献について，来館を伴わない文献の貸出しサービスの実施（例：文献の郵送や一部電子化等）を望むと回答するなど，図書館資料をメール等で送信することへのニーズは極めて高い状況にあることが報告されている。

こうした状況を踏まえ，国立国会図書館のほか，日本図書館協会や国公私立大学図書館協力委員会，全国美術館会議，日本博物館協会等からも，図書館資料のコピーを利用者にメール等で送信することができるよう制度改正を行うことを求める意見が出されている。

2. 対応の方向性

図書館等が保有する多様な資料のコピーをデジタル・ネットワーク技術の活用によって簡便に入手できるようにすることは，コロナ禍のような予測困難な事態にも対応し，時間的・地理的制約を超えた国民の「知のアクセス」を向上させ，また，研究環境のデジタル化により持続的な研究活動を促進する上で極めて重要であり，図書館等の公共的奉仕機能を十分に発揮させる観点からも，可能な限り，多様なニーズに応えられる仕組みを構築することが望まれる。

他方，入手困難資料以外の資料（市場で流通している資料）について，簡便な手続により大量のコピーが電子媒体等で送信されるようになれば，たとえそれが著作物の一部分であっても，正規の電子出版等をはじめとする市場，権利者の利益に大きな影響を与え得ることとなる[46]。

このため，民間事業者によるビジネスと図書館等における公共サービスとの間の適切な棲み分けを維持しながら，国民の情報アクセスを充実させることができるよう，権利者の利益保護のための厳格な要件を設定すること及び補償金請求権を付与することを前提とした上で，図書館等が[47] 図書館資料[48] に係る著作物の一部分のコピーを調査研究目的で利用者に FAX やメール等で送信することを可能とすることとする[49, 50, 51, 52]。その際には，きめ細かな制度設計等を行う必要がある一方で，図書館等において過度な事務的負担が生じない形で，スムーズに運用できる仕組みとすることも重要である。

3. 制度設計等

(1) 正規の電子出版等をはじめとする市場との関係

① 基本的な考え方

近年，電子出版をはじめ，様々な形態の電子配信サービス（図書館向けの電子書籍販売サービスを含

む。）が提供されており，現在こうしたサービスの対象となっていない書籍等についても将来的に対象となることも想定されるところ，今回，新たに図書館等によるメール送信等を可能とした場合には，正規の電子出版等の市場との競合が生じ得るとともに，潜在的な市場（将来的な販売や電子出版等の計画等）にも一定の影響を与えることが懸念される。

特に，電子配信サービスにおいては，書籍をチャプターごとなど部分単位で販売することや，過去の雑誌に掲載された論文等の記事を一記事単位で販売することなどが行われている場合もあるため，「著作物の一部分」や「発行後相当期間を経過した定期刊行物に掲載された個々の著作物の全部」が送信されることによって，権利者の利益を不当に害することとなる場合が相当程度生じ得るものと考えられる[53]。

また，図書館等によって利便性の高い電子媒体等での送信が行われるようになれば，紙の出版市場等に対しても，現行規定に基づく複写サービスと比較して，より大きな影響が及び得るものと考えられる。

この点，ワーキングチームでヒアリングを行った出版社・権利者団体の多くは，正規の市場との競合について強い懸念を示しており，一定の資料（例：電子書籍・データベースサービス・ドキュメントデリバリーサービスにより送信される資料，過去のバックナンバーが紙や電子で提供されている雑誌，発行当日の新聞記事や新聞社が有料で提供する記事データベースサービスやフォトサービス等で送信される資料，基本的に娯楽観賞用である書籍（例：児童書や絵本），発行から一定期間を経過していない書籍など）を送信対象から除外してほしいという意見が出されている[54]。

これらを踏まえ，権利者の利益保護の観点から，正規の電子出版等をはじめとした市場を阻害することのないよう，法令上，明確な担保を行うこととする。

② 具体的な担保措置

具体的な担保の方法について，諸外国においては10％を上限とするなど定量的な定めを設けている例もあるが，権利者の利益を不当に害するか否かは，送信される著作物の種類や性質，正規の電子出版等をはじめとしたサービスの実態，送信される分量など，様々な要素に照らして総合的に判断されるもの

であることを踏まえると，分量等について一律の基準を設けるよりは，「ただし，・・・に照らし著作権者の利益を不当に害することとなる場合は，この限りでない」というただし書を設け，実態に即したきめ細かな判断を可能とする方が望ましいものと考えられる。

ただし，ただし書を設けることによって，明確性・予測可能性が低下するとともに，不適切な利用を招くおそれもあることから，文化庁の関与の下，幅広い関係者（図書館関係団体，利用者，出版社・権利者，流通業者など[55]）及び中立的な第三者を交えて，ただし書に関する具体的な解釈・運用を示すガイドラインを作成する必要がある[56, 57, 58, 59, 60]。また，その中では，ただし書への該当性を判断するに当たって重要な要素となる，正規の電子出版等のサービス実態を確認する方法についても明らかにしておく必要がある。

法整備及びガイドラインの検討に当たっては，今回のただし書が，単なる一般的な安全弁という性質のものにとどまらず，送信サービスの実施を可能とするための前提となる「正規市場との競合回避」という極めて重要な役割を有するものであることを十分に認識しつつ，権利制限規定の拡充が正規市場等に与える影響を十分に把握・考慮した上で，対応を行うことが重要である[61]。

（一部分要件の取扱い）

ただし書を設けることに伴う一部分要件の取扱いに関しては，①明確性と柔軟性のバランス及び権利者の利益保護等の観点から，直ちに一部分要件を削除することや大幅な要件変更を行うことは適当でないこと[62]，②他方，現行の要件のままでは不合理な事態が生じる場合[63]があり一定の手当てを行う必要があることについては認識が一致した。

これらを踏まえ，様々な選択肢のうち，関係者の理解を得て早急に対応できる可能性がある措置としては，例えば，「著作物の一部分」という骨格は維持しつつ，個別具体のニーズや権利者の利益に与える影響等を考慮した上で，権利者の利益を不当に害しないと考えられる場合に限って，全部の送信が認められることを特例的に規定できるようにする[64]ことなどが考えられる[65, 66]。なお，その場合であっても，ただし書との関係で，全部の送信が認められ

ない場合や「著作物の一部分」[67] よりも狭い範囲での送信となる場合があり得るものと考えられる。

いずれにしても，一部分要件の取扱いは，現行の複写サービスにも関わるものであることから，見直しに当たっては，複製及び公衆送信の双方の利用について，あわせて検討・措置を行う必要があるものと考えられる[68]。

(2) 送信の形態・データの流出防止措置
① 送信の形態
利用者のニーズや各図書館等におけるシステム・コスト面での実現可能性等に応じて柔軟に対応することができるよう，FAX，メール，ID・パスワードで管理されたサーバーへのアップロードなど，多様な形態での送信を認めることが望ましい[69]。

なお，送信された資料を受信者が自身の手元で複製する行為について，それが私的使用目的の複製（法第30条第1項）など現行権利制限規定で認められている行為に該当しない場合（例：業務目的での複製）であったとしても，自ら調査研究目的で閲覧するために複製する限りにおいて，権利者の利益を不当に害することは想定されないため，その限りにおいて受信者側での複製も権利制限の対象に含めることとすべきである[70,71]。

② データの流出防止措置
今回，新たにメール送信等を可能とすることに伴って，作成・送信されたデータが目的外で流出・拡散することが懸念されるため，（ア）図書館等においてデータの流出防止のための適切な管理を行うとともに，（イ）データを受信した利用者による不正な拡散を防止するための措置を講ずることが必要である[72]。

具体的な措置として，（ア）については，例えば，図書館等においてデータの流出防止に必要な人的・物的管理体制を構築するとともに，作成したデータが不要となった場合には速やかに破棄すること，（イ）については，例えば，図書館等において利用者に対して著作権法の規定やデータの利用条件等を明示する[73]とともに，不正な拡散を技術的に防止する措置を講ずること（データの解像度を落とすことや，利用者を特定する情報や注意事項等を透かしとして入れることを含む。）などが考えられる[74,75,

16

76,77,78]。

いずれにしても，具体的な措置の内容等については，柔軟な対応を可能とする観点から，法律ではなく，政省令やガイドラインなどで定めるのが望ましい[79,80]。

(3) 主体となる図書館等の範囲
法第31条第1項に規定する図書館等であっても，必ずしも全てにおいて送信サービスを実施するニーズがあるわけではなく，また，図書館等によって人的・物的管理体制や技術・システム，財政面等には違いがあり，上記のデータの流出防止措置や後述の補償金制度の運用を含め，全ての図書館等で適切な運用が担保できるとは言いがたいものと考えられる[81]。

一方で，国民の情報アクセスを確保する観点からは，特定の種別の図書館等（例：国立国会図書館及び大学図書館）のみを対象とするのは適切ではないと考えられる[82]ことから，一定の運用上の基準を設定し，法第31条第1項に規定する図書館等のうち当該基準を満たすものに限って送信サービスを実施できるようにすることが適当である[83,84]。

この基準としては，例えば，上記のデータの流出防止に加え，送信実績の記録など補償金制度の運用に当たっての事務等を適切に実施できる人的・物的管理体制が構築されていること，送信サービスを担当する職員に対して適切な研修等を実施していること[85]などが考えられるが，いずれにしても，具体的な基準については，柔軟な対応を可能とする観点から，法律ではなく，政省令やガイドラインなどで定めることが適当である[86,87]。

(4) 補償金請求権の付与
① 基本的な考え方
上記（1）～（3）の措置によって，正規市場との競合やデータの目的外での流出・拡散などは防止することができるものと考えられるが，図書館等からのメール送信等によって国民が迅速かつ簡易にパソコンやスマートフォンで必要なデータを入手・閲覧することができるようになれば，権利者の利益に大きな影響を与えることが想定される。

このため，今回，新たに図書館等によるメール送信等を可能とすることに伴って権利者が受ける不利

益を補償するため，補償金請求権を付与することが適当である[88,89]。

② 制度設計等

(i) 対象範囲

補償金請求権の対象とする行為について，現在無償となっている「複製」まで含めた場合には，図書館利用者の利便性が著しく低下し，国民の情報アクセスや研究活動等に支障が生じることが懸念されるため，今回新たに権利制限がなされる「公衆送信」のみを対象とすることが適当である[90,91]。

その際，補償金の対象から除外する著作物（例えば，国の広報資料・報告書や入手困難資料）を設けることも考えられる[92]。

(ii) 補償金の徴収・分配スキーム

補償金の徴収・分配について，図書館等における手続コストを軽減するとともに，権利行使の実効性を確保する観点から，授業目的公衆送信補償金と同様，文化庁長官が指定する指定管理団体（送信対象となる著作物等に関係する出版社・権利者による主要な団体で構成）が一元的に徴収・分配を行う仕組みとすることが適当である。

その際，徴収した補償金を適切に各権利者に分配するため，権利者側では権利情報の集約・データベースの構築等に努めるとともに，図書館等では，送信実績（例：送信した著作物の作品名，作者名，出版社名，送信した分量，送信回数など）の正確な把握・管理をすることが重要である[93]。

(iii) 補償金額の決定方法

今回の送信サービスは，図書館等が行う公益性の高いサービスであり，補償金額の設定は国民全体に関わる重要な事柄であることから，授業目的公衆送信補償金と同様，文化庁長官による認可制とすることが適当である。

具体的な手続としては，①指定管理団体が，図書館等関係者からの意見聴取を行った上で案を作成して文化庁長官に申請し，②文化庁長官が文化審議会に諮った上で認可の可否を判断することとなるものと考えられる。

(iv) 補償金額の料金体系・水準

今回の送信サービスについては，（ア）私的録音録画補償金や授業目的公衆送信補償金とは異なり，図書館等において個々の送信実績を正確に把握・管理することが可能であること，（イ）図書館資料を本来的な用途での利用に供する行為であり権利者に与える影響が大きいことから，包括的な料金体系ではなく，個別の送信ごとに補償金を徴収する料金体系とする[94,95]とともに，補償金額は，権利者の逸失利益を補填できるだけの水準とすることが適当である[96]。

その際，補償金額について，一律の料金体系とするのではなく，過度に複雑化しないよう注意しつつ[97]，著作物の種類・性質や，送信する分量，利用者の属性[98]等に応じたきめ細かな設定を行うことも考えられる[99,100]（例：著作物の経済的価値（市場価格等）や送信する分量に応じて補償金額に差を設ける，大学図書館の場合に学生に係る補償金額を一般と比べて低廉な額とする[101]など）。

いずれにしても，具体的な補償金額については，上記の基本的な考え方を踏まえつつ，①指定管理団体が，図書館等関係者からの意見聴取を行った上で案を作成して文化庁長官に申請し，②文化庁長官が文化審議会に諮った上で認可の可否を判断することとなるものと考えられる。

(v) 補償金の受領者

現に市場で流通している資料について，本来的な用途での利用に供するために送信されることで，著作権者のみならず，出版権者にも大きな影響を及ぼし得るため，著作権者と出版権者（法第80条第1項第2号に規定する電子出版権を有する者をいい，登録がなされているかどうかは問わない）の双方を補償金の受領者として位置づけることが適当である。

また，（ア）今回のメール送信等（公衆送信）によって直接的に権利が制限されるわけではない出版権者（法第80条第1項第1号に規定する紙の出版権を有する者）についても利益確保を図る必要があるとともに，（イ）正規の出版の場合には，出版権が設定されているか否かに関わらず，出版により生じた利益は著者と出版社（発行者）の双方が得ることとなることを踏まえ，著作権者からライセンスを受け一体となってビジネスを行っている出版社について，出版権が設定されていない場合の利益確保も図る必要がある[102]。この点，これらの者についての取扱いを法律で直接規定することは困難であると考えられるため，著作者と出版社がそれぞれ適正な利益を

得ることができるよう，関係者間で合理的なルール作りを行うこととすべきと考えられる。

（vi）支払い主体・実質的な負担者

法律上の補償金の支払い主体は，著作物の利用主体（送信主体）である「図書館等の設置者」とする[103]。

なお，その場合でも，実際の補償金負担は，サービス利用者に転嫁される場合が多いと考えられる[104]ところ，公立図書館の無料公開の原則（図書館法第17条）との関係では，（ア）あくまで付加的なサービスであること（図書館資料の閲覧・貸出という基本的なサービスについては無料が維持されること），（イ）本件補償金は，現行の図書館資料のコピー・郵送サービスにおける印刷代・郵送代と同様，「実費」として捉えられる[105]ことなどから，特段の問題は生じないものと考えられる。

(5) その他

① サービス利用者の登録

送信サービス利用者による不適切な行為を防止する観点から，図書館等においては，あらかじめ利用者に対し，著作権法の規定の趣旨・内容（調査研究目的での利用に限られることや，基本的に「著作物の一部」の利用に限られること，複数回に分けて申請して全文を取得することは違法であることを含む。）やサービスの利用条件等（不正利用が判明した場合に利用を停止することを含む。）を明示した上で，それに同意した者を登録し，登録した者を対象として送信サービスを実施する（不正利用が判明した場合には利用を停止する）こととすべきである[106]。

② 脱法行為の防止

権利者団体からは，複数回に分けて申請して全文を取得するなどの脱法行為が行われることを懸念する意見も出ていることから，図書館等においては，同一の者から同一の資料について送信の請求があった場合には，送信の可否を慎重に精査することとすべきであると考えられる[107, 108, 109, 110]。なお，補償金額の水準によっては，そもそも，こうした脱法行為が行われる懸念は解消し得るものと考えられる[111]。

③ 契約上の義務との関係

図書館等が直接契約に基づいて書籍・論文・新聞

等のデータ提供を受けている場合に，当該契約において公衆送信不可などの利用条件等が定められている場合には，今回の図書館資料の送信サービスに当たり，基本的に，「契約上の義務」として，その利用条件等に従う必要があると考えられる[112, 113]。

第3章　まとめ
（関連する諸課題の取扱いを含む。）

本分科会における現時点での検討結果は，第2章に記載したとおりであり，権利者の利益保護を図りつつ国民の情報アクセスを早急に確保する観点から，政府においては，この内容に沿って早急に法整備等の対応を行う[114]とともに，著作権法の規定やガイドラインなどを遵守した適切な運用がなされるよう，図書館関係団体や権利者団体等とも連携しつつ，その趣旨・内容を図書館関係者や国民に対して丁寧に周知・普及啓発していくことを期待する。

他方，図書館関係の権利制限規定に関しては，第2章の各所に記載したもののほか，法第31条の対象となる「図書館等」の範囲など，多岐にわたる課題が残されているため，引き続き，幅広い関係者の意見を丁寧に聴きながら，検討を継続していく必要がある[115]。

とりわけ，小・中・高の学校図書館を法第31条の対象となる「図書館等」に追加することについては，昨今，アクティブラーニングなど従来の授業の枠にとらわれない児童生徒等の主体的な学習が重視されるとともに，オンラインでの教育・指導等が普及する中で，図書館における各種サービスへのニーズも高まっていると考えられるところ，本分科会（法制度小委員会・ワーキングチーム）の議論においても追加すべきとの意見が大勢であった[116]。これを踏まえ，政府においては，現在，関係団体間で行われている協議の状況をみながら，学校図書館に期待される役割等を十分に勘案の上，早急に適切な対応がなされることを期待する[117]。

注
1　パブリックコメントにおいては，新型コロナウィルス感染症の流行はあくまで議論のきっかけに過ぎず平時の状況を前提とした議論がなされるべきであるとの意見や，本来のデジタル化の必要性に基づく充実した制度構築を迅速に進

めるべきであるとの意見もあった。

2　用語・呼称の取扱いについては後述（P7［第2章第1節3.（制度設計等）］の（2）①）。

3　パブリックコメントにおいては，日本の国民的文化である漫画や，商業雑誌を一律に除外すべきではないとの意見もあった。

4　パブリックコメントにおいては，現行の運用上，申出を行うことができるのが出版社と著作者に限定されているところ，著作者の遺族等（法第116条（著作者又は実演家の死後における人格的利益の保護のための措置）に規定する者）や著作権者による申出も認めるべきであるとの意見もあった。

5　パブリックコメントにおいては，出版社と国立国会図書館の見解が異なる場合に除外申請が却下された例が多数あったとの指摘や，現行の除外手続は，国立国会図書館のサイトで送信資料候補リストを逐一確認する必要があるなど権利者の負担が軽くないため，除外申出がしやすくなるよう手続を見直すべきとの意見もあった。

6　今般の新型コロナウィルス感染拡大に伴う図書館の休館等によって研究活動の実施が困難となっている研究者のために，図書館休館に伴う代替的支援施策を求めることを目的として，社会科学系の若手研究者を中心に設立された有志個人の集まり。詳細は以下のウェブサイト（https://closedlibrarycovid.wixsite.com/website）を参照。

7　法第31条第1項において，「絶版等資料」は「絶版その他これに準ずる理由により一般に入手することが困難な図書館資料」と，「図書館資料」は「図書館等の図書，記録その他の資料」と定義されており，対象となる資料の種類が法律上限定されているわけではないが，実際の運用においては図書・雑誌等を対象としてサービスが実施されているところ，利用者に直接インターネット送信することを可能とするに当たっても，同様に図書・雑誌等が対象となることが想定される。

8　エンドユーザーに対するサービスを図書館が介在して行うケース（例えば，図書館員が必要な説明を加えながらエンドユーザーに入手困難資料をインターネット経由で提示することなど）についても，権利者側に特に大きな損害をもたらすものではないため，認めても良いのではないか，という意見もあった。この点に関してはインターネット送信の主体に関わる大きな問題であり，きめ細かな検討が求められる，という意見もあった。

9　パブリックコメントにおいては，絶版等資料に限らず，国立国会図書館でデジタル化された資料を幅広くインターネット送信することを可能とするよう求める意見もあった。

10　文化審議会著作権分科会（第35回：平成24年1月26日）の資料3－1「平成23年度法制問題小委員会の審議の経過等について」別紙3において，「国立国会図書館のデジタル化資料の活用方策の第一段階として，まずは，送信サービスの送信先を公立図書館等に限定することにより，国民の「知のアクセス」の向上，情報アクセスの地域間格差の解消を図ることとし，各家庭等までの送信については，中長期的な課題としてその実現を目指すことが適当」とされていた。
https://www.bunka.go.jp/seisaku/bunkashingikai/chosakuken/bunkakai/35/index.html

11　補償金の財源を国に対して要請して確保して貰い，相当程度の補償金の下で利便性を高めていくべき，との意見もあった。

12　入手困難資料の性質上，逸失利益に匹敵するようなフルの補償金は不要である，との意見もあった。この点に関しては，入手困難資料の特殊性を加味した補償金にするという点を押さえておけば良い，との意見もあった。

13　現行の厳格な運用が国民の情報アクセスと権利保護の観点から見て本当に公平かについては議論の余地があるところ，そこから少しでも利便性が向上されるのならすぐに補償金が必要かは疑問であり，あくまでも著作権者の利益が害されるかどうかが補償金の必要性の判断基準であるべき，との意見もあった。

14　中長期的には，国立国会図書館以外にも様々な文化施設がこの条項を活用できるようにしていくことが望ましい，との意見もあった。

15　EU指令（Directive （EU） 2019/790 of the European Parliament and of the Council of 17 April 2019 on copyright and related rights in the Digital Single Market and amending Directives 96/9/EC and 2001 /29/EC （Text with EEA relevance.）, OJ L 130,17.5.2019, p.92-125.）において，「アウト・オブ・コマース」の利用について原則としてECL（拡大集中許諾制度）により対応し，それが機能しない場合に権利制限により対応することとなっていることを参考として，日本でも将来的な議論を行っても良いのではないか，との意見もあった。

16　入手困難資料については国民への平等な情報アクセスの確保という趣旨が重要であり，図書館の基本的な機能に関わるものとして利用者が無償でアクセスできることが重要である，との意見もあった。

17 イコールフッティングを理由として現状が維持されると、結局は十分な情報アクセスが確保できないことにもなりかねないことから、実質的な情報アクセスを充実・確保する観点からは、補償金を課しつつ利便性を高めることが必要ではないか、との意見もあった。また、この点に関しては、対価を支払ってでも高度なサービスを受けたいというニーズに適切に対応することが重要である、との意見もあった。

18 図書館資料の閲覧・貸出という基本的なサービスが無償なのであれば、付加的なサービスが有償であったとしても、無料公開の原則を大幅に損なうものではないと理解できるのではないか、との意見もあった。

19 付加的なサービスであれば有償ということもあり得るが、将来的に出版物が全て電子出版になった場合等の図書館の在り方を強く制約してしまわないよう注意が必要である、との意見もあった。

20 パブリックコメントにおいては、利便性の向上は必ずしも著作権者の利益を害することと同義ではないところ、あくまで補償金は著作権者の逸失利益を補償する目的で設けられるべきである（利便性が向上することをもって、必ず補償金が必要となるわけではない）との意見もあった。

21 一般に入手可能だが商業流通していない資料（例：地方自治体の刊行物やインターネットに掲載されている資料など）が存在することも考慮すれば、ヨーロッパにおける「アウト・オブ・コマース」のように、通常の商業流通経路で入手困難か否かをメルクマールとしてそれを明らかにする用語を用いることも一つの選択肢となり得る、との意見もあった。

22 パブリックコメントにおいては、一時的な品切れ状態にあることをもって入手困難資料であると評価されないよう注意する必要があるとの意見もあった。

23 書籍全体としては入手困難だが、その中に入手困難でない著作物が混在している場合（例：複数の論文を収録した書籍において、特定の論文が個別に電子出版されている場合）については、入手困難でない著作物（例：個別に電子出版されている論文）を除いた部分が「入手困難資料」に該当するものと考えられる。この点に関し、パブリックコメントにおいては、多数の作品が収録された作品集において一編でも絶版になっていた場合に、作品集の送信対象からの除外申請を却下されたとの指摘もなされており、今後の運用に当たっては留意が必要である。

24 合意事項においては「（前略）一般的に図書館等において購入が困難である資料」とされているが、法律上は、基本的に個々人にとって入手困難か否かが問題となるものと考えられる。ただし、図書館等の組織向けの配信サービスなどの場合には、図書館等の組織にとって入手困難か否かが問題となるものと考えられる（パブリックコメントにおいても、図書館等の組織にとって入手可能か否かに着目すべきであるとの意見があった）。

25 パブリックコメントにおいては、法令上明確化される場合には、柔軟な運用が損なわれて送信対象が現状よりも狭まってしまうことを懸念する意見もあった。

26 当然ながら、具体的な運用に関する定めは、改正法の施行前に行われるべきものである。

27 中古本の市場は、フリマアプリやSNSを含めて非常に様々なルートがあり確認が困難であること、提供されている分量等による判断基準も設定しがたいことから、クリアカットに除外するのが現実的である、との意見もあった。

28 権利者の利益保護を図るための技術的手段には様々な選択肢があり、技術水準によっても変わり続けるものであるため、ID・パスワードによる閲覧者の管理以外の選択肢も視野に入れた仕組みを検討する必要がある、との意見もあった。

29 外国への送信に関しては、平成30年改正により外国の図書館等に対する送信が可能となったばかりであり、現状で対象施設は2館のみであることも踏まえつつ、取り扱いを検討する必要がある。いずれにしても、日本でID・パスワードなどを取得した者が、その後、外国からアクセスすることなどは可能とすることが望ましいと考えられる。この点に関して、外国への送信についても、海外における日本研究のさらなる発展という観点から重要であり、現行の運用では対象資料が厳格に限定されており著作権者の利益が大きく損なわれるとは考えられないことから、国内同様、利用者に直接送信することを可能にすることを検討すべき、との意見もあった（パブリックコメントにおいても、外国の図書館や研究者等から同様の意見があった）。

30 パブリックコメントにおいては、権利者の利益保護・データの流出防止や、現行の国立国会図書館のシステムにおける技術的な制約等の観点から、ストリーミングのみとすべきとの意見もあった。

31 その際、一部分の解釈・運用については、短い論文でも半分しかコピーできないという不合理な取扱いは改める必要がある、との意見もあった。

32 パブリックコメントにおいては、（ア）と（イ）のいずれの意見も複数あった。

33 令和2年4月に施行された改正著作権法35条との関係で、

入手困難資料については，①授業目的で利用する場合に限りデータのダウンロードまで認めることや，②授業の過程における全部の複製・送信を可能とすること（35条の解釈・運用）など，授業における入手困難資料の活用を可能とする措置とすることが望ましい，という意見もあった。

34　パブリックコメントにおいては，データのダウンロードも認めることが望ましいとの意見もあった一方で，将来的な復刻の可能性やデータの流出防止等の観点からデータのダウンロードを認めることに反対するとの意見や，万が一ダウンロードまで認めるのであれば，二次使用を防止するための厳格な技術的措置を講ずべきとの意見もあった。

35　当然ながら，政省令やガイドラインなどの定めは，改正法の施行前に行われるべきものである。

36　パブリックコメントにおいては，民間企業との共同研究の場合の取扱いなど詳細な点について，ガイドラインで具体的な解釈・運用方法を明記する必要があるとの意見もあった。

37　想定外の利用形態を防止するなどの観点から，さらに利用目的を調査研究目的等に限定することも考えられるとの意見もあった（パブリックコメントにおいても，同様の意見があった）。

38　パブリックコメントにおいては，業務目的・営利目的での複製まで認めるべきではないとの意見や，私的複製を超える部分については日本複製権センターの許諾手続などを経るべきであるとの意見もあった。

39　パブリックコメントにおいては，図書館等以外の場に拡大されるのであれば権利者への悪影響を十分に考慮した要件設定が必要であるとの意見や，調査研究やその成果報告のために限られるべきであるとの意見，法第38条第3項は条約との関係等で疑義があるため，新たに公の伝達権の制限規定を設ける場合には同項とは別個の規定とすべきとの意見もあった。

40　パブリックコメントにおいては，国立国会図書館の納本対象とならない電子配信サービスのものや海外文献は対象から除外すべきであるとの意見や，大学図書館や公共図書館においてデジタル化された資料の取扱いに十分留意するとともに，データを集約する専用サーバーにセキュアな環境を確立する必要があるとの意見もあった。

41　平成29年4月の文化審議会著作権分科会報告書において，①国立国会図書館以外の図書館等において絶版等資料のデジタル化を行うこと（第31条第1項第2号），②それを国立国会図書館の求めに応じて提供すること（同項第3号），③提供された絶版等資料を国立国会図書館が専用サーバーに

複製（同条第2項）し，他の図書館等に送信すること（同条第3項）が可能と整理されている。

42　地域の図書館が地域資料をハブとして送信するニーズがあることも勘案すべき，との意見もあった。

43　将来的な課題として検討するにとどまらず，今回の法整備において国立国会図書館以外の機関を政省令で指定するという余地を残してはどうか，との意見もあった。この点に関しては，インターネット送信の主体に関わる大きな話であり，現時点では権利者のヒアリングもなされていないことから，直ちに対応を行うのではなく将来的な課題に留めた方が良い，との意見もあった。この点に関して，パブリックコメントにおいては，権利者に与える影響が大きいため，まずはニーズの有無の調査から慎重に進めるべき，との意見もあった。

44　「大学図書館における文献複写に関する実務要項」や「公立図書館における複写サービスガイドライン」など。

45　今般の新型コロナウイルス感染拡大に伴う図書館の休館等によって研究活動の実施が困難となっている研究者のために，図書館休館に伴う代替的支援施策を求めることを目的として，社会科学系の若手研究者を中心に設立された有志個人の集まり。詳細は以下のウェブサイト（https://closedlibrarycovid.wixsite.com/website）を参照。

46　パブリックコメントにおいては，出版業界と図書館とは長年にわたり営利事業とパブリックセクターというそれぞれの立場を尊重しながら出版文化の維持・発展に努めてきたところ，今回の改正が両者のバランスを崩すものであってはならない，互いの立場を尊重して長期的に視点に立った慎重な検討が望まれるとの意見もあった。

47　図書館等の管理下で，利用者自身が送信のための作業を行う場合を含む。

48　法第31条第1項において「図書館資料」は「図書館等の図書，記録その他の資料」と定義されており，対象となる資料の種類が法律上限定されているわけではないが，実際の運用においては図書・雑誌等の複写サービスとして実施されているところ，メール送信等においても，同様に図書・雑誌等が対象となることが想定される。

49　図書館等が他の図書館等に対して送信すること（その上で当該他の図書館等が利用者に送信すること）も可能とすべきではないか，との意見もあった。この点に関しては，図書館等が各自で資料を購入しなくなる懸念があるため，送信に当たっては自館での資料購入を条件化するなどのルール作りを行うべき，との意見があった（現状でも，相互貸借に基づく複写サービスに関しては当事者間協議に基

づき一定のルールが形成されている）。また，デジタルでの送信サービスが一般的に広く行われる場合，紙の資料を自館で保有しておく必要性が必ずしも明らかではなくなるため，将来的には図書館等の在り方全体を考える必要があるのではないか，との意見があった。この点に関して，パブリックコメントにおいては，図書館が送信できる資料は当該図書館が資料の現物を有しているものに限定すべきとの意見もあった。

50　パブリックコメントにおいては，利用者の利便性の観点からすれば，図書館資料の送信サービスにより有料で著作物の一部のコピーを入手するよりも，民間の提供する電子図書館サービスを通じて無料で著作物全部を閲覧する方がはるかに有益であり，電子図書館サービスの電子蔵書の充実に資する施策を採用すべきであるとの意見もあった。

51　パブリックコメントにおいては，コロナ禍における図書館利用者の利便性を重要視して制度改正を行わざるを得ないのであれば，その目的に照らして時限的な措置とすることが適当であるとの意見もあった。

52　パブリックコメントにおいては，公共貸与権の導入等を求める意見もあった。

53　パブリックコメントにおいては，こうした販売形態は国内の出版物においては例外的であり，権利者の利益を不当に害することとなる場合が相当程度生じ得る状況にはないと認識しているとの意見もあった。

54　パブリックコメントにおいては，レンタルモデル（48時間の視聴限定等により安価に文献にアクセス可能）によるオンラインでの閲覧サービスの市場にも留意する必要があるとの意見や，著作権等管理事業者の事業との競合を懸念する意見もあった。

55　パブリックコメントにおいては，影響を受ける紙の出版事業者，出版印刷物及び電子書籍の配信サービス事業者，印刷事業者等の幅広い関連事業者も関与させるべきであるとの意見もあった。

56　ガイドラインを作成するに当たっては，諸外国の事例・グローバルスタンダードを踏まえる必要がある，との意見もあった。

57　ガイドラインの策定はソフトローという広い意味での立法に当たるため，完全に民間に委ねるのではなく，政府がリーダーシップを発揮し，しっかりとモニタリングや合意形成への関与をしていくことが重要である，との意見もあった。

58　電子の場合にはより正規市場と競合しやすいというのは分かるが，電子出版がされている場合には一切送信でき

ないというのも妥当ではないため，どの程度なら許されるのかを具体的に考える必要がある，との意見もあった。

59　一旦定めたガイドラインの内容で不都合が生じることが明らかとなった場合には，その時点で見直しを検討することとすべき，との意見もあった。

60　当然ながら，ガイドラインの作成は，改正法の施行前に行われるべきものである。

61　従来の一般的なただし書のように漠然と規定するのではなく正規市場と競合する場合は対象外とする旨を明示的に規定すべきとの意見や，正規市場との競合の観点を考慮要素として明記することもあり得るとの意見，ただし書ではなく積極的な要件として「権利者の利益を不当に害しない場合には・・・を行うことができる」といった形で規定することもあり得るとの意見もあった（パブリックコメントにおいても，同様の意見があった）。この点に関しては，限られた時間の中で，積極的な要件の規定方法や挙証責任を利用者側に負わせることの妥当性等について合意に至ることは難しいため，一般的なただし書を置くこととしつつ，詳細はガイドラインに委ねることが適当である，との意見もあった。

62　時間的制約がある中で，大幅な要件の見直しを行うよりも，関係者の理解を得て早急に送信を可能とすることを重視すべき，との意見もあった。

63　例えば，発行後相当期間を経過している書籍（定期刊行物ではない）に掲載された個々の著作物（論文集の1論文や百科事典の1項目など）であっても一部分の利用しかできないなどの指摘があった（パブリックコメントにおいても，同様の指摘があった）。

64　例えば，法律上「著作物の一部分（発行後相当期間を経過した定期刊行物に掲載された個々の著作物<u>その他の著作権者の利益を不当に害しないと認められる特別な事情があるものとして○○で定める著作物</u>にあっては，その全部」などと規定し，政省令等で特例を柔軟に追加していくことが考えられる。なお，この追加に当たっては，ただし書に係るガイドラインについて議論する協議体等において議論がなされ，そこで合意されたものを順次追加していくことが想定される。

65　「著作物の一部分」という要件について，著作物単位ではなく，市場での販売単位・商業流通単位を基準として，その一部分とすることも考えられる，との意見もあった。なお，仮に基準となる単位を改めることを検討する場合には，権利者の利益に与える影響に鑑み，「一部分」という要件の適否等についても併せて検討することが必要となる

ものと考えられる。

66　パブリックコメントにおいては，そもそも現行の一部分要件が権利者の利益を不当に害しないために適切に機能しているのかを疑問視する意見や，権利者の利益に与える影響に鑑み，一部分要件の見直しに反対する意見，メール送信等の場合には「一部分」の範囲をより限定する必要があるとの意見，メール送信等の場合には「発行後相当期間を経過した定期刊行物に掲載された個々の著作物」であっても全部利用を認めるべきではないとの意見，そもそも定期刊行物については次号の発行後も継続して販売される場合も多いことから次号の発行をもって「発行後相当期間を経過した」と評価する解釈を改めるべきとの意見，拡大解釈が懸念されるため補償金制度が十分機能することが明らかとなるまでは限定的に運用すべきであるとの意見もあった。

67　「著作物の一部分」については，著作権審議会第4小委員会（複写複製関係）報告書（昭和51年9月）において「<u>少なくとも半分を超えないもの</u>を意味する」との解釈が示されている。国立国会図書館においては「著作物の半分まで」との解釈のもとで運用がされているとともに，「大学図書館における文献複写に関する実務要項」（平成15年1月30日国公私立大学図書館協力委員会）や「公立図書館における複写サービスガイドライン」（平成24年7月6日　全国公共図書館協議会）などの当事者間で定められたガイドラインにおいても，「<u>著作物の半分を超えない</u>」範囲との運用基準が示されている。

68　権利者の利益に与える影響の差異等を踏まえ，複製と公衆送信で取扱いが異なることとなることもあり得る。

69　パブリックコメントにおいては，日本国外への送信について，権利制限の対象として認めるべきとの意見があった一方で，ライセンス契約に基づいて対応すべきとの意見もあった。

70　ダウンロードしたデータを更にデジタルコピーするなど，無制限な複製を許容するのは望ましくないため，一定の技術的防止措置を講ずることや権利管理情報を付することなどが考えられる，との意見もあった。

71　パブリックコメントにおいては，多数回にわたる複製や商用・ビジネス利用を目的とした複製は著作権者の利益を著しく阻害するため，法制化に当たっては注意が必要であるとの意見もあった。

72　データを不正に流出・拡散させた場合には目的外使用として違法となる（罰則の対象にもなる）。

73　パブリックコメントにおいては，こうした対応だけでは不十分であり，不正な拡散を確実に防止する技術的措置を

講ずべきとの意見もあった。

74　求められる技術的措置のハードルの高さによっては，図書館等に過度な負担が生じるおそれがあるので注意を必要とする，との意見もあった。この点に関して，パブリックコメントにおいては，実施する図書館等において負担が少なく技術的に可能な方法で行われることが必要であるとの意見があった一方で，コスト負担の観点から講ずべき措置の水準を下げることは権利者保護を蔑ろにするものであり，あってはならないとの意見もあった。

75　DRMなどの技術的措置を求めるのは現実的に難しく，諸外国でも基本的に技術的措置は求めていないため，図書館等において別の形で適切な管理を行うこと（例：司書等による厳格なチェック）が現実的である，との意見もあった。

76　パブリックコメントにおいては，データの流出防止の観点から，一般の電子書籍で行われているようなストリーミング形式での配信などの手段を検討すべきであるとの意見や，十分なコピープロテクトが導入できない場合にはストリーミングに限定すべきであるとの意見もあった。

77　パブリックコメントにおいては，仮にデータが流出し権利者に損害が生じた際の責任の所在を明確にしておく必要がある，責任は図書館側が負うべきであるとの意見もあった。

78　パブリックコメントにおいては，煩雑な手順によって使い勝手が悪くなったり，暗号化によって視覚障害者等のアクセスが困難となることのないよう注意する必要があるとの意見もあった。

79　当然ながら，政省令やガイドラインの定めは，改正法の施行前に行われるべきものである。

80　パブリックコメントにおいては，人的・物的管理体制の構築及びコピーガード等の技術的措置について，法律に明記し，かつ効果的と考えられる具体的なレベルをガイドラインにおいて規定すべきであるとの意見もあった。

81　パブリックコメントにおいては，現行の複写サービスにおいても，図書館における複写申請の要件確認やセルフコピーなど適切な運用がなされているか疑問であるとの意見もあった。

82　パブリックコメントにおいては，国立国会図書館に限定すべきとの意見や，原則，国立国会図書館が主体となり，国立国会図書館にない資料についてのみ適切に定められた基準に合致した大学図書館や公共図書館が対応すれば足りるとの意見もあった一方で，資料が集積されている専門的な図書館・資料館・博物館なども対象とするよう求める意見もあった。

83 パブリックコメントにおいては，ユーザーが利用できる図書館は，国立国会図書館等一定の図書館を除き，居住地域に存在する図書館に限るなどの制限を課すべきであるとの意見もあった。

84 パブリックコメントにおいては，対象となる図書館等について，許認可制とし定期的な運用状況のチェックができるよう監査制度を設けるべきであるとの意見や，定期的な適格審査等を通じて新規・継続・停止が合理的に運用できる仕組みが担保されるべきであるとの意見もあった。

85 既に，法第31条第1項の対象となる図書館等には司書等の配置が求められているが，適切な送信サービスの実施を担保するためには，司書等を含めた担当職員が研修等を通じてガイドラインの内容や運用等についての理解を深めておくことが重要であると考えられる。

86 当然ながら，政省令やガイドラインの定めは，改正法の施行前に行われるべきものである。

87 パブリックコメントにおいては，主体となる図書館等の要件は政省令やガイドラインなどではなく法律で定めるべきであるとの意見もあった。

88 諸外国では権利制限に基づく補償金を課していない国もあるところ，我が国では著作権者の利益確保を重視して補償金を課すということを認識しておく必要がある，との意見があった。この点に関しては，利用者と権利者の双方がウィンウィンになる仕組みを構築することが重要であり，特定の国の取扱いを過度に気にする必要はない，との意見もあった。なお，諸外国では，権利者に対して公共貸与権が付与されている国もあり，前提としての権利者への対価還元の在り方が異なる点にも留意が必要である。

89 パブリックコメントにおいては，現在行われている複写・郵送がメール送信等に変更されることで権利者の利益に大きな影響を与えるとは考えにくいことなどから，送信サービス全体について補償金請求権を付与することは妥当ではないとの意見もあった。

90 権利者に与える不利益を補填するという観点からは，理論的には複製や譲渡も補償金の対象に含めた方が良いが，現実的な対応としては公衆送信に限定せざるを得ない，との意見もあった。

91 パブリックコメントにおいては，法第31条第1項第1号が新設された当時とは異なり，出版社・著作者が被る不利益の度合いが増しているため，現在無償となっている「複製」も含めて補償金請求権を付与することを検討すべきであるとの意見もあった。

92 パブリックコメントにおいては，補償金の対象から除外する著作物の設定に際しては，研究者を含む利用者の意見を広く聴取すべきであるとの意見もあった。

93 パブリックコメントにおいては，図書館等における会計処理等の事務負担が増加することを避けるための合理的なシステムが必要であるとの意見もあった。

94 個別徴収の方が補償金額の設定や適切な分配の実現などのエンフォースもしやすい，との意見もあった。

95 学校など一定の機関については，法第35条と同様に包括的な料金体系とする（授業目的公衆送信補償金に一定額を上乗せする）ことも考えられるのではないか，との意見があった。この点に関しては，今回は法第35条とは異なり，相当額の支払いをしてでも高度なサービスを受けたい利用者を対象としたものであるため，個別かつ相当程度の額とする必要がある，との意見もあった。なお，権利者の逸失利益を補填するという前提の下で，包括的な料金体系とする場合には，かなり高額な補償金額となる可能性があるところ，それが図書館等のニーズに合致するかは慎重に検討する必要があるものと考えられる。

96 パブリックコメントにおいては，仮に全体を送信した場合の補償金額が書籍等を購入するよりも安価になる場合には脱法行為を招くことが懸念されるとの意見や，過剰な利用を抑制する観点から補償金額は現行の複写サービスにおけるコピー代・手数料等を超える額とすべきとの意見，補償金を課すとすれば郵送料金と同額又はそれ以下の低廉な額とすべきとの意見もあった。

97 図書館等における事務的負担の軽減という観点からの考慮も必要となる，との意見もあった。

98 例えば，大学図書館の場合に学生に係る補償金額を低廉な額とすることなどは有り得る一方，それ以外の図書館等において個々の利用者の属性まで判断することは難しいのではないか，との意見もあった。

99 個別の送信ごとのきめ細かな補償金制度を円滑に機能させるためには，権利者側の協力も得つつ，送信しようとしている資料が補償金の対象となるか否かや具体的な補償金額などを簡易に判断できるシステムを構築し，図書館等の現場の事務負担を軽減することが重要である，との意見もあった。

100 パブリックコメントにおいては，出版物ごとの読者層・価格の相違等を踏まえ，補償金額の算定は出版物ごとに個別に行うべきであるとの意見もあった。一方で，図書館等の事務負担の軽減の観点からの配慮を求める意見もあった。

101 パブリックコメントにおいては，学生に係る補償金を低廉な額とすることに関して，それを支持する意見があった

一方で，そもそも読者の特性に応じた出版物の価格設定がなされている（その価格設定に応じた補償金となることが想定される）ところ，それに加えて補償金を減額することは妥当ではないとの意見もあった。

102　パブリックコメントにおいても，紙の出版権のみを有する者や出版権を有しない出版社に対しても，適切に補償金が支払われるべきであるとの意見があった。また，電子書籍配信サービス事業者や印刷事業者その他のステークホルダーも含めた補償金分配について検討すべきとの意見もあった。

103　パブリックコメントにおいては，図書館予算が圧迫される（出版物購入費等が削減される）などの懸念から，法律上の補償金の支払い義務者を利用者とすべきとの意見や，事実上利用者に全額を転嫁することを徹底すべきとの意見もあった。

104　当然ながら，利用者に転嫁するか否かは各図書館等において判断すべきものである。

105　ここではあくまで，サービス利用者が支払う補償金の金銭的性質が，公立図書館の無料公開の原則との関係では印刷代・郵送代と同様に「実費」として捉えられると述べているに過ぎず，補償金の水準を印刷代・郵送代と同程度にすべきであるという含意はない。

106　パブリックコメントにおいては，利用者管理において，表現の自由や個人情報の取扱いに最大限の注意を払い，情報漏洩なく安全に利用できることを最優先したうえで，利便性のあるシステム設計をすることが求められるとの意見もあった。

107　図書館等における事務的負担にも配慮する必要がある，との意見もあった。

108　利用者の読書活動のプライバシー保護の観点から，情報管理等の在り方については丁寧な議論が必要である，との意見もあった。この点に関して，パブリックコメントにおいては，図書館においては利用者の利用の秘密を守るため利用履歴は速やかに破棄することとなっており，精査することには限界があることを理解してほしいとの意見もあった。

109　パブリックコメントにおいては，全ての施設で一元的かつ共通の利用者登録とし，同一利用者が複数の施設に同一著作物の異なる部分を請求し著作物全体を利用するようなことができないようチェックできるようにすべきとの意見もあった。

110　パブリックコメントにおいては，複数回に分けて申請して全文を取得するなどの行為が違法であることを図書館・

利用者に対し周知徹底することが必要であるとの意見もあった。

111　パブリックコメントにおいては，脱法行為の防止の観点も加味して補償金額を検討する必要があるとの意見もあった。

112　代替物が存在しない場合など，図書館等にとって条件が受け入れがたい場合でも契約を結ばざるを得ない場面もあるところ，そうした場面でも全て契約条件等に従わないといけないかどうかは議論の必要がある，との意見もあった。この点に関しては，契約条件等が遵守されない可能性があるのであれば，事業者が図書館等に安心してデータの提供を行えなくなり，ひいては図書館等にとっても不利益となるのではないか，との意見もあった。

113　送信サービスに関する規定と，他の規定（例：法第31条第1項第2号に基づく保存のための複製）とでは取扱いを分けて考える必要がある，との意見もあった。この点に関して，パブリックコメントにおいては，法第35条に基づく公衆送信に影響することを懸念する意見もあった。

114　パブリックコメントにおいては，第2章第2節に記載の図書館資料の送信サービスの実施に当たって，出版市場に与える影響の調査・分析や，補償金に関する制度設計・運用，送信の形態，流出防止措置など，検討すべき事項が多岐にわたることから，施行日を定めるに当たっては，十分な検討を行うことができる準備期間を確保すべきであるとの意見もあった。

115　パブリックコメントにおいては，法第38条第5項に基づき映像資料の貸与が認められる施設に大学図書館を追加することについても引き続き検討すべきであるとの意見もあった。

116　パブリックコメントにおいては，学校図書館を追加すべきであるとの意見があった一方で，法第35条と第31条の切り分けに関して学校図書館の利用が混乱するとの意見や，学校図書館を公共図書館と同一視する誤解が広がり学校図書館の機能等が弱まるとの意見，学校教育におけるニーズに対応するためには第35条の改正を行う方が効果的であるとの意見，具体的な立法事実を確認したうえで必要な市場調査を行い慎重に議論すべきであるとの意見もあった。

117　パブリックコメントにおいては，学校図書館のみならず，病院図書館や専門図書館を追加することについても検討すべきであるとの意見もあった。

〈https://www.bunka.go.jp/seisaku/bunkashingikai/chosakuken/pdf/92818201_03.pdf〉

著作権法の一部を改正する法律　新旧対照条文（図書館関係部分の抜粋）

〇**著作権法**（昭和 45 年法律第 48 号）（第 1 条関係）

（傍線の部分は改正部分）

改正案	現行
（図書館等における複製等）	（図書館等における複製等）
第 31 条　国立国会図書館及び図書，記録その他の資料を公衆の利用に供することを目的とする図書館その他の施設で政令で定めるもの（以下この項及び第 3 項において「図書館等」という。）においては，次に掲げる場合には，その営利を目的としない事業として，図書館等の図書，記録その他の資料（次項において「図書館資料」という。）を用いて著作物を複製することができる。	第 31 条　国立国会図書館及び図書，記録その他の資料を公衆の利用に供することを目的とする図書館その他の施設で政令で定めるもの（以下この項及び第 3 項において「図書館等」という。）においては，次に掲げる場合には，その営利を目的としない事業として，図書館等の図書，記録その他の資料（以下この条において「図書館資料」という。）を用いて著作物を複製することができる。
一　図書館等の利用者の求めに応じ，その調査研究の用に供するために，公表された著作物の一部分（発行後相当期間を経過した定期刊行物に掲載された個々の著作物にあつては，その全部）の複製物を 1 人につき 1 部提供する場合	一　図書館等の利用者の求めに応じ，その調査研究の用に供するために，公表された著作物の一部分（発行後相当期間を経過した定期刊行物に掲載された個々の著作物にあつては，その全部。第 3 項において同じ。）の複製物を 1 人につき 1 部提供する場合
二・三　（略）	二・三　（略）
2　前項各号に掲げる場合のほか，国立国会図書館においては，図書館資料の原本を公衆の利用に供することによるその滅失，損傷若しくは汚損を避けるために当該原本に代えて公衆の利用に供するため，又は絶版等資料に係る著作物を次項若しくは第 4 項の規定により自動公衆送信（送信可能化を含む。以下この条において同じ。）に用いるため，電磁的記録（電子的方式，磁気的方式その他人の知覚によつては認識することができない方式で作られる記録であつて，電子計算機による情報処理の用に供されるものをいう。以下同じ。）を作成する場合には，必要と認められる限度において，当該図書館資料に係る著作物を記録媒体に記録することができる。	2　前項各号に掲げる場合のほか，国立国会図書館においては，図書館資料の原本を公衆の利用に供することによるその滅失，損傷若しくは汚損を避けるために当該原本に代えて公衆の利用に供するため，又は絶版等資料に係る著作物を次項の規定により自動公衆送信（送信可能化を含む。同項において同じ。）に用いるため，電磁的記録（電子的方式，磁気的方式その他人の知覚によつては認識することができない方式で作られる記録であつて，電子計算機による情報処理の用に供されるものをいう。以下同じ。）を作成する場合には，必要と認められる限度において，当該図書館資料に係る著作物を記録媒体に記録することができる。
3　国立国会図書館は，絶版等資料に係る著作物について，図書館等又はこれに類する外国の施設で政令で定めるものにおいて公衆に提示することを目的とする場合には，前項の規定により記録媒体に記録された当該著作物の複製物を用いて自動公衆送信を行うことができる。この場合において，当該図書館等においては，その営利を目的としない事業として，次に掲げる行為を行うことができる。	3　国立国会図書館は，絶版等資料に係る著作物について，図書館等又はこれに類する外国の施設で政令で定めるものにおいて公衆に提示することを目的とする場合には，前項の規定により記録媒体に記録された当該著作物の複製物を用いて自動公衆送信を行うことができる。この場合において，当該図書館等においては，その営利を目的としない事業として，当該図書館等の利用者の求めに応じ，その調査研究の用に

<table>
<tr><td>

　二　当該図書館等の利用者の求めに応じ，当該利用
　　者が自ら利用するために必要と認められる限度に
　　おいて，自動公衆送信された当該著作物の複製物
　　を作成し，当該複製物を提供すること。

　二　自動公衆送信された当該著作物を受信装置を用
　　いて公に伝達すること（当該著作物の伝達を受け
　　る者から料金（いずれの名義をもつてするかを問
　　わず，著作物の提供又は提示につき受ける対価を
　　いう。第5項第2号及び第38条において同じ。）
　　を受けない場合に限る。）。

4　国立国会図書館は，次に掲げる要件を満たすとき
　は，特定絶版等資料に係る著作物について，第2項の
　規定により記録媒体に記録された当該著作物の複製
　物を用いて，自動公衆送信（当該自動公衆送信を受信
　して行う当該著作物のデジタル方式の複製を防止
　し，又は抑止するための措置として文部科学省令で
　定める措置を講じて行うものに限る。以下この項及
　び次項において同じ。）を行うことができる。

　一　当該自動公衆送信が，当該著作物をあらかじめ
　　国立国会図書館にその氏名及び連絡先その他文部
　　科学省令で定める情報を登録している者（次号に
　　おいて「事前登録者」という。）の用に供すること
　　を目的とするものであること。

　二　当該自動公衆送信を受信しようとする者が当該
　　自動公衆送信を受信する際に事前登録者であるこ
　　とを識別するための措置を講じていること。

5　前項の規定による自動公衆送信を受信した者は，次
　に掲げる行為を行うことができる。

　一　自動公衆送信された当該著作物を自ら利用する
　　ために必要と認められる限度において複製するこ
　　と。

　二　次のイ又はロに掲げる場合の区分に応じ，当該
　　イ又はロに定める要件に従つて，自動公衆送信さ
　　れた当該著作物を受信装置を用いて公に伝達する
　　こと。

　　イ　個人的に又は家庭内において当該著作物が閲
　　　覧される場合の表示の大きさと同等のものとし
　　　て政令で定める大きさ以下の大きさで表示する
　　　場合営利を目的とせず，かつ，当該著作物の伝達
　　　を受ける者から料金を受けずに行うこと。

　　ロ　イに掲げる場合以外の場合公共の用に供され
　　　る施設であつて，国，地方公共団体又は一般社団
　　　法人若しくは一般財団法人その他の営利を目的

</td><td>

供するために，自動公衆送信される当該著作物の一
部分の複製物を作成し，当該複製物を1人につき1部
提供することができる。

（新設）

（新設）

（新設）

（新設）

</td></tr>
</table>

としない法人が設置するもののうち，自動公衆送信された著作物の公の伝達を適正に行うために必要な法に関する知識を有する職員が置かれているものにおいて，営利を目的とせず，かつ，当該著作物の伝達を受ける者から料金を受けずに行うこと。	
6　第4項の特定絶版等資料とは，第2項の規定により記録媒体に記録された著作物に係る絶版等資料のうち，著作権者若しくはその許諾を得た者又は第79条の出版権の設定を受けた者若しくはその複製許諾若しくは公衆送信許諾を得た者の申出を受けて，国立国会図書館の館長が当該申出のあつた日から起算して3月以内に絶版等資料に該当しなくなる蓋然性が高いと認めた資料を除いたものをいう。	（新設）
7　前項の申出は，国立国会図書館の館長に対し，当該申出に係る絶版等資料が当該申出のあつた日から起算して3月以内に絶版等資料に該当しなくなる蓋然性が高いことを疎明する資料を添えて行うものとする。	（新設）
（翻訳，翻案等による利用） 第47条の6　次の各号に掲げる規定により著作物を利用することができる場合には，当該著作物について，当該規定の例により当該各号に定める方法による利用を行うことができる。 一　（略） 二　第31条第1項（第1号に係る部分に限る。），第3項（第1号に係る部分に限る。）若しくは第5項（第1号に係る部分に限る。），第32二条，第36条第1項，第37条第1項若しくは第2項，第39条第1項，第40条第2項，第41条又は第42条　翻訳 三～六　（略） 2　（略）	（翻訳，翻案等による利用） 第47条の6　次の各号に掲げる規定により著作物を利用することができる場合には，当該著作物について，当該規定の例により当該各号に定める方法による利用を行うことができる。 一　（略） 二　第31条第1項第1号若しくは第3項後段，第32条，第36条第1項，第37条第1項若しくは第2項，第39条第1項，第40条第2項，第41条又は第42条　翻訳 三～六　（略） 2　（略）
（複製権の制限により作成された複製物の譲渡） 第47条の7　第30条の2第2項，第30条の3，第30条の4，31条第1項（第1号に係る部分に限る。以下この条において同じ。）若しくは第3項（第1号に係る部分に限る。以下この条において同じ。），第32条，第33条第1項（同条第4項において準用する場合を含む。），第33条の2第1項，第33条の3第1項若しくは第4項，第34条第1項，第35条第1項，第36条第1項，第37条，第37条の2（第2号を除く。以下この条において同じ。），第39条第1項，第40条第1項若しくは第2項，第41条から第42条の	（複製権の制限により作成された複製物の譲渡） 第47条の7　第30条の2第2項，第30条の3，第30条の4，第31条第1項（第1号に係る部分に限る。以下この条において同じ。）若しくは第3項後段，第32条，第33条第1項（同条第4項において準用する場合を含む。），第33条の2第1項，第33条の3第1項若しくは第4項，第34条第1項，第35条第1項，第36条第1項，第37条，第37条の2（第2号を除く。以下この条において同じ。），第39条第1項，第40条第1項若しくは第2項，第41条から第42条の2まで，第42条の3第2項，第46条，第47条第1

2まで，第42条の3第2項，第46条，第47条第1項若しくは第3項，第47条の2，第47条の4又は第47条の5の規定により複製することができる著作物は，これらの規定の適用を受けて作成された複製物（第31条第1項若しくは第3項，第36条第1項又は第42条の規定に係る場合にあつては，映画の著作物の複製物（映画の著作物において複製されている著作物にあつては，当該映画の著作物の複製物を含む。以下この条において同じ。）を除く。）の譲渡により公衆に提供することができる。ただし，第30条の3，第31条第1項若しくは第3項，第33条の2第1項，第33条の3第1項若しくは第4項，第35条第1項，第37条第3項，第37条の2，第41条から第42条の2まで，第42条の3第2項，第47条第1項若しくは第3項，第47条の2，第47条の4若しくは第47条の5の規定の適用を受けて作成された著作物の複製物（第31条第1項若しくは第3項又は第42条の規定に係る場合にあつては，映画の著作物の複製物を除く。）を第30条の3，第31条第1項若しくは第3項，第33条の2第1項，第33条の3第1項若しくは第4項，第35条第1項，第37条第3項，第37条の2，第41条から第42条の2まで，第42条の3第2項，第47条第1項若しくは第3項，第47条の2，第47条の4若しくは第47条の5に定める目的以外の目的のために公衆に譲渡する場合又は第30条の4の規定の適用を受けて作成された著作物の複製物を当該著作物に表現された思想若しくは感情を自ら享受し若しくは他人に享受させる目的のために公衆に譲渡する場合は，この限りでない。

（複製物の目的外使用等）
第49条　次に掲げる者は，第21条の複製を行つたものとみなす。
一　第30条第1項，第30条の3，第31条第1項第1号，第3項第1号若しくは第5項第1号，第33条の2第1項，第33条の3第1項若しくは第4項，第35条第1項，第37条第3項，第37条の2本文（同条第2号に係る場合にあつては，同号。次項第1号において同じ。），第41条から第42条の3まで，第43条第2項，第44条第1項から第3項まで，第47条第1項若しくは第3項，第47条の2又は第47条の5第1項に定める目的以外の目的のために，これらの規定の適用を受けて作成された著作物の複製物（次項第1号又は第2号の複製物に該当するものを除く。）を頒布し，又は当該複製物によつて当該著作物の公衆への提示（送信可能

項若しくは第3項，第47条の2，第47条の4又は第47条の5の規定により複製することができる著作物は，これらの規定の適用を受けて作成された複製物（第31条第1項若しくは第3項後段，第36条第1項又は第42条の規定に係る場合にあつては，映画の著作物の複製物（映画の著作物において複製されている著作物にあつては，当該映画の著作物の複製物を含む。以下この条において同じ。）を除く。）の譲渡により公衆に提供することができる。ただし，第30条の3，第31条第1項若しくは第3項後段，第33条の2第1項，第33条の3第1項若しくは第4項，第35条第1項，第37条第3項，第37条の2，第41条から第42条の2まで，第42条の3第2項，第47条第1項若しくは第3項，第47条の2，第47条の4若しくは第47条の5の規定の適用を受けて作成された著作物の複製物（第31条第1項若しくは第3項後段又は第42条の規定に係る場合にあつては，映画の著作物の複製物を除く。）を第30条の3，第31条第1項若しくは第3項後段，第33条の2第1項，第33条の3第1項若しくは第4項，第35条第1項，第37条第3項，第37条の2，第41条から第42条の2まで，第42条の3第2項，第47条第1項若しくは第3項，第47条の2，第47条の4若しくは第47条の5に定める目的以外の目的のために公衆に譲渡する場合又は第30条の4の規定の適用を受けて作成された著作物の複製物を当該著作物に表現された思想若しくは感情を自ら享受し若しくは他人に享受させる目的のために公衆に譲渡する場合は，この限りでない。

（複製物の目的外使用等）
第49条　次に掲げる者は，第21条の複製を行つたものとみなす。
一　第30条第1項，第30条の3，第31条第1項第1号若しくは第3項後段，第33条の2第1項，第33条の3第1項若しくは第4項，第35条第1項，第37条第3項，第37条の2本文（同条第2号に係る場合にあつては，同号。次項第1号において同じ。），第41条から第42条の3まで，第43条第2項，第44条第1項若しくは第2項，第47条第1項若しくは第3項，第47条の2又は第47条の5第1項に定める目的以外の目的のために，これらの規定の適用を受けて作成された著作物の複製物（次項第1号又は第2号の複製物に該当するものを除く。）を頒布し，又は当該複製物によつて当該著作物の公衆への提示（送信可能化を含む。以下同じ。）

化を含む。以下同じ。）を行つた者	を行つた者
二　（略）	二　（略）
三　第44条第4項の規定に違反して同項の録音物又は録画物を保存した放送事業者，有線放送事業者又は放送同時配信等事業者	三　第44条第3項の規定に違反して同項の録音物又は録画物を保存した放送事業者又は有線放送事業者
四～六　（略）	四～六　（略）
2　次に掲げる者は，当該二次的著作物の原著作物につき第27条の翻訳，編曲，変形又は翻案を，当該二次的著作物につき第21条の複製を，それぞれ行つたものとみなす。	2　次に掲げる者は，当該二次的著作物の原著作物につき第27条の翻訳，編曲，変形又は翻案を，当該二次的著作物につき第21条の複製を，それぞれ行つたものとみなす。
一　第30条第1項，第31条第1項第1号，第3項第1号若しくは第5項第1号，第33条の2第1項，第33条の3第1項，第35条第1項，第37条第3項，第37条の2本文，第41条，第42条又は第47条第1項若しくは第3項に定める目的以外の目的のために，第47条の6第2項の規定の適用を受けて同条第1項各号に掲げるこれらの規定により作成された二次的著作物の複製物を頒布し，又は当該複製物によつて当該二次的著作物の公衆への提示を行つた者	一　第30条第1項，第31条第1項第1号若しくは第3項後段，第33条の2第1項，第33条の3第1項，第35条第1項，第37条第3項，第37条の2本文，第41条，第42条又は第47条第1項若しくは第3項に定める目的以外の目的のために，第47条の6第2項の規定の適用を受けて同条第1項各号に掲げるこれらの規定により作成された二次的著作物の複製物を頒布し，又は当該複製物によつて当該二次的著作物の公衆への提示を行つた者
二～七　（略）	二～七　（略）
（出版権の制限）	（出版権の制限）
第86条　第30条の二から第30条の4まで，第31条第1項及び第3項（第1号に係る部分に限る。），第32条，第33条第1項（同条第4項において準用する場合を含む。），第33条の2第1項，第33条の3第1項及び第4項，第34条第1項，第35条第1項，第36条第1項，第37条，第37条の2，第39条第1項，第40条第1項及び第2項，第41条から第42条の2まで，第42条の3第2項，第46条，第47条第1項及び第3項，第47条の2，第47条の4並びに第47条の5の規定は，出版権の目的となつている著作物の複製について準用する。この場合において，第30条の2第1項ただし書及び第2項ただし書，第30条の3，第30条の4ただし書，第35条第1項ただし書，第42条第1項ただし書，第47条第1項ただし書及び第3項ただし書，第47条の2，第47条の4第1項ただし書及び第2項ただし書並びに第47条の5第1項ただし書及び第2項ただし書中「著作権者」とあるのは「出版権者」と，同条第1項ただし書中「著作権を」とあるのは「出版権を」と，「著作権の」とあるのは「出版権の」と読み替えるものとする。	第86条　第30条の2から第30条の4まで，第31条第1項及び第3項後段，第32条，第33条第1項（同条第4項において準用する場合を含む。），第33条の2第1項，第33条の3第1項及び第4項，第34条第1項，第35条第1項，第36条第1項，第37条，第37条の2，第39条第1項，第40条第1項及び第2項，第41条から第42条の2まで，第42条の3第2項，第46条，第47条第1項及び第3項，第47条の2，第47条の4並びに第47条の5の規定は，出版権の目的となつている著作物の複製について準用する。この場合において，第30条の2第1項ただし書及び第2項ただし書，第30条の3，第30条の4ただし書，第35条第1項ただし書，第42条第1項ただし書，第47条第1項ただし書及び第3項ただし書，第47条の2，第47条の4第1項ただし書及び第2項ただし書並びに第47条の5第1項ただし書及び第2項ただし書中「著作権者」とあるのは「出版権者」と，同条第1項ただし書中「著作権を」とあるのは「出版権を」と，「著作権の」とあるのは「出版権の」と読み替えるものとする。
2　次に掲げる者は，第80条第1項第1号の複製を行つたものとみなす。	2　次に掲げる者は，第80条第1項第1号の複製を行つたものとみなす。
一　第30条第1項に定める私的使用の目的又は第31	一　第30条第1項に定める私的使用の目的以外の目

条第5項第1号に定める目的以外の目的のために，これらの規定の適用を受けて原作のまま印刷その他の機械的若しくは化学的方法により文書若しくは図画として複製することにより作成された著作物の複製物（原作のまま第79条第1項に規定する方式により記録媒体に記録された電磁的記録として複製することにより作成されたものを含む。）を頒布し，又は当該複製物によつて当該著作物の公衆への提示を行つた者

二　前項において準用する第30条の3，第31条第1項第1号若しくは第3項第1号，第33条の2第1項，第33条の3第1項若しくは第4項，第35条第1項，第37条第3項，第37条の2本文（同条第2号に係る場合にあつては，同号），第41条から第42条の2まで，第42条の3第2項，第47条第1項若しくは第3項，第47条の2又は第47条の5第1項に定める目的以外の目的のために，これらの規定の適用を受けて作成された著作物の複製物を頒布し，又は当該複製物によつて当該著作物の公衆への提示を行つた者

三・四　（略）

3　第30条の2から第30条の4まで，31条第3項前段及び第4項，第32条第1項，第33条の2第1項，第33条の3第4項，第35条第1項，第36条第1項，第37条第2項及び第3項，第37条の2（第2号を除く。），第40条第1項，第41条，第42条の2，第42条の3第2項，第46条，第47条第2項及び第3項，第47条の2，第47条の4並びに第47条の5の規定は，出版権の目的となつている著作物の公衆送信について準用する。この場合において，第30条の2第1項ただし書及び第2項ただし書，第30条の3，第30条の4ただし書，第35条第1項ただし書，第36条第1項ただし書，第47条第2項ただし書及び第3項ただし書，第47条の2，第47条の4第1項ただし書及び第2項ただし書並びに第47条の5第1項ただし書及び第2項ただし書中「著作権者」とあるのは「出版権者」と，同条第1項ただし書中「著作権を」とあるのは「出版権を」と，「著作権の」とあるのは「出版権の」と読み替えるものとする。

（著作隣接権の制限）
第102条　第30条第1項（第4号を除く。第9項第1号において同じ。），第30条の2から第32条まで，第35条，第36条，第37条第3項，第37条の2（第1号を除く。次項において同じ。），第38条第2項及び第4項，第41条から第43条まで，第44条（第2項

的のために，同項の規定の適用を受けて原作のまま印刷その他の機械的若しくは化学的方法により文書若しくは図画として複製することにより作成された著作物の複製物（原作のまま第79条第1項に規定する方式により記録媒体に記録された電磁的記録として複製することにより作成されたものを含む。）を頒布し，又は当該複製物によつて当該著作物の公衆への提示を行つた者

二　前項において準用する第30条の3，第31条第1項第1号若しくは第3項後段，第33条の2第1項，第33条の3第1項若しくは第4項，第35条第1項，第37条第3項，第37条の2本文（同条第2号に係る場合にあつては，同号），第41条から第42条の2まで，第42条の3第2項，第47条第1項若しくは第3項，第47条の2又は第47条の5第1項に定める目的以外の目的のために，これらの規定の適用を受けて作成された著作物の複製物を頒布し，又は当該複製物によつて当該著作物の公衆への提示を行つた者

三・四　（略）

3　第30条の2から第30条の4まで，第31条第3項前段，第32条第1項，第33条の2第1項，第33条の3第4項，第35条第1項，第36条第1項，第37条第2項及び第3項，第37条の2（第2号を除く。），第40条第1項，第41条，第42条の2，第42条の3第2項，第46条，第47条第2項及び第3項，第47条の2，第47条の4並びに第47条の5の規定は，出版権の目的となつている著作物の公衆送信について準用する。この場合において，第30条の2二第1項ただし書及び第2項ただし書，第30条の3，第30条の4ただし書，第35条第1項ただし書，第36条第1項ただし書，第47条第2項ただし書及び第3項ただし書，第47条の2，第47条の4第1項ただし書及び第2項ただし書並びに第47条の5第1項ただし書及び第2項ただし書中「著作権者」とあるのは「出版権者」と，同条第1項ただし書中「著作権を」とあるのは「出版権を」と，「著作権の」とあるのは「出版権の」と読み替えるものとする。

（著作隣接権の制限）
第102条　第30条第1項（第4号を除く。第9項第1号において同じ。），第30条の2から第32条まで，第35条，第36条，第37条第3項，第37条の2（第1号を除く。次項において同じ。），第38条第2項及び第4項，第41条から第43条まで，第44条（第2項

を除く。），第46条から第47条の2まで，第47条の4並びに第47条の5の規定は，著作隣接権の目的となつている実演，レコード，放送又は有線放送の利用について準用し，第30条第3項及び第47条の7の規定は，著作隣接権の目的となつている実演又はレコードの利用について準用し，第33条から第33条の3までの規定は，著作隣接権の目的となつている放送又は有線放送の利用について準用し，第44条第2項の規定は，著作隣接権の目的となつている実演，レコード又は有線放送の利用について準用する。この場合において，第30条第1項第3号中「自動公衆送信（国外で行われる自動公衆送信」とあるのは「送信可能化（国外で行われる送信可能化」と，「含む。）」とあるのは「含む。）に係る自動公衆送信」と，第44条第1項中「第23条第1項」とあるのは「第92条第1項，第92条の2第1項，第96条の2，第99条第1項又は第100条の3」と，同条第2項中「第23条第1項」とあるのは「第92条第1項，第92条の2第1項，第96条の2又は第100条の3」と，同条第3項中「第23条第1項」とあるのは「第92条の2第1項又は第96条の2」と読み替えるものとする。

2～4　（略）

5　著作隣接権の目的となつている実演であつて放送されるものは，地域限定特定入力型自動公衆送信を行うことができる。ただし，当該放送に係る第99条の2第1項に規定する権利を有する者の権利を害することとなる場合は，この限りでない。

を除く。），第46条から第47条の2まで，第47条の4並びに第47条の5の規定は，著作隣接権の目的となつている実演，レコード，放送又は有線放送の利用について準用し，第30条第3項及び第47条の7の規定は，著作隣接権の目的となつている実演又はレコードの利用について準用し，第33条から第33条の3までの規定は，著作隣接権の目的となつている放送又は有線放送の利用について準用し，第44条第2項の規定は，著作隣接権の目的となつている実演，レコード又は有線放送の利用について準用する。この場合において，第30条第1項第3号中「自動公衆送信（国外で行われる自動公衆送信」とあるのは「送信可能化（国外で行われる送信可能化」と，「含む。）」とあるのは「含む。）に係る自動公衆送信」と，第44条第1項中「第23条第1項」とあるのは「第92条第1項，第99条第1項又は第100条の3」と，同条第2項中「第23条第1項」とあるのは「第92条第1項又は第100条の3」と読み替えるものとする。

2～4　（略）

5　著作隣接権の目的となつている実演であつて放送されるものは，専ら当該放送に係る放送対象地域において受信されることを目的として送信可能化（公衆の用に供されている電気通信回線に接続している自動公衆送信装置に情報を入力することによるものに限る。）を行うことができる。ただし，当該放送に係る第99条の2第1項に規定する権利を有する者の権利を害することとなる場合は，この限りでない。

○著作権法（昭和45年法律第48号）（第2条関係）

改正案	第1条による改正後
目次 第1章～第4章　（略） 第5章　著作権等の制限による利用に係る補償金 　第1節　（略） 　第2節　図書館等公衆送信補償金（第104条の10の2－第104条の10の8） 　第3節　授業目的公衆送信補償金（第104条の11－第104条の17） 第6章～第8章　（略） 附則	目次 第1章～第4章　（略） 第5章　著作権等の制限による利用に係る補償金 　第1節　（略） 　（新設） 　第2節　授業目的公衆送信補償金（第104条の11－第104条の17） 第6章～第8章　（略） 附則
（図書館等における複製等） 第31条　国立国会図書館及び図書，記録その他の資料を公衆の利用に供することを目的とする図書館その他の施設で政令で定めるもの（以下この条及び第104条の10の4第3項において「図書館等」という。）においては，次に掲げる場合には，その営利を目的としない事業として，図書館等の図書，記録その他の資料（次項及び第6項において「図書館資料」という。）を用いて著作物を複製することができる。 　一　図書館等の利用者の求めに応じ，その調査研究の用に供するために，公表された著作物の一部分（国若しくは地方公共団体の機関，独立行政法人又は地方独立行政法人が一般に周知させることを目的として作成し，その著作の名義の下に公表する広報資料，調査統計資料，報告書その他これらに類する著作物（次項及び次条第2項において「国等の周知目的資料」という。）その他の著作物の全部の複製物の提供が著作権者の利益を不当に害しないと認められる特別な事情があるものとして政令で定めるものにあつては，その全部）の複製物を1人につき1部提供する場合 　二・三　（略） 2　特定図書館等においては，その営利を目的としない事業として，当該特定図書館等の利用者（あらかじめ当該特定図書館等にその氏名及び連絡先その他文部科学省令で定める情報（次項第3号及び第8項第1号において「利用者情報」という。）を登録している者に限る。第4項及び第104条の10の4第4項において同じ。）の求めに応じ，その調査研究の用に供するために，公表された著作物の一部分（国等の周知目的資料その他の著作物の全部の公衆送信が著作権者の利益を不当に害しないと認められる特別な事情が	（図書館等における複製等） 第31条　国立国会図書館及び図書，記録その他の資料を公衆の利用に供することを目的とする図書館その他の施設で政令で定めるもの（以下この項及び第3項において「図書館等」という。）においては，次に掲げる場合には，その営利を目的としない事業として，図書館等の図書，記録その他の資料（次項において「図書館資料」という。）を用いて著作物を複製することができる。 　一　図書館等の利用者の求めに応じ，その調査研究の用に供するために公表された著作物の一部分（発行後相当期間を経過した定期刊行物に掲載された個々の著作物にあつては，その全部）の複製物を1人につき1部提供する場合 　二・三　（略） （新設）

あるものとして政令で定めるものにあつては，その全部）について，次に掲げる行為を行うことができる。ただし，当該著作物の種類（著作権者若しくはその許諾を得た者又は第79条の出版権の設定を受けた者若しくはその公衆送信許諾を得た者による当該著作物の公衆送信（放送又は有線放送を除き，自動公衆送信の場合にあつては送信可能化を含む。以下この条において同じ。）の実施状況を含む。第104条の10の4第4項において同じ。）及び用途並びに当該特定図書館等が行う公衆送信の態様に照らし著作権者の利益を不当に害することとなる場合は，この限りでない。	
一 図書館資料を用いて次号の公衆送信のために必要な複製を行うこと。	
二 図書館資料の原本又は複製物を用いて公衆送信を行うこと（当該公衆送信を受信して作成された電磁的記録（電子的方式，磁気的方式その他人の知覚によつては認識することができない方式で作られる記録であつて，電子計算機による情報処理の用に供されるものをいう。以下同じ。）による著作物の提供又は提示を防止し，又は抑止するための措置として文部科学省令で定める措置を講じて行うものに限る。）。	
3 前項に規定する特定図書館等とは，図書館等であつて次に掲げる要件を備えるものをいう。	（新設）
一 前項の規定による公衆送信に関する業務を適正に実施するための責任者が置かれていること。	
二 前項の規定による公衆送信に関する業務に従事する職員に対し，当該業務を適正に実施するための研修を行つていること。	
三 利用者情報を適切に管理するために必要な措置を講じていること。	
四 前項の規定による公衆送信のために作成された電磁的記録に係る情報が同項に定める目的以外の目的のために利用されることを防止し，又は抑止するために必要な措置として文部科学省令で定める措置を講じていること。	
五 前各号に掲げるもののほか，前項の規定による公衆送信に関する業務を適正に実施するために必要な措置として文部科学省令で定める措置を講じていること。	
4 第2項の規定により公衆送信された著作物を受信した特定図書館等の利用者は，その調査研究の用に供するために必要と認められる限度において，当該著作物を複製することができる。	（新設）
5 第2項の規定により著作物の公衆送信を行う場合に	（新設）

は，第 3 項に規定する特定図書館等を設置する者は，相当な額の補償金を当該著作物の著作権者に支払わなければならない。

6　第 1 項各号に掲げる場合のほか，国立国会図書館においては，資料の原本を公衆の利用に供することによるその滅失，損傷若しくは汚損を避けるために当該原本に代えて公衆の利用に供するため，又は絶版等資料に係る著作物を次項若しくは第 8 項の規定により自動公衆送信（送信可能化を含む。以下この条において同じ。）に用いるため，電磁的記録を作成する場合には，必要と認められる限度において，当該図書館資料に係る著作物を記録媒体に記録することができる。

7　国立国会図書館は，絶版等資料に係る著作物について，図書館等又はこれに類する外国の施設で政令で定めるものにおいて公衆に提示することを目的とする場合には，前項の規定により記録媒体に記録された当該著作物の複製物を用いて自動公衆送信を行うことができる。この場合において，当該図書館等においては，その営利を目的としない事業として，次に掲げる行為を行うことができる。
　一　（略）
　二　自動公衆送信された当該著作物を受信装置を用いて公に伝達すること（当該著作物の伝達を受ける者から料金（いずれの名義をもつてするかを問わず，著作物の提供又は提示につき受ける対価をいう。第 9 項第 2 号及び第 38 条において同じ。）を受けない場合に限る。）。

8　国立国会図書館は，次に掲げる要件を満たすときは，特定絶版等資料に係る著作物について，第 6 項の規定により記録媒体に記録された当該著作物の複製物を用いて，自動公衆送信（当該自動公衆送信を受信して行う当該著作物のデジタル方式の複製を防止し，又は抑止するための措置として文部科学省令で定める措置を講じて行うものに限る。以下この項及び次項において同じ。）を行うことができる。
　一　当該自動公衆送信が，当該著作物をあらかじめ国立国会図書館に利用者情報を登録している者（次号において「事前登録者」という。）の用に供することを目的とするものであること。

　二　（略）
9　（略）

2　前項各号に掲げる場合のほか，国立国会図書館においては，図書館資料の原本を公衆の利用に供することによるその滅失，損傷若しくは汚損を避けるために当該原本に代えて公衆の利用に供するため，又は絶版等資料に係る著作物を次項若しくは第 4 項の規定により自動公衆送信（送信可能化を含む。以下この条において同じ。）に用いるため，電磁的記録（電子的方式，磁気的方式その他人の知覚によつては認識することができない方式で作られる記録であつて，電子計算機による情報処理の用に供されるものをいう。以下同じ。）を作成する場合には，必要と認められる限度において，当該図書館資料に係る著作物を記録媒体に記録することができる。

3　国立国会図書館は，絶版等資料に係る著作物について，図書館等又はこれに類する外国の施設で政令で定めるものにおいて公衆に提示することを目的とする場合には，前項の規定により記録媒体に記録された当該著作物の複製物を用いて自動公衆送信を行うことができる。この場合において，当該図書館等においては，その営利を目的としない事業として，次に掲げる行為を行うことができる。
　一　（略）
　二　自動公衆送信された当該著作物を受信装置を用いて公に伝達すること（当該著作物の伝達を受ける者から料金（いずれの名義をもつてするかを問わず，著作物の提供又は提示につき受ける対価をいう。第 5 項第 2 号及び第 38 条において同じ。）を受けない場合に限る。）。

4　国立国会図書館は，次に掲げる要件を満たすときは，特定絶版等資料に係る著作物について，第 2 項の規定により記録媒体に記録された当該著作物の複製物を用いて，自動公衆送信（当該自動公衆送信を受信して行う当該著作物のデジタル方式の複製を防止し，又は抑止するための措置として文部科学省令で定める措置を講じて行うものに限る。以下この項及び次項において同じ。）を行うことができる。
　一　当該自動公衆送信が，当該著作物をあらかじめ国立国会図書館にその氏名及び連絡先その他文部科学省令で定める情報を登録している者（次号において「事前登録者」という。）の用に供することを目的とするものであること。

　二　（略）
5　（略）

10　第8項の特定絶版等資料とは，第6項の規定により記録媒体に記録された著作物に係る絶版等資料のうち，著作権者若しくはその許諾を得た者又は第79条の出版権の設定を受けた者若しくはその複製許諾若しくは公衆送信許諾を得た者の申出を受けて，国立国会図書館の館長が当該申出のあつた日から起算して三月以内に絶版等資料に該当しなくなる蓋然性が高いと認めた資料を除いたものをいう。

11　（略）

（翻訳，翻案等による利用）

第47条の6　次の各号に掲げる規定により著作物を利用することができる場合には，当該著作物について，当該規定の例により当該各号に定める方法による利用を行うことができる。

一　（略）

二　第31条第1項（第1号に係る部分に限る。），第2項，第4項，第7項（第1号に係る部分に限る。）若しくは第9項（第1号に係る部分に限る。），第32条，第36条第1項，第37条第1項若しくは第2項，第39条第1項，第40条第2項，第41条又は第42条　翻訳

三～六　（略）

2　（略）

（複製権の制限により作成された複製物の譲渡）

第47条の7　第30条の2第2項，第30条の三，第30条の4，第31条第1項（第1号に係る部分に限る。以下この条において同じ。）若しくは第7項（第1号に係る部分に限る。以下この条において同じ。），第32条，第33条第1項（同条第4項において準用する場合を含む。），第33条の2第1項，第33条の3第1項若しくは第4項，第34条第1項，第35条第1項，第36条第1項，第37条，第37条の2（第2号を除く。以下この条において同じ。），第39条第1項，第40条第1項若しくは第2項，第41条から第42条の2まで，第42条の3第2項，第46条，第47条第1項若しくは第3項，第47条の2，第47条の4又は第47条の5の規定により複製することができる著作物は，これらの規定の適用を受けて作成された複製物（第31条第1項若しくは第7項，第36条第1項又は第42条の規定に係る場合にあつては，映画の著作物の複製物（映画の著作物において複製されている著作物にあつては，当該映画の著作物の複製物を含む。以下この条において同じ。）を除く。）の譲渡により公衆に提供することができる。ただし，第30条の

6　第4項の特定絶版等資料とは，第2項の規定により記録媒体に記録された著作物に係る絶版等資料のうち，著作権者若しくはその許諾を得た者又は第79条の出版権の設定を受けた者若しくはその複製許諾若しくは公衆送信許諾を得た者の申出を受けて，国立国会図書館の館長が当該申出のあつた日から起算して三月以内に絶版等資料に該当しなくなる蓋然性が高いと認めた資料を除いたものをいう。

7　（略）

（翻訳，翻案等による利用）

第47条の6　次の各号に掲げる規定により著作物を利用することができる場合には，当該著作物について，当該規定の例により当該各号に定める方法による利用を行うことができる。

一　（略）

二　第31条第1項（第1号に係る部分に限る。），第3項（第1号に係る部分に限る。）若しくは第5項（第1号に係る部分に限る。），第32条，第36条第1項，第37条第1項若しくは第2項，第39条第1項，第40条第2項，第41条又は第42条　翻訳

三～六　（略）

2　（略）

（複製権の制限により作成された複製物の譲渡）

第47条の7　第30条の2第2項，第30条の3，第30条の4，第31条第1項（第1号に係る部分に限る。以下この条において同じ。）若しくは第3項（第1号に係る部分に限る。以下この条において同じ。），第32条，第33条第1項（同条第4項において準用する場合を含む。），第33条の2第1項，第33条の3第1項若しくは第4項，第34条第1項，第35条第1項，第36条第1項，第37条，第37条の2（第2号を除く。以下この条において同じ。），第39条第1項，第40条第1項若しくは第2項，第41条から第42条の2まで，第42条の3第2項，第46条，第47条第1項若しくは第3項，第47条の2，第47条の4又は第47条の5の規定により複製することができる著作物は，これらの規定の適用を受けて作成された複製物（第31条第1項若しくは第3項，第36条第1項又は第42条の規定に係る場合にあつては，映画の著作物の複製物（映画の著作物において複製されている著作物にあつては，当該映画の著作物の複製物を含む。以下この条において同じ。）を除く。）の譲渡により公衆に提供することができる。ただし，第30条の

3，第 31 条第 1 項若しくは第 7 項，第 33 条の 2 第 1 項，第 33 条の 3 第 1 項若しくは第 4 項，第 35 条第 1 項，第 37 条第 3 項，第 37 条の 2，第 41 条から第 42 条の 2 まで，第 42 条の 3 第 2 項，第 47 条第 1 項若しくは第 3 項，第 47 条の 2，第 47 条の 4 若しくは第 47 条の 5 の規定の適用を受けて作成された著作物の複製物（第 31 条第 1 項若しくは第 7 項又は第 42 条の規定に係る場合にあつては，映画の著作物の複製物を除く。）を第 30 条の 3，第 31 条第 1 項若しくは第 7 項，第 33 条の 2 第 1 項，第 33 条の 3 第 1 項若しくは第 4 項，第 35 条第 1 項，第 37 条第 3 項，第 37 条の 2，第 41 条から第 42 条の 2 まで，第 42 条の 3 第 2 項，第 47 条第 1 項若しくは第 3 項，第 47 条の 2，第 47 条の 4 若しくは第 47 条の 5 に定める目的以外の目的のために公衆に譲渡する場合又は第 30 条の 4 の規定の適用を受けて作成された著作物の複製物を当該著作物に表現された思想若しくは感情を自ら享受し若しくは他人に享受させる目的のために公衆に譲渡する場合は，この限りでない。

（複製物の目的外使用等）
第 49 条　次に掲げる者は，第 21 条の複製を行つたものとみなす。
　一　第 30 条第 1 項，第 30 条の 3，第 31 条第 1 項第 1 号，第 2 項第 1 号，第 4 項，第 7 項第 1 号若しくは第 9 項第 1 号，第 33 条の 2 第 1 項，第 33 条の 3 第 1 項若しくは第 4 項，第 35 条第 1 項，第 37 条第 3 項，第 37 条の 2 本文（同条第 2 号に係る場合にあつては，同号。次項第 1 号において同じ。），第 41 条から第 42 条の 3 まで，第 43 条第 2 項，第 44 条第 1 項から第 3 項まで，第 47 条第 1 項若しくは第 3 項，第 47 条の 2 又は第 47 条の 5 第 1 項に定める目的以外の目的のために，これらの規定の適用を受けて作成された著作物の複製物（次項第 1 号又は第 2 号の複製物に該当するものを除く。）を頒布し，又は当該複製物によつて当該著作物の公衆への提示（送信可能化を含む。以下同じ。）を行つた者
　二～六　　（略）
2　次に掲げる者は，当該二次的著作物の原著作物につき第 27 条の翻訳，編曲，変形又は翻案を，当該二次的著作物につき第 21 条の複製を，それぞれ行つたものとみなす。
　一　第 30 条第 1 項，第 31 条第 1 項第 1 号，第 2 項第 1 号，第 4 項，第 7 項第 1 号若しくは第 9 項第 1 号，第 33 条の二第 1 項，第 33 条の三第 1 項，第

3，第 31 条第 1 項若しくは第 3 項，第 33 条の 2 第 1 項，第 33 条の 3 第 1 項若しくは第 4 項，第 35 条第 1 項，第 37 条第 3 項，第 37 条の 2，第 41 条から第 42 条の 2 まで，第 42 条の 3 第 2 項，第 47 条第 1 項若しくは第 3 項，第 47 条の 2，第 47 条の 4 若しくは第 47 条の 5 の規定の適用を受けて作成された著作物の複製物（第 31 条第 1 項若しくは第 3 項又は第 42 条の規定に係る場合にあつては，映画の著作物の複製物を除く。）を第 30 条の 3，第 31 条第 1 項若しくは第 3 項，第 33 条の 2 第 1 項，第 33 条の 3 第 1 項若しくは第 4 項，第 35 条第 1 項，第 37 条第 3 項，第 37 条の 2，第 41 条から第 42 条の 2 まで，第 42 条の 3 第 2 項，第 47 条第 1 項若しくは第 3 項，第 47 条の 2，第 47 条の 4 若しくは第 47 条の 5 に定める目的以外の目的のために公衆に譲渡する場合又は第 30 条の 4 の規定の適用を受けて作成された著作物の複製物を当該著作物に表現された思想若しくは感情を自ら享受し若しくは他人に享受させる目的のために公衆に譲渡する場合は，この限りでない。

（複製物の目的外使用等）
第 49 条　次に掲げる者は，第 21 条の複製を行つたものとみなす。
　一　第 30 条第 1 項，第 30 条の 3，第 31 条第 1 項第 1 号，第 3 項第 1 号若しくは第 5 項第 1 号，第 33 条の 2 第 1 項，第 33 条の 3 第 1 項若しくは第 4 項，第 35 条第 1 項，第 37 条第 3 項，第 37 条の 2 本文（同条第 2 号に係る場合にあつては，同号。次項第 1 号において同じ。），第 41 条から第 42 条の 3 まで，第 43 条第 2 項，第 44 条第 1 項から第 3 項まで，第 47 条第 1 項若しくは第 3 項，第 47 条の 2 又は第 47 条の 5 第 1 項に定める目的以外の目的のために，これらの規定の適用を受けて作成された著作物の複製物（次項第 1 号又は第 2 号の複製物に該当するものを除く。）を頒布し，又は当該複製物によつて当該著作物の公衆への提示（送信可能化を含む。以下同じ。）を行つた者
　二～六　　（略）
2　次に掲げる者は，当該二次的著作物の原著作物につき第 27 条の翻訳，編曲，変形又は翻案を，当該二次的著作物につき第 21 条の複製を，それぞれ行つたものとみなす。
　一　第 30 条第 1 項，第 31 条第 1 項第 1 号，第 3 項第 1 号若しくは第 5 項第 1 号，第 33 条の二第 1 項，第 33 条の三第 1 項，第 35 条第 1 項，第 37 条

<table>
<tr><td>

35条第1項，第37条第3項，第37条の2本文，第41条，第42条又は第47条第1項若しくは第3項に定める目的以外の目的のために，第47条の6第2項の規定の適用を受けて同条第1項各号に掲げるこれらの規定により作成された二次的著作物の複製物を頒布し，又は当該複製物によつて当該二次的著作物の公衆への提示を行つた者

二～七　（略）

（出版権の制限）

第86条　第30条の2から第30条の4まで，第31条第1項及び第7項（第1号に係る部分に限る。），第32条，第33条第1項（同条第4項において準用する場合を含む。），第33条の2第1項，第33条の3第1項及び第4項，第34条第1項，第35条第1項，第36条第1項，第37条，第37条の2，第39条第1項，第40条第1項及び第2項，第41条から第42条の2まで，第42条の3第2項，第46条，第47条第1項及び第3項，第47条の2，第47条の4並びに第47条の5の規定は，出版権の目的となつている著作物の複製について準用する。この場合において，第30条の2第1項ただし書及び第2項ただし書，第30条の3，第30条の4ただし書，第31条第1項第1号，第35条第1項ただし書，第42条第1項ただし書，第47条第1項ただし書及び第3項ただし書，第47条の2，第47条の4第1項ただし書及び第2項ただし書並びに第47条の5第1項ただし書及び第2項ただし書中「著作権者」とあるのは「出版権者」と，同条第1項ただし書中「著作権を」とあるのは「出版権を」と，「著作権の」とあるのは「出版権の」と読み替えるものとする。

2　次に掲げる者は，第80条第1項第1号の複製を行つたものとみなす。

一　第30条第1項に定める私的使用の目的又は第31条第4項若しくは第9項第1号に定める目的以外の目的のために，これらの規定の適用を受けて原作のまま印刷その他の機械的若しくは化学的方法により文書若しくは図画として複製することにより作成された著作物の複製物（原作のまま第79条第1項に規定する方式により記録媒体に記録された電磁的記録として複製することにより作成されたものを含む。）を頒布し，又は当該複製物によつて当該著作物の公衆への提示を行つた者

二　前項において準用する第30条の3，第31条第1項第1号若しくは第7項第1号，第33条の2第1項，第33条の三第1項若しくは第4項，第35条

</td><td>

第3項，第37条の2本文，第41条，第42条又は第47条第1項若しくは第3項に定める目的以外の目的のために，第47条の6第2項の規定の適用を受けて同条第1項各号に掲げるこれらの規定により作成された二次的著作物の複製物を頒布し，又は当該複製物によつて当該二次的著作物の公衆への提示を行つた者

二～七　（略）

（出版権の制限）

第86条　第30条の2から第30条の4まで，第31条第1項及び第3項（第1号に係る部分に限る。），第32条，第33条第1項（同条第4項において準用する場合を含む。），第33条の2第1項，第33条の3第1項及び第4項，第34条第1項，第35条第1項，第36条第1項，第37条，第37条の2，第39条第1項，第40条第1項及び第2項，第41条から第42条の2まで，第42条の3第2項，第46条，第47条第1項及び第3項，第47条の2，第47条の4並びに第47条の5の規定は，出版権の目的となつている著作物の複製について準用する。この場合において，第30条の2第1項ただし書及び第2項ただし書，第30条の3，第30条の4ただし書，第35条第1項ただし書，第42条第1項ただし書，第47条第1項ただし書及び第3項ただし書，第47条の2，第47条の4第1項ただし書及び第2項ただし書並びに第47条の5第1項ただし書及び第2項ただし書中「著作権者」とあるのは「出版権者」と，同条第1項ただし書中「著作権を」とあるのは「出版権を」と，「著作権の」とあるのは「出版権の」と読み替えるものとする。

2　次に掲げる者は，第80条第1項第1号の複製を行つたものとみなす。

一　第30条第1項に定める私的使用の目的又は第31条第5項第1号に定める目的以外の目的のために，これらの規定の適用を受けて原作のまま印刷その他の機械的若しくは化学的方法により文書若しくは図画として複製することにより作成された著作物の複製物（原作のまま第79条第1項に規定する方式により記録媒体に記録された電磁的記録として複製することにより作成されたものを含む。）を頒布し，又は当該複製物によつて当該著作物の公衆への提示を行つた者

二　前項において準用する第30条の3，第31条第1項第1号若しくは第3項第1号，第33条の2第1項，第33条の3第1項若しくは第4項，第35条

</td></tr>
</table>

第1項，第37条第3項，第37条の2本文（同条第2号に係る場合にあつては，同号），第41条から第42条の2まで，第42条の3第2項，第47条第1項若しくは第3項，第47条の2又は第47条の5第1項に定める目的以外の目的のために，これらの規定の適用を受けて作成された著作物の複製物を頒布し，又は当該複製物によつて当該著作物の公衆への提示を行つた者

三・四　（略）

3　第30条の2から第30条の4まで，第31条第2項（第2号に係る部分に限る。），第5項，第7項前段及び第8項，第32条第1項，第33条の2第1項，第33条の3第4項，第35条第1項，第36条第1項，第37条第2項及び第3項，第37条の2（第2号を除く。），第40条第1項，第41条，第42条の2，第42条の3第2項，第46条，第47条第2項及び第3項，第47条の2，第47条の4並びに第47条の5の規定は，出版権の目的となつている著作物の公衆送信について準用する。この場合において，第30条の2第1項ただし書及び第2項ただし書，第30条の3，第30条の4ただし書，第31条第5項，第35条第1項ただし書，第36条第1項ただし書，第47条第2項ただし書及び第3項ただし書，第47条の2，第47条の四第1項ただし書及び第2項ただし書並びに第47条の5第1項ただし書及び第2項ただし書中「著作権者」とあるのは「出版権者」と，第31条第2項中「著作権者の」とあるのは「出版権者の」と，「著作権者若しくはその許諾を得た者又は第79条の出版権の設定を受けた者若しくは」とあるのは「第79条の出版権の設定を受けた者又は」と，第47条の5第1項ただし書中「著作権を」とあるのは「出版権を」と，「著作権の」とあるのは「出版権の」と読み替えるものとする。

（著作隣接権の制限）
第102条　（略）
2〜8　（略）
9　次に掲げる者は，第91条第1項，第96条，第98条又は第100条の2の録音，録画又は複製を行つたものとみなす。
　一　第1項において準用する第30条第1項，第30条の3，第31条第1項第1号，第2項第1号，第4項，第7項第1号若しくは第9項第1号，第33条の2第1項，第33条の3第1項若しくは第4項，第35条第1項，第37条第3項，第37条の二第2号，第41条から第42条の3まで，第43条第

第1項，第37条第3項，第37条の2本文（同条第2号に係る場合にあつては，同号），第41条から第42条の2まで，第42条の3第2項，第47条第1項若しくは第3項，第47条の2又は第47条の5第1項に定める目的以外の目的のために，これらの規定の適用を受けて作成された著作物の複製物を頒布し，又は当該複製物によつて当該著作物の公衆への提示を行つた者

三・四　（略）

3　第30条の2から第30条の4まで，第31条第3項前段及び第4項，第32条第1項，第33条の2第1項，第33条の3第4項，第35条第1項，第36条第1項，第37条第2項及び第3項，第37条の2（第2号を除く。），第40条第1項，第41条，第42条の2，第42条の三第2項，第46条，第47条第2項及び第3項，第47条の2，第47条の4並びに第47条の5の規定は，出版権の目的となつている著作物の公衆送信について準用する。この場合において，第30条の2第1項ただし書及び第2項ただし書，第30条の3，第30条の4ただし書，第35条第1項ただし書，第36条第1項ただし書，第47条第2項ただし書及び第3項ただし書，第47条の2，第47条の4第1項ただし書及び第2項ただし書並びに第47条の5第1項ただし書及び第2項ただし書中「著作権者」とあるのは「出版権者」と，同条第1項ただし書中「著作権を」とあるのは「出版権を」と，「著作権の」とあるのは「出版権の」と読み替えるものとする。

（著作隣接権の制限）
第102条　（略）
2〜8　（略）
9　次に掲げる者は，第91条第1項，第96条，第98条又は第100条の2の録音，録画又は複製を行つたものとみなす。
　一　第1項において準用する第30条第1項，第30条の3，第31条第1項第1号，第3項第1号若しくは第5項第1号，第33条の2第1項，第33条の3第1項若しくは第4項，第35条第1項，第37条第3項，第37条の2第2号，第41条から第42条の3まで，第43条第2項，第44条第1項から

2項，第44条第1項から第3項まで，第47条第1項若しくは第3項，第47条の2又は第47条の5第1項に定める目的以外の目的のために，これらの規定の適用を受けて作成された実演等の複製物を頒布し，又は当該複製物によつて当該実演，当該レコードに係る音若しくは当該放送若しくは有線放送に係る音若しくは影像の公衆への提示を行つた者	第3項まで，第47条第1項若しくは第3項，第47条の2又は第47条の5第1項に定める目的以外の目的のために，これらの規定の適用を受けて作成された実演等の複製物を頒布し，又は当該複製物によつて当該実演，当該レコードに係る音若しくは当該放送若しくは有線放送に係る音若しくは影像の公衆への提示を行つた者
二～五　　（略）	二～五　　（略）
第5章　著作権等の制限による利用に係る補償金 　第1節　（略）	第5章　著作権等の制限による利用に係る補償金 　第1節　（略）
第2節　図書館等公衆送信補償金 ［編者注　本節「第104条の10の2」から「第104条の10の8」については，新設の条文のため掲載省略。別項「著作権法（抄）」を参照のこと。］	（新設）

〈https://www.bunka.go.jp/seisaku/chosakuken/hokaisei/r03_hokaisei/pdf/93181001_04.pdf〉

著作権法の一部を改正する法律　御説明資料（条文入り）［抄］

[令和3年通常国会　文化庁作成]
＊表紙, p.1-3, p.7-10 を収録

[目次]
1. 図書館関係の権利制限規定の見直し（①：公布後1年以内で政令で定める日から施行，②：公布後2年以内で政令で定める日から施行）
   ① 国立国会図書館による絶版等資料のインターネット送信
   ② 図書館等による図書館資料のメール送信等
2. 放送番組のインターネット同時配信等に係る権利処理の円滑化（令和4年1月1日から施行）
   総論
   ① 権利制限規定の拡充
   ② 許諾推定規定の創設
   ③ レコード・レコード実演の利用円滑化
   ④ 映像実演の利用円滑化
   ⑤ 協議不調の場合の裁定制度の拡充
3. 参考資料

1. 図書館関係の権利制限規定の見直し（基本的な考え方・制度改正の全体像）

【基本的な考え方】
・図書館関係の権利制限規定については，従来から課題が指摘されていたところ，今般の新型コロナウイルス感染症の流行に伴う図書館の休館等によって，インターネットを通じた図書館資料へのアクセスに係るニーズが顕在化。

↓

・民間事業者によるビジネスを阻害しないよう十分注意しつつ，デジタル・ネットワーク技術を活用した国民の情報アクセスを充実させる必要。

【制度改正の全体像】
①絶版等により一般に入手困難な資料（絶版等資料）
→国立国会図書館によるインターネット送信（ウェブサイト掲載）を可能とする
②一般に入手可能な資料（図書館資料）→補償金の支払いを前提に，一定の図書館等で著作物の一部分のメール送信等を可能とする
　新刊書など→※厳格な要件により正規市場との競合等を防止

① 国立国会図書館による絶版等資料のインターネット送信（第31条第4項等関係）

【現行制度・課題】
・国立国会図書館は，デジタル化した絶版等資料（絶版その他これに準ずる理由により入手困難な資料）のデータを，公共図書館や大学図書館等に送信することなどが可能。
⇒利用者は，公共図書館や大学図書館等に足を運んで，絶版等資料を閲覧
⇒感染症対策等のために図書館が休館している場合や，病気等で図書館に行けない場合，近隣に図書館が存在しない場合には，絶版等資料の閲覧が困難

【改正内容】
・国立国会図書館が，絶版等資料（3月以内に復刻等の予定があるものを除く）のデータを，事前登録した利用者（ID・パスワードで管理）に対して，直接送信できるようにする。
⇒利用者は，国立国会図書館のウェブサイト上で資料を閲覧できるようになる
　（※）実際に送信対象とする資料は，当事者間協議に基づく現行の運用（漫画・商業雑誌等を除外）を尊重
・利用者側では，自分で利用するために必要な複製（プリントアウト）や，非営利・無料等の要件の下での公の伝達（ディスプレイなどを用いて公衆に見せること）を可能とする。

「絶版等資料」（入手困難資料）の定義・運用
法律上の定義
　「絶版等資料」は，法律上，「絶版その他これに準

ずる理由により一般に入手することが困難な図書館資料」と定義されている（法第31条第1項第3号）。「絶版」はあくまで例示に過ぎず、絶版か否かに関わらず、現に「一般に入手することが困難」と言えるかどうかによって判断される。

「絶版等資料」になる場合（例）

紙の書籍が絶版で、電子出版等もされていない場合
将来的な復刻等の構想があるが、現実化していない場合
最初からごく小部数しか発行されていない場合（例：大学紀要、郷土資料等）

「絶版等資料」にならない場合（例）

紙の書籍が絶版だが、電子出版等がされている場合
単に値段が高く経済的理由で購入が困難である場合
海外から取り寄せる必要があるなど、入手までに一定の時間を要する場合

（※）なお、例えば、初版本（絶版）と復刻版が異なる内容である場合には、初版本については絶版等資料に該当することになると考えられる。

関係者間協議に基づく運用
・漫画、商業雑誌、出版されている博士論文等については、取扱いを留保・除外（送信しない）。
　（※）法律上は送信することも可能となっているが、権利者保護の観点から、運用上送信しない取り決めをしている。
・その他の図書等については、（ⅰ）国立国会図書館による入手可能性調査（目録等を確認の上、リスト化）、（ⅱ）事前除外手続、（ⅲ）事後除外手続（オプトアウト）という3段階の手続を行い、「絶版等資料」であること、権利者の利益を不当に害しないことなどを担保。
　（※）上記（ⅱ）（ⅲ）で出版社等から除外申出があった場合、（ア）市場で流通している場合（おおむね3か月を目安として流通予定である場合を含む）、（イ）著作権が集中管理されている場合、（ウ）著作者から送信停止要請があった場合（人格的理由）、（エ）経済的理由以外の正当な理由（人権侵害、個人情報保護等）がある場合には、送信対象資料から除外されることとなる。

② 図書館等による図書館資料のメール送信等（第31条第2項等関係）
【現行制度・課題】
・国立国会図書館や公共図書館、大学図書館等は、利用者の調査研究の用に供するため、図書館資料を用いて、著作物の一部分（「半分まで」というのが一般的な解釈・運用）を複製・提供（郵送を含む）することが可能。
　⇒メールなどでの送信（公衆送信）は不可
　⇒デジタル・ネットワークを活用した簡易・迅速な資料の入手が困難
【改正内容】
・権利者保護のための厳格な要件（次頁［権利者保護のための厳格な要件設定］参照）の下で、国立国会図書館や公共図書館、大学図書館等が、利用者の調査研究の用に供するため、図書館資料を用いて、著作物の一部分（政令で定める場合には全部）をメールなどで送信することができるようにする。
・公衆送信を行う場合には、図書館等の設置者が権利者に補償金を支払うことを求める。
　（※）実態上、補償金はコピー代や郵送代と同様、基本的に利用者（受益者）が図書館等に支払うことを想定。
　（※）補償金の徴収・分配は、文化庁の指定する「指定管理団体」が一括して行う。補償金額は、文化庁長官の認可制（個別の送信ごとに課金する料金体系、権利者の逸失利益を補填できるだけの水準とする想定）
【権利者保護のための厳格な要件設定】
（1）正規の電子出版等の市場との競合防止
著作物の種類や電子出版等の実施状況などに照らし「著作権者の利益を不当に害することとなる場合」には、公衆送信を行うことができない旨のただし書を設ける。
　（※）具体的な解釈・運用は、文化庁の関与の下で幅広い関係者によりガイドラインを作成
（2）利用者によるデータの不正拡散等の防止
・事前に、利用者が図書館等に氏名・連絡先等を登録することを求める。
　（※）登録の際、不正利用防止のための規約への同意を求める。不正利用が判明した場合はサービスを停止

・図書館等による公衆送信に当たって，技術的措置（コピーガードの付加や，電子透かしによる利用者情報の付加など：省令で具体化）を講ずることを求める。

（3）図書館等における法令を遵守した適正な運用等の担保

以下の要件を満たす図書館等のみが公衆送信を実施できることとする。

（ア）公衆送信に関する業務を適正に実施するための責任者を配置していること

（イ）公衆送信に関する業務に従事する職員に対して研修を実施していること

（ウ）利用者情報を適切に管理すること

（エ）公衆送信のために作成したデータの流出防止措置を講ずること

（オ）その他，文部科学省令で定める措置を講ずること

（※）上記のほか，関係者間で運用上の詳細なルールが定められることを想定

補償金に関するスキーム（イメージ）

補償金額の認可

> ・指定管理団体が，①図書館等の設置者の代表からの意見聴取を経て，②補償金額案を決定し，③文化庁長官に対して認可申請を行う。
> ・文化庁長官は，④文化審議会への諮問を経て，⑤適正な額であると認めるときは補償金額の認可を行う。
> （※）なお，この補償金は，裁定制度における補償金のように，個別の利用ごとにアドホックに定められるものではなく，図書館等における送信サービスにおいて幅広く適用される一般的な基準として定められるもの。

補償金の徴収・分配

> ・各図書館等が，個別の送信ごとに利用者（受益者）から補償金を徴収し，一括して指定管理団体に支払う（その際，送信実績もあわせて送付する）
> ・指定管理団体は，送信実績をもとに，各分野の権利者団体などを通じて権利者・出版社に分配。

補償金の料金体系・金額に関する基本的な考え方（イメージ）

具体的な補償金の料金体系・金額は，前頁に記載の手続を経て，最終的には文化庁が認可することとなるが，現時点における基本的な考え方は，以下のとおり。

○包括的な料金体系（例：年額○円）ではなく，個別の送信ごとに課金する料金体系とする。

○一律の料金体系（例：1回○円）ではなく，著作物の種類・性質や，送信する分量等に応じたきめ細かな設定を行うことも想定。

○権利者の逸失利益を補填できるだけの水準とすることが重要。

○現時点で想定される主な考慮要素は，以下のとおり。

<補償金額の設定に当たっての主な考慮要素>

① 著作物の種類・性質・経済的価値（例：市場価格等を踏まえた料金体系）

② 送信する分量（例：ページ数に連動した料金体系）

③ 送信形態・利用者の受ける便益（例：FAX とメール等での差異，プリントアウトの可否による差異）

④ 著作権等管理事業者などにおける使用料の相場

⑤ 諸外国における同様のサービスの相場（例：ドイツ（著作物の 10％ が上限などのルールあり）では，1 回当たり，公的機関・個人は 3.27€，営利利用者は 16.36€（ライセンス）など）

⑥ 図書館等における事務負担・円滑な運用への配慮

〈https://www.bunka.go.jp/seisaku/chosakuken/hokaisei/r03_hokaisei/pdf/93627801_02.pdf〉

著作権法［抄］
(2024年1月1日現在)

昭和45年法律第48号

最終改正：令和5年5月26日法律第33号

第1章　総則
　第1節　通則
（目的）
第1条　この法律は，著作物並びに実演，レコード，放送及び有線放送に関し著作者の権利及びこれに隣接する権利を定め，これらの文化的所産の公正な利用に留意しつつ，著作者等の権利の保護を図り，もつて文化の発展に寄与することを目的とする。

（定義）
第2条　この法律において，次の各号に掲げる用語の意義は，当該各号に定めるところによる。

一　著作物　思想又は感情を創作的に表現したものであつて，文芸，学術，美術又は音楽の範囲に属するものをいう。

二　著作者　著作物を創作する者をいう。

三　実演　著作物を，演劇的に演じ，舞い，演奏し，歌い，口演し，朗詠し，又はその他の方法により演ずること（これらに類する行為で，著作物を演じないが芸能的な性質を有するものを含む。）をいう。

四　実演家　俳優，舞踊家，演奏家，歌手その他実演を行う者及び実演を指揮し，又は演出する者をいう。

五　レコード　蓄音機用音盤，録音テープその他の物に音を固定したもの（音を専ら影像とともに再生することを目的とするものを除く。）をいう。

六　レコード製作者　レコードに固定されている音を最初に固定した者をいう。

七　商業用レコード　市販の目的をもつて製作されるレコードの複製物をいう。

七の二　公衆送信　公衆によつて直接受信されることを目的として無線通信又は有線電気通信の送信（電気通信設備で，その一の部分の設置の場所が他の部分の設置の場所と同一の構内（その構内が二以上の者の占有に属している場合には，同一の者の占有に属する区域内）にあるものによる送信（プログラムの著作物の送信を除く。）を除く。）を行うことをいう。

八　放送　公衆送信のうち，公衆によつて同一の内容の送信が同時に受信されることを目的として行う無線通信の送信をいう。

九　放送事業者　放送を業として行う者をいう。

九の二　有線放送　公衆送信のうち，公衆によつて同一の内容の送信が同時に受信されることを目的として行う有線電気通信の送信をいう。

九の三　有線放送事業者　有線放送を業として行う者をいう。

九の四　自動公衆送信　公衆送信のうち，公衆からの求めに応じ自動的に行うもの（放送又は有線放送に該当するものを除く。）をいう。

九の五　送信可能化　次のいずれかに掲げる行為により自動公衆送信し得るようにすることをいう。

イ　公衆の用に供されている電気通信回線に接続している自動公衆送信装置（公衆の用に供する電気通信回線に接続することにより，その記録媒体のうち自動公衆送信の用に供する部分（以下この号において「公衆送信用記録媒体」という。）に記録され，又は当該装置に入力される情報を自動公衆送信する機能を有する装置をいう。以下同じ。）の公衆送信用記録媒体に情報を記録し，情報が記録された記録媒体を当該自動公衆送信装置の公衆送信用記録媒体として加え，若しくは情報が記録された記録媒体を当該自動公衆送信装置の公衆送信用記録媒体に変換し，又は当該自動公衆送信装置に情報を入力すること。

ロ　その公衆送信用記録媒体に情報が記録され，又は当該自動公衆送信装置に情報が入力されている自動公衆送信装置について，公

衆の用に供されている電気通信回線への接続（配線，自動公衆送信装置の始動，送受信用プログラムの起動その他の一連の行為により行われる場合には，当該一連の行為のうち最後のものをいう。）を行うこと。

九の六─九の八　［略］

十　映画製作者　映画の著作物の製作に発意と責任を有する者をいう。

十の二　［略］

十の三　データベース　論文，数値，図形その他の情報の集合物であつて，それらの情報を電子計算機を用いて検索することができるように体系的に構成したものをいう。

十一　二次的著作物　著作物を翻訳し，編曲し，若しくは変形し，又は脚色し，映画化し，その他翻案することにより創作した著作物をいう。

十二　共同著作物　二人以上の者が共同して創作した著作物であつて，その各人の寄与を分離して個別的に利用することができないものをいう。

十三　録音　音を物に固定し，又はその固定物を増製することをいう。

十四　録画　影像を連続して物に固定し，又はその固定物を増製することをいう。

十五　複製　印刷，写真，複写，録音，録画その他の方法により有形的に再製することをいい，次に掲げるものについては，それぞれ次に掲げる行為を含むものとする。

　イ・ロ　［略］

十六　上演　演奏（歌唱を含む。以下同じ。）以外の方法により著作物を演ずることをいう。

十七　上映　著作物（公衆送信されるものを除く。）を映写幕その他の物に映写することをいい，これに伴つて映画の著作物において固定されている音を再生することを含むものとする。

十八　口述　朗読その他の方法により著作物を口頭で伝達すること（実演に該当するものを除く。）をいう。

十九　頒布　有償であるか又は無償であるかを問わず，複製物を公衆に譲渡し，又は貸与することをいい，映画の著作物又は映画の著作物において複製されている著作物にあつては，これらの著作物を公衆に提示することを目的として当該映画の著作物の複製物を譲渡し，又は貸与することを含むものとする。

二十一─二十五　［略］

2　この法律にいう「美術の著作物」には，美術工芸品を含むものとする。

3　この法律にいう「映画の著作物」には，映画の効果に類似する視覚的又は視聴覚的効果を生じさせる方法で表現され，かつ，物に固定されている著作物を含むものとする。

4　この法律にいう「写真の著作物」には，写真の製作方法に類似する方法を用いて表現される著作物を含むものとする。

5　この法律にいう「公衆」には，特定かつ多数の者を含むものとする。

6　この法律にいう「法人」には，法人格を有しない社団又は財団で代表者又は管理人の定めがあるものを含むものとする。

7　この法律において，「上演」，「演奏」又は「口述」には，著作物の上演，演奏又は口述で録音され，又は録画されたものを再生すること（公衆送信又は上映に該当するものを除く。）及び著作物の上演，演奏又は口述を電気通信設備を用いて伝達すること（公衆送信に該当するものを除く。）を含むものとする。

8　この法律にいう「貸与」には，いずれの名義又は方法をもつてするかを問わず，これと同様の使用の権原を取得させる行為を含むものとする。

9　この法律において，第1項第7号の2，第8号，第9号の2，第9号の4，第9号の5，第9号の7若しくは第13号から第19号まで又は前2項に掲げる用語については，それぞれこれらを動詞の語幹として用いる場合を含むものとする。

（著作物の発行）

第3条　著作物は，その性質に応じ公衆の要求を満たすことができる相当程度の部数の複製物が，第21条に規定する権利を有する者若しくはその許諾（第63条第1項の規定による利用の許諾をいう。以下この項，次条第1項，第4条の2及び第63条を除き，以下この章及び次章において同じ。）を得た者又は第79条の出版権の設定を受けた者若しくはその複製許諾（第80条第3項の規定による複製の許諾をいう。以下同じ。）を得た者によつて作成され，頒布された場合（第26条，

第26条の2第1項又は第26条の3に規定する権利を有する者の権利を害しない場合に限る。）において，発行されたものとする。

2・3　［略］

（著作物の公表）

第4条　著作物は，発行され，又は第22条から第25条までに規定する権利を有する者若しくはその許諾（第63条第1項の規定による利用の許諾をいう。）を得た者若しくは第79条の出版権の設定を受けた者若しくはその公衆送信許諾（第80条第3項の規定による公衆送信の許諾をいう。以下同じ。）を得た者によつて上演，演奏，上映，公衆送信，口述若しくは展示の方法で公衆に提示された場合（建築の著作物にあつては，第21条に規定する権利を有する者又はその許諾（第63条第1項の規定による利用の許諾をいう。）を得た者によつて建設された場合を含む。）において，公表されたものとする。

2　著作物は，第23条第1項に規定する権利を有する者又はその許諾を得た者若しくは第79条の出版権の設定を受けた者若しくはその公衆送信許諾を得た者によつて送信可能化された場合には，公表されたものとみなす。

3―5　［略］

（レコードの発行）

第4条の2　レコードは，その性質に応じ公衆の要求を満たすことができる相当程度の部数の複製物が，第96条に規定する権利を有する者又はその許諾（第103条において準用する第63条第1項の規定による利用の許諾をいう。第4章第2節及び第3節において同じ。）を得た者によつて作成され，頒布された場合（第97条の2第1項又は第97条の3第1項に規定する権利を有する者の権利を害しない場合に限る。）において，発行されたものとする。

（条約の効力）

第5条　著作者の権利及びこれに隣接する権利に関し条約に別段の定めがあるときは，その規定による。

　　　　第2節　適用範囲

（保護を受ける著作物）

第6条　著作物は，次の各号のいずれかに該当するものに限り，この法律による保護を受ける。

一　日本国民（わが国の法令に基づいて設立された法人及び国内に主たる事務所を有する法人を含む。以下同じ。）の著作物

二　最初に国内において発行された著作物（最初に国外において発行されたが，その発行の日から30日以内に国内において発行されたものを含む。）

三　前2号に掲げるもののほか，条約によりわが国が保護の義務を負う著作物

第7条―第9条の2　［略］

　　　第2章　著作者の権利
　　　　第1節　著作物

（著作物の例示）

第10条　この法律にいう著作物を例示すると，おおむね次のとおりである。

一　小説，脚本，論文，講演その他の言語の著作物

二　音楽の著作物

三　舞踊又は無言劇の著作物

四　絵画，版画，彫刻その他の美術の著作物

五　建築の著作物

六　地図又は学術的な性質を有する図面，図表，模型その他の図形の著作物

七　映画の著作物

八　写真の著作物

九　プログラムの著作物

2　事実の伝達にすぎない雑報及び時事の報道は，前項第1号に掲げる著作物に該当しない。

3　［略］

（二次的著作物）

第11条　二次的著作物に対するこの法律による保護は，その原著作物の著作者の権利に影響を及ぼさない。

（編集著作物）

第12条　編集物（データベースに該当するものを除く。以下同じ。）でその素材の選択又は配列によつて創作性を有するものは，著作物として保護する。

2　前項の規定は，同項の編集物の部分を構成する著作物の著作者の権利に影響を及ぼさない。

（データベースの著作物）

第12条の2　データベースでその情報の選択又は体系的な構成によつて創作性を有するものは，著作物として保護する。

2　前項の規定は，同項のデータベースの部分を構成する著作物の著作者の権利に影響を及ぼさない。

(権利の目的とならない著作物)

第13条　次の各号のいずれかに該当する著作物は，この章の規定による権利の目的となることができない。

一　憲法その他の法令

二　国若しくは地方公共団体の機関，独立行政法人（独立行政法人通則法（平成11年法律第103号）第2条第1項に規定する独立行政法人をいう。以下同じ。）又は地方独立行政法人（地方独立行政法人法（平成15年法律第118号）第2条第1項に規定する地方独立行政法人をいう。以下同じ。）が発する告示，訓令，通達その他これらに類するもの

三　裁判所の判決，決定，命令及び審判並びに行政庁の裁決及び決定で裁判に準ずる手続により行われるもの

四　前3号に掲げるものの翻訳物及び編集物で，国若しくは地方公共団体の機関，独立行政法人又は地方独立行政法人が作成するもの

第2節　著作者

(著作者の推定)

第14条　著作物の原作品に，又は著作物の公衆への提供若しくは提示の際に，その氏名若しくは名称（以下「実名」という。）又はその雅号，筆名，略称その他実名に代えて用いられるもの（以下「変名」という。）として周知のものが著作者名として通常の方法により表示されている者は，その著作物の著作者と推定する。

(職務上作成する著作物の著作者)

第15条　法人その他使用者（以下この条において「法人等」という。）の発意に基づきその法人等の業務に従事する者が職務上作成する著作物（プログラムの著作物を除く。）で，その法人等が自己の著作の名義の下に公表するものの著作者は，その作成の時における契約，勤務規則その他に別段の定めがない限り，その法人等とする。

2　法人等の発意に基づきその法人等の業務に従事する者が職務上作成するプログラムの著作物の著作者は，その作成の時における契約，勤務規則その他に別段の定めがない限り，その法人等とする。

第16条　［略］

第3節　権利の内容

第1款　総則

(著作者の権利)

第17条　著作者は，次条第1項，第19条第1項及び第20条第1項に規定する権利（以下「著作者人格権」という。）並びに第21条から第28条までに規定する権利（以下「著作権」という。）を享有する。

2　著作者人格権及び著作権の享有には，いかなる方式の履行をも要しない。

第2款　著作者人格権

(公表権)

第18条　著作者は，その著作物でまだ公表されていないもの（その同意を得ないで公表された著作物を含む。以下この条において同じ。）を公衆に提供し，又は提示する権利を有する。当該著作物を原著作物とする二次的著作物についても，同様とする。

2—4　［略］

(氏名表示権)

第19条　著作者は，その著作物の原作品に，又はその著作物の公衆への提供若しくは提示に際し，その実名若しくは変名を著作者名として表示し，又は著作者名を表示しないこととする権利を有する。その著作物を原著作物とする二次的著作物の公衆への提供又は提示に際しての原著作物の著作者名の表示についても，同様とする。

2　著作物を利用する者は，その著作者の別段の意思表示がない限り，その著作物につきすでに著作者が表示しているところに従つて著作者名を表示することができる。

3　著作者名の表示は，著作物の利用の目的及び態様に照らし著作者が創作者であることを主張する利益を害するおそれがないと認められるときは，公正な慣行に反しない限り，省略することができる。

4 ［略］

（同一性保持権）

第20条 著作者は，その著作物及びその題号の同一性を保持する権利を有し，その意に反してこれらの変更，切除その他の改変を受けないものとする。

2 前項の規定は，次の各号のいずれかに該当する改変については，適用しない。

一―三 ［略］

四 前3号に掲げるもののほか，著作物の性質並びにその利用の目的及び態様に照らしやむを得ないと認められる改変

第3款 著作権に含まれる権利の種類

（複製権）

第21条 著作者は，その著作物を複製する権利を専有する。

（上演権及び演奏権）

第22条 著作者は，その著作物を，公衆に直接見せ又は聞かせることを目的として（以下「公に」という。）上演し，又は演奏する権利を専有する。

（上映権）

第22条の2 著作者は，その著作物を公に上映する権利を専有する。

（公衆送信権等）

第23条 著作者は，その著作物について，公衆送信（自動公衆送信の場合にあつては，送信可能化を含む。）を行う権利を専有する。

2 著作者は，公衆送信されるその著作物を受信装置を用いて公に伝達する権利を専有する。

（口述権）

第24条 著作者は，その言語の著作物を公に口述する権利を専有する。

（展示権）

第25条 著作者は，その美術の著作物又はまだ発行されていない写真の著作物をこれらの原作品により公に展示する権利を専有する。

（頒布権）

第26条 著作者は，その映画の著作物をその複製物により頒布する権利を専有する。

2 著作者は，映画の著作物において複製されているその著作物を当該映画の著作物の複製物により頒布する権利を専有する。

（譲渡権）

第26条の2 著作者は，その著作物（映画の著作物を除く。以下この条において同じ。）をその原作品又は複製物（映画の著作物において複製されている著作物にあつては，当該映画の著作物の複製物を除く。以下この条において同じ。）の譲渡により公衆に提供する権利を専有する。

2 前項の規定は，著作物の原作品又は複製物で次の各号のいずれかに該当するものの譲渡による場合には，適用しない。

一 前項に規定する権利を有する者又はその許諾を得た者により公衆に譲渡された著作物の原作品又は複製物

二―五 ［略］

（貸与権）

第26条の3 著作者は，その著作物（映画の著作物を除く。）をその複製物（映画の著作物において複製されている著作物にあつては，当該映画の著作物の複製物を除く。）の貸与により公衆に提供する権利を専有する。

（翻訳権，翻案権等）

第27条 著作者は，その著作物を翻訳し，編曲し，若しくは変形し，又は脚色し，映画化し，その他翻案する権利を専有する。

（二次的著作物の利用に関する原著作者の権利）

第28条 二次的著作物の原著作物の著作者は，当該二次的著作物の利用に関し，この款に規定する権利で当該二次的著作物の著作者が有するものと同一の種類の権利を専有する。

第4款 映画の著作物の著作権の帰属

第29条 映画の著作物（第15条第1項，次項又は第3項の規定の適用を受けるものを除く。）の著作権は，その著作者が映画製作者に対し当該映画の著作物の製作に参加することを約束しているときは，当該映画製作者に帰属する。

2・3 ［略］

第5款 著作権の制限

（私的使用のための複製）

第30条 著作権の目的となつている著作物（以下この款において単に「著作物」という。）は，個人的に又は家庭内その他これに準ずる限られた範

囲内において使用すること（以下「私的使用」という。）を目的とするときは，次に掲げる場合を除き，その使用する者が複製することができる。

一　公衆の使用に供することを目的として設置されている自動複製機器（複製の機能を有し，これに関する装置の全部又は主要な部分が自動化されている機器をいう。）を用いて複製する場合

二―四　［略］

2・3　［略］

（付随対象著作物の利用）

第30条の2　写真の撮影，録音，録画，放送その他これらと同様に事物の影像又は音を複製し，又は複製を伴うことなく伝達する行為（以下この項において「複製伝達行為」という。）を行うに当たつて，その対象とする事物又は音（以下この項において「複製伝達対象事物等」という。）に付随して対象となる事物又は音（複製伝達対象事物等の一部を構成するものとして対象となる事物又は音を含む。以下この項において「付随対象事物等」という。）に係る著作物（当該複製伝達行為により作成され，又は伝達されるもの（以下この条において「作成伝達物」という。）のうち当該著作物の占める割合，当該作成伝達物における当該著作物の再製の精度その他の要素に照らし当該作成伝達物において当該著作物が軽微な構成部分となる場合における当該著作物に限る。以下この条において「付随対象著作物」という。）は，当該付随対象著作物の利用により利益を得る目的の有無，当該付随対象事物等の当該複製伝達対象事物等からの分離の困難性の程度，当該作成伝達物において当該付随対象著作物が果たす役割その他の要素に照らし正当な範囲内において，当該複製伝達行為に伴つて，いずれの方法によるかを問わず，利用することができる。ただし，当該付随対象著作物の種類及び用途並びに当該利用の態様に照らし著作権者の利益を不当に害することとなる場合は，この限りでない。

2　前項の規定により利用された付随対象著作物は，当該付随対象著作物に係る作成伝達物の利用に伴つて，いずれの方法によるかを問わず，利用することができる。ただし，当該付随対象著作物の種類及び用途並びに当該利用の態様に照らし著作権

者の利益を不当に害することとなる場合は，この限りでない。

（検討の過程における利用）

第30条の3　著作権者の許諾を得て，又は第67条第1項，第68条第1項若しくは第69条の規定による裁定を受けて著作物を利用しようとする者は，これらの利用についての検討の過程（当該許諾を得，又は当該裁定を受ける過程を含む。）における利用に供することを目的とする場合には，その必要と認められる限度において，いずれの方法によるかを問わず，当該著作物を利用することができる。ただし，当該著作物の種類及び用途並びに当該利用の態様に照らし著作権者の利益を不当に害することとなる場合は，この限りでない。

（著作物に表現された思想又は感情の享受を目的としない利用）

第30条の4　著作物は，次に掲げる場合その他の当該著作物に表現された思想又は感情を自ら享受し又は他人に享受させることを目的としない場合には，その必要と認められる限度において，いずれの方法によるかを問わず，利用することができる。ただし，当該著作物の種類及び用途並びに当該利用の態様に照らし著作権者の利益を不当に害することとなる場合は，この限りでない。

一　著作物の録音，録画その他の利用に係る技術の開発又は実用化のための試験の用に供する場合

二　情報解析（多数の著作物その他の大量の情報から，当該情報を構成する言語，音，影像その他の要素に係る情報を抽出し，比較，分類その他の解析を行うことをいう。第47条の5第1項第2号において同じ。）の用に供する場合

三　前2号に掲げる場合のほか，著作物の表現についての人の知覚による認識を伴うことなく当該著作物を電子計算機による情報処理の過程における利用その他の利用（プログラムの著作物にあつては，当該著作物の電子計算機における実行を除く。）に供する場合

（図書館等における複製等）

第31条　国立国会図書館及び図書，記録その他の資料を公衆の利用に供することを目的とする図書館その他の施設で政令で定めるもの（以下この条及び第104条の10の4第3項において「図書館等」

という。）においては，次に掲げる場合には，その営利を目的としない事業として，図書館等の図書，記録その他の資料（次項及び第6項において「図書館資料」という。）を用いて著作物を複製することができる。

一　図書館等の利用者の求めに応じ，その調査研究の用に供するために，公表された著作物の一部分（国若しくは地方公共団体の機関，独立行政法人又は地方独立行政法人が一般に周知させることを目的として作成し，その著作の名義の下に公表する広報資料，調査統計資料，報告書その他これらに類する著作物（次項及び次条第2項において「国等の周知目的資料」という。）その他の著作物の全部の複製物の提供が著作権者の利益を不当に害しないと認められる特別な事情があるものとして政令で定めるものにあつては，その全部）の複製物を1人につき1部提供する場合

二　図書館資料の保存のため必要がある場合

三　他の図書館等の求めに応じ，絶版その他これに準ずる理由により一般に入手することが困難な図書館資料（以下この条において「絶版等資料」という。）の複製物を提供する場合

2　特定図書館等においては，その営利を目的としない事業として，当該特定図書館等の利用者（あらかじめ当該特定図書館等にその氏名及び連絡先その他文部科学省令で定める情報（次項第3号及び第8項第1号において「利用者情報」という。）を登録している者に限る。第4項及び第104条の10の4第4項において同じ。）の求めに応じ，その調査研究の用に供するために，公表された著作物の一部分（国等の周知目的資料その他の著作物の全部の公衆送信が著作権者の利益を不当に害しないと認められる特別な事情があるものとして政令で定めるものにあつては,その全部）について，次に掲げる行為を行うことができる。ただし，当該著作物の種類（著作権者若しくはその許諾を得た者又は第79条の出版権の設定を受けた者若しくはその公衆送信許諾を得た者による当該著作物の公衆送信（放送又は有線放送を除き，自動公衆送信の場合にあつては送信可能化を含む。以下この条において同じ。）の実施状況を含む。第104条の10の4第4項において同じ。）及び用途並び

に当該特定図書館等が行う公衆送信の態様に照らし著作権者の利益を不当に害することとなる場合は，この限りでない。

一　図書館資料を用いて次号の公衆送信のために必要な複製を行うこと。

二　図書館資料の原本又は複製物を用いて公衆送信を行うこと（当該公衆送信を受信して作成された電磁的記録（電子的方式，磁気的方式その他人の知覚によつては認識することができない方式で作られる記録であつて，電子計算機による情報処理の用に供されるものをいう。以下同じ。）による著作物の提供又は提示を防止し，又は抑止するための措置として文部科学省令で定める措置を講じて行うものに限る。）。

3　前項に規定する特定図書館等とは，図書館等であつて次に掲げる要件を備えるものをいう。

一　前項の規定による公衆送信に関する業務を適正に実施するための責任者が置かれていること。

二　前項の規定による公衆送信に関する業務に従事する職員に対し，当該業務を適正に実施するための研修を行つていること。

三　利用者情報を適切に管理するために必要な措置を講じていること。

四　前項の規定による公衆送信のために作成された電磁的記録に係る情報が同項に定める目的以外の目的のために利用されることを防止し，又は抑止するために必要な措置として文部科学省令で定める措置を講じていること。

五　前各号に掲げるもののほか，前項の規定による公衆送信に関する業務を適正に実施するために必要な措置として文部科学省令で定める措置を講じていること。

4　第2項の規定により公衆送信された著作物を受信した特定図書館等の利用者は，その調査研究の用に供するために必要と認められる限度において，当該著作物を複製することができる。

5　第2項の規定により著作物の公衆送信を行う場合には，第3項に規定する特定図書館等を設置する者は，相当な額の補償金を当該著作物の著作権者に支払わなければならない。

6　第1項各号に掲げる場合のほか，国立国会図書館においては，図書館資料の原本を公衆の利用に

供することによるその滅失，損傷若しくは汚損を避けるために当該原本に代えて公衆の利用に供するため，又は絶版等資料に係る著作物を次項若しくは第8項の規定により自動公衆送信（送信可能化を含む。以下この条において同じ。）に用いるため，電磁的記録を作成する場合には，必要と認められる限度において，当該図書館資料に係る著作物を記録媒体に記録することができる。

7　国立国会図書館は，絶版等資料に係る著作物について，図書館等又はこれに類する外国の施設で政令で定めるものにおいて公衆に提示することを目的とする場合には，前項の規定により記録媒体に記録された当該著作物の複製物を用いて自動公衆送信を行うことができる。この場合において，当該図書館等においては，その営利を目的としない事業として，次に掲げる行為を行うことができる。

　一　当該図書館等の利用者の求めに応じ，当該利用者が自ら利用するために必要と認められる限度において，自動公衆送信された当該著作物の複製物を作成し，当該複製物を提供すること。

　二　自動公衆送信された当該著作物を受信装置を用いて公に伝達すること（当該著作物の伝達を受ける者から料金（いずれの名義をもつてするかを問わず，著作物の提供又は提示につき受ける対価をいう。第9項第2号及び第38条において同じ。）を受けない場合に限る。）。

8　国立国会図書館は，次に掲げる要件を満たすときは，特定絶版等資料に係る著作物について，第6項の規定により記録媒体に記録された当該著作物の複製物を用いて，自動公衆送信（当該自動公衆送信を受信して行う当該著作物のデジタル方式の複製を防止し，又は抑止するための措置として文部科学省令で定める措置を講じて行うものに限る。以下この項及び次項において同じ。）を行うことができる。

　一　当該自動公衆送信が，当該著作物をあらかじめ国立国会図書館に利用者情報を登録している者（次号において「事前登録者」という。）の用に供することを目的とするものであること。

　二　当該自動公衆送信を受信しようとする者が当該自動公衆送信を受信する際に事前登録者であることを識別するための措置を講じていること。

9　前項の規定による自動公衆送信を受信した者は，次に掲げる行為を行うことができる。

　一　自動公衆送信された当該著作物を自ら利用するために必要と認められる限度において複製すること。

　二　次のイ又はロに掲げる場合の区分に応じ，当該イ又はロに定める要件に従つて，自動公衆送信された当該著作物を受信装置を用いて公に伝達すること。

　　イ　個人的に又は家庭内において当該著作物が閲覧される場合の表示の大きさと同等のものとして政令で定める大きさ以下の大きさで表示する場合　営利を目的とせず，かつ，当該著作物の伝達を受ける者から料金を受けずに行うこと。

　　ロ　イに掲げる場合以外の場合　公共の用に供される施設であつて，国，地方公共団体又は一般社団法人若しくは一般財団法人その他の営利を目的としない法人が設置するもののうち，自動公衆送信された著作物の公の伝達を適正に行うために必要な法に関する知識を有する職員が置かれているものにおいて，営利を目的とせず，かつ，当該著作物の伝達を受ける者から料金を受けずに行うこと。

10　第8項の特定絶版等資料とは，第6項の規定により記録媒体に記録された著作物に係る絶版等資料のうち，著作権者若しくはその許諾を得た者又は第79条の出版権の設定を受けた者若しくはその複製許諾若しくは公衆送信許諾を得た者の申出を受けて，国立国会図書館の館長が当該申出のあつた日から起算して三月以内に絶版等資料に該当しなくなる蓋然性が高いと認めた資料を除いたものをいう。

11　前項の申出は，国立国会図書館の館長に対し，当該申出に係る絶版等資料が当該申出のあつた日から起算して三月以内に絶版等資料に該当しなくなる蓋然性が高いことを疎明する資料を添えて行うものとする。

（引用）

第32条　公表された著作物は，引用して利用することができる。この場合において，その引用は，公正な慣行に合致するものであり，かつ，報道，

批評，研究その他の引用の目的上正当な範囲内で行なわれるものでなければならない。

2　［略］

第33条—第34条　［略］

（学校その他の教育機関における複製等）

第35条　学校その他の教育機関（営利を目的として設置されているものを除く。）において教育を担任する者及び授業を受ける者は，その授業の過程における利用に供することを目的とする場合には，その必要と認められる限度において，公表された著作物を複製し，若しくは公衆送信（自動公衆送信の場合にあつては，送信可能化を含む。以下この条において同じ。）を行い，又は公表された著作物であつて公衆送信されるものを受信装置を用いて公に伝達することができる。ただし，当該著作物の種類及び用途並びに当該複製の部数及び当該複製，公衆送信又は伝達の態様に照らし著作権者の利益を不当に害することとなる場合は，この限りでない。

2　前項の規定により公衆送信を行う場合には，同項の教育機関を設置する者は，相当な額の補償金を著作権者に支払わなければならない。

3　前項の規定は，公表された著作物について，第1項の教育機関における授業の過程において，当該授業を直接受ける者に対して当該著作物をその原作品若しくは複製物を提供し，若しくは提示して利用する場合又は当該著作物を第38条第1項の規定により上演し，演奏し，上映し，若しくは口述して利用する場合において，当該授業が行われる場所以外の場所において当該授業を同時に受ける者に対して公衆送信を行うときには，適用しない。

第36条　［略］

（視覚障害者等のための複製等）

第37条　公表された著作物は，点字により複製することができる。

2　公表された著作物については，電子計算機を用いて点字を処理する方式により，記録媒体に記録し，又は公衆送信（放送又は有線放送を除き，自動公衆送信の場合にあつては送信可能化を含む。次項において同じ。）を行うことができる。

3　視覚障害その他の障害により視覚による表現の認識が困難な者（以下この項及び第102条第4項において「視覚障害者等」という。）の福祉に関する事業を行う者で政令で定めるものは，公表された著作物であつて，視覚によりその表現が認識される方式（視覚及び他の知覚により認識される方式を含む。）により公衆に提供され，又は提示されているもの（当該著作物以外の著作物で，当該著作物において複製されているものその他当該著作物と一体として公衆に提供され，又は提示されているものを含む。以下この項及び同条第4項において「視覚著作物」という。）について，専ら視覚障害者等で当該方式によつては当該視覚著作物を利用することが困難な者の用に供するために必要と認められる限度において，当該視覚著作物に係る文字を音声にすることその他当該視覚障害者等が利用するために必要な方式により，複製し，又は公衆送信を行うことができる。ただし，当該視覚著作物について，著作権者又はその許諾を得た者若しくは第79条の出版権の設定を受けた者若しくはその複製許諾若しくは公衆送信許諾を得た者により，当該方式による公衆への提供又は提示が行われている場合は，この限りでない。

（聴覚障害者等のための複製等）

第37条の2　聴覚障害者その他聴覚による表現の認識に障害のある者（以下この条及び次条第5項において「聴覚障害者等」という。）の福祉に関する事業を行う者で次の各号に掲げる利用の区分に応じて政令で定めるものは，公表された著作物であつて，聴覚によりその表現が認識される方式（聴覚及び他の知覚により認識される方式を含む。）により公衆に提供され，又は提示されているもの（当該著作物以外の著作物で，当該著作物において複製されているものその他当該著作物と一体として公衆に提供され，又は提示されているものを含む。以下この条において「聴覚著作物」という。）について，専ら聴覚障害者等で当該方式によつては当該聴覚著作物を利用することが困難な者の用に供するために必要と認められる限度において，それぞれ当該各号に掲げる利用を行うことができる。ただし，当該聴覚著作物について，著作権者又はその許諾を得た者若しくは第79条の出版権の設定を受けた者若しくはその複製許諾若しくは公衆送信許諾を得た者により，当該聴覚障害者等が利用するために必要な方式による公衆

への提供又は提示が行われている場合は，この限りでない。

一 当該聴覚著作物に係る音声について，これを文字にすることその他当該聴覚障害者等が利用するために必要な方式により，複製し，又は自動公衆送信（送信可能化を含む。）を行うこと。

二 専ら当該聴覚障害者等向けの貸出しの用に供するため，複製すること（当該聴覚著作物に係る音声を文字にすることその他当該聴覚障害者等が利用するために必要な方式による当該音声の複製と併せて行うものに限る。）。

（営利を目的としない上演等）

第38条 公表された著作物は，営利を目的とせず，かつ，聴衆又は観衆から料金を受けない場合には，公に上演し，演奏し，上映し，又は口述することができる。ただし，当該上演，演奏，上映又は口述について実演家又は口述を行う者に対し報酬が支払われる場合は，この限りでない。

2 ［略］

3 放送され，有線放送され，特定入力型自動公衆送信が行われ，又は放送同時配信等（放送又は有線放送が終了した後に開始されるものを除く。）が行われる著作物は，営利を目的とせず，かつ，聴衆又は観衆から料金を受けない場合には，受信装置を用いて公に伝達することができる。通常の家庭用受信装置を用いてする場合も，同様とする。

4 公表された著作物（映画の著作物を除く。）は，営利を目的とせず，かつ，その複製物の貸与を受ける者から料金を受けない場合には，その複製物（映画の著作物において複製されている著作物にあつては，当該映画の著作物の複製物を除く。）の貸与により公衆に提供することができる。

5 映画フィルムその他の視聴覚資料を公衆の利用に供することを目的とする視聴覚教育施設その他の施設（営利を目的として設置されているものを除く。）で政令で定めるもの及び聴覚障害者等の福祉に関する事業を行う者で前条の政令で定めるもの（同条第2号に係るものに限り，営利を目的として当該事業を行うものを除く。）は，公表された映画の著作物を，その複製物の貸与を受ける者から料金を受けない場合には，その複製物の貸与により頒布することができる。この場合において，当該頒布を行う者は，当該映画の著作物又は当該映画の著作物において複製されている著作物につき第26条に規定する権利を有する者（第28条の規定により第26条に規定する権利と同一の権利を有する者を含む。）に相当な額の補償金を支払わなければならない。

第39条―第41条 ［略］

（裁判手続等における複製等）

第41条の2 著作物は，裁判手続及び行政審判手続のために必要と認められる場合には，その必要と認められる限度において，複製することができる。ただし，当該著作物の種類及び用途並びにその複製の部数及び態様に照らし著作権者の利益を不当に害することとなる場合は，この限りでない。

2 著作物は，特許法（昭和34年法律第121号）その他政令で定める法律の規定による行政審判手続であつて，電磁的記録を用いて行い，又は映像若しくは音声の送受信を伴つて行うもののために必要と認められる限度において，公衆送信（自動公衆送信の場合にあつては，送信可能化を含む。以下この項，次条及び第42条の2第2項において同じ。）を行い，又は受信装置を用いて公に伝達することができる。ただし，当該著作物の種類及び用途並びにその公衆送信又は伝達の態様に照らし著作権者の利益を不当に害することとなる場合は，この限りでない。

（立法又は行政の目的のための内部資料としての複製等）

第42条 著作物は，立法又は行政の目的のために内部資料として必要と認められる場合には，その必要と認められる限度において，複製し，又は当該内部資料を利用する者との間で公衆送信を行い，若しくは受信装置を用いて公に伝達することができる。ただし，当該著作物の種類及び用途並びにその複製の部数及びその複製，公衆送信又は伝達の態様に照らし著作権者の利益を不当に害することとなる場合は，この限りでない。

第42条の2―第42条の4 ［略］

（国立国会図書館法によるインターネット資料及びオンライン資料の収集のための複製）

第43条 国立国会図書館の館長は，国立国会図書館法（昭和23年法律第5号）第25条の3第1項の規定により同項に規定するインターネット資料（以下この条において「インターネット資料」と

いう。）又は同法第25条の4第3項の規定により同項に規定するオンライン資料を収集するために必要と認められる限度において，当該インターネット資料又は当該オンライン資料に係る著作物を国立国会図書館の使用に係る記録媒体に記録することができる。

2 次の各号に掲げる者は，当該各号に掲げる資料を提供するために必要と認められる限度において，当該各号に掲げる資料に係る著作物を複製することができる。

一 国立国会図書館法第24条及び第24条の2に規定する者 同法第25条の3第3項の求めに応じ提供するインターネット資料

二 国立国会図書館法第24条及び第24条の2に規定する者以外の者 同法第25条の4第1項の規定により提供する同項に規定するオンライン資料

第44条 ［略］

（美術の著作物等の原作品の所有者による展示）

第45条 美術の著作物若しくは写真の著作物の原作品の所有者又はその同意を得た者は，これらの著作物をその原作品により公に展示することができる。

2 前項の規定は，美術の著作物の原作品を街路，公園その他一般公衆に開放されている屋外の場所又は建造物の外壁その他一般公衆の見やすい屋外の場所に恒常的に設置する場合には，適用しない。

（公開の美術の著作物等の利用）

第46条 美術の著作物でその原作品が前条第2項に規定する屋外の場所に恒常的に設置されているもの又は建築の著作物は，次に掲げる場合を除き，いずれの方法によるかを問わず，利用することができる。

一 彫刻を増製し，又はその増製物の譲渡により公衆に提供する場合

二 建築の著作物を建築により複製し，又はその複製物の譲渡により公衆に提供する場合

三 前条第2項に規定する屋外の場所に恒常的に設置するために複製する場合

四 専ら美術の著作物の複製物の販売を目的として複製し，又はその複製物を販売する場合

（美術の著作物等の展示に伴う複製等）

第47条 美術の著作物又は写真の著作物の原作品により，第25条に規定する権利を害することなく，これらの著作物を公に展示する者（以下この条において「原作品展示者」という。）は，観覧者のためにこれらの展示する著作物（以下この条及び第47条の6第2項第1号において「展示著作物」という。）の解説若しくは紹介をすることを目的とする小冊子に当該展示著作物を掲載し，又は次項の規定により当該展示著作物を上映し，若しくは当該展示著作物について自動公衆送信（送信可能化を含む。同項及び同号において同じ。）を行うために必要と認められる限度において，当該展示著作物を複製することができる。ただし，当該展示著作物の種類及び用途並びに当該複製の部数及び態様に照らし著作権者の利益を不当に害することとなる場合は，この限りでない。

2 原作品展示者は，観覧者のために展示著作物の解説又は紹介をすることを目的とする場合には，その必要と認められる限度において，当該展示著作物を上映し，又は当該展示著作物について自動公衆送信を行うことができる。ただし，当該展示著作物の種類及び用途並びに当該上映又は自動公衆送信の態様に照らし著作権者の利益を不当に害することとなる場合は，この限りでない。

3 原作品展示者及びこれに準ずる者として政令で定めるものは，展示著作物の所在に関する情報を公衆に提供するために必要と認められる限度において，当該展示著作物について複製し，又は公衆送信（自動公衆送信の場合にあつては，送信可能化を含む。）を行うことができる。ただし，当該展示著作物の種類及び用途並びに当該複製又は公衆送信の態様に照らし著作権者の利益を不当に害することとなる場合は，この限りでない。

（美術の著作物等の譲渡等の申出に伴う複製等）

第47条の2 美術の著作物又は写真の著作物の原作品又は複製物の所有者その他のこれらの譲渡又は貸与の権原を有する者が，第26条の2第1項又は第26条の3に規定する権利を害することなく，その原作品又は複製物を譲渡し，又は貸与しようとする場合には，当該権原を有する者又はその委託を受けた者は，その申出の用に供するため，これらの著作物について，複製又は公衆送信（自動公衆送信の場合にあつては，送信可能化を含む。）（当該複製により作成される複製物を用いて

行うこれらの著作物の複製又は当該公衆送信を受信して行うこれらの著作物の複製を防止し，又は抑止するための措置その他の著作権者の利益を不当に害しないための措置として政令で定める措置を講じて行うものに限る。）を行うことができる。

第47条の3—第47条の4 ［略］

（電子計算機による情報処理及びその結果の提供に付随する軽微利用等）

第47条の5 電子計算機を用いた情報処理により新たな知見又は情報を創出することによって著作物の利用の促進に資する次の各号に掲げる行為を行う者（当該行為の一部を行う者を含み，当該行為を政令で定める基準に従つて行う者に限る。）は，公衆への提供等（公衆への提供又は提示をいい，送信可能化を含む。以下同じ。）が行われた著作物（以下この条及び次条第2項第2号において「公衆提供等著作物」という。）（公表された著作物又は送信可能化された著作物に限る。）について，当該各号に掲げる行為の目的上必要と認められる限度において，当該行為に付随して，いずれの方法によるかを問わず，利用（当該公衆提供等著作物のうちその利用に供される部分の占める割合，その利用に供される部分の量，その利用に供される際の表示の精度その他の要素に照らし軽微なものに限る。以下この条において「軽微利用」という。）を行うことができる。ただし，当該公衆提供等著作物に係る公衆への提供等が著作権を侵害するものであること（国外で行われた公衆への提供等にあつては，国内で行われたとしたならば著作権の侵害となるべきものであること）を知りながら当該軽微利用を行う場合その他当該公衆提供等著作物の種類及び用途並びに当該軽微利用の態様に照らし著作権者の利益を不当に害することとなる場合は，この限りでない。

一 電子計算機を用いて，検索により求める情報（以下この号において「検索情報」という。）が記録された著作物の題号又は著作者名，送信可能化された検索情報に係る送信元識別符号（自動公衆送信の送信元を識別するための文字，番号，記号その他の符号をいう。第113条第2項及び第4項において同じ。）その他の検索情報の特定又は所在に関する情報を検索し，及びその結果を提供すること。

二 電子計算機による情報解析を行い，及びその結果を提供すること。

三 前二号に掲げるもののほか，電子計算機による情報処理により，新たな知見又は情報を創出し，及びその結果を提供する行為であつて，国民生活の利便性の向上に寄与するものとして政令で定めるもの

2 前項各号に掲げる行為の準備を行う者（当該行為の準備のための情報の収集，整理及び提供を政令で定める基準に従つて行う者に限る。）は，公衆提供等著作物について，同項の規定による軽微利用の準備のために必要と認められる限度において，複製若しくは公衆送信（自動公衆送信の場合にあつては，送信可能化を含む。以下この項及び次条第2項第2号において同じ。）を行い，又はその複製物による頒布を行うことができる。ただし，当該公衆提供等著作物の種類及び用途並びに当該複製又は頒布の部数及び当該複製，公衆送信又は頒布の態様に照らし著作権者の利益を不当に害することとなる場合は，この限りでない。

（翻訳，翻案等による利用）

第47条の6 次の各号に掲げる規定により著作物を利用することができる場合には，当該著作物について，当該規定の例により当該各号に定める方法による利用を行うことができる。

一 第30条第1項，第33条第1項（同条第4項において準用する場合を含む。），第34条第1項，第35条第1項又は前条第2項 翻訳，編曲，変形又は翻案

二 第31条第1項（第1号に係る部分に限る。），第2項，第4項，第7項（第1号に係る部分に限る。）若しくは第9項（第1号に係る部分に限る。），第32条，第36条第1項，第37条第1項若しくは第2項，第39条第1項，第40条第2項又は第41条から第42条の2まで 翻訳

三 ［略］

四 第37条第3項 翻訳，変形又は翻案

五 第37条の2 翻訳又は翻案

六 ［略］

2 前項の規定により創作された二次的著作物は，当該二次的著作物の原著作物を同項各号に掲げる規定（次の各号に掲げる二次的著作物にあつては，当該各号に定める規定を含む。以下この項及び第

48条第3項第2号において同じ。）により利用することができる場合には，原著作物の著作者その他の当該二次的著作物の利用に関して第28条に規定する権利を有する者との関係においては，当該二次的著作物を前項各号に掲げる規定に規定する著作物に該当するものとみなして，当該各号に掲げる規定による利用を行うことができる。

一　第47条第1項の規定により同条第2項の規定による展示著作物の上映又は自動公衆送信を行うために当該展示著作物を複製することができる場合に，前項の規定により創作された二次的著作物　同条第2項

二　前条第2項の規定により公衆提供等著作物について複製，公衆送信又はその複製物による頒布を行うことができる場合に，前項の規定により創作された二次的著作物　同条第1項

（複製権の制限により作成された複製物の譲渡）
第47条の7　第30条の2第2項，第30条の3，第30条の4，第31条第1項（第1号に係る部分に限る。以下この条において同じ。）若しくは第7項（第1号に係る部分に限る。以下この条において同じ。），第32条，第33条第1項（同条第4項において準用する場合を含む。），第33条の2第1項，第33条の3第1項若しくは第4項，第34条第1項，第35条第1項，第36条第1項，第37条，第37条の2（第2号を除く。以下この条において同じ。），第39条第1項，第40条第1項若しくは第2項，第41条，第41条の2第1項，第42条，第42条の2第1項，第42条の3，第42条の4第2項，第46条，第47条第1項若しくは第3項，第47条の2，第47条の4又は第47条の5の規定により複製することができる著作物は，これらの規定の適用を受けて作成された複製物（第31条第1項若しくは第7項，第36条第1項，第41条の2第1項，第42条又は第42条の2第1項の規定に係る場合にあつては，映画の著作物の複製物（映画の著作物において複製されている著作物にあつては，当該映画の著作物の複製物を含む。以下この条において同じ。）を除く。）の譲渡により公衆に提供することができる。ただし，第30条の3，第31条第1項若しくは第7項，第33条の2第1項，第33条の3第1項若しくは第4項，第35条第1項，第37条第3項，第37条の2，第41条，第41条の2第1項，第42条，第42条の2第1項，第42条の3，第42条の4第2項，第47条第1項若しくは第3項，第47条の2，第47条の4若しくは第47条の5の規定の適用を受けて作成された著作物の複製物（第31条第1項若しくは第7項，第41条の2第1項，第42条又は第42条の2第1項の規定に係る場合にあつては，映画の著作物の複製物を除く。）を第30条の3，第31条第1項若しくは第7項，第33条の2第1項，第33条の3第1項若しくは第4項，第35条第1項，第37条第3項，第37条の2，第41条，第41条の2第1項，第42条，第42条の2第1項，第42条の3，第42条の4第2項，第47条第1項若しくは第3項，第47条の2，第47条の4若しくは第47条の5に定める目的以外の目的のために公衆に譲渡する場合又は第30条の4の規定の適用を受けて作成された著作物の複製物を当該著作物に表現された思想若しくは感情を自ら享受し若しくは他人に享受させる目的のために公衆に譲渡する場合は，この限りでない。

（出所の明示）
第48条　次の各号に掲げる場合には，当該各号に規定する著作物の出所を，その複製又は利用の態様に応じ合理的と認められる方法及び程度により，明示しなければならない。

一　第32条，第33条第1項（同条第4項において準用する場合を含む。），第33条の2第1項，第33条の3第1項，第37条第1項，第41条の2第1項，第42条，第42条の2第1項又は第47条第1項の規定により著作物を複製する場合

二　第34条第1項，第37条第3項，第37条の2，第39条第1項，第40条第1項若しくは第2項，第47条第2項若しくは第3項又は第47条の2の規定により著作物を利用する場合

三　第32条若しくは第42条の規定により著作物を複製以外の方法により利用する場合又は第35条第1項，第36条第1項，第38条第1項，第41条，第41条の2第2項，第42条の2第2項，第46条若しくは第47条の5第1項の規定により著作物を利用する場合において，その出所を明示する慣行があるとき。

2 前項の出所の明示に当たつては，これに伴い著作者名が明らかになる場合及び当該著作物が無名のものである場合を除き，当該著作物につき表示されている著作者名を示さなければならない。

3 次の各号に掲げる場合には，前2項の規定の例により，当該各号に規定する二次的著作物の原著作物の出所を明示しなければならない。

一 第40条第1項，第46条又は第47条の5第1項の規定により創作された二次的著作物をこれらの規定により利用する場合

二 第47条の6第1項の規定により創作された二次的著作物を同条第2項の規定の適用を受けて同条第1項各号に掲げる規定により利用する場合

（複製物の目的外使用等）

第49条 次に掲げる者は，第21条の複製を行つたものとみなす。

一 第30条第1項，第30条の3，第31条第1項第1号，第2項第1号，第4項，第7項第1号若しくは第9項第1号，第33条の2第1項，第33条の3第1項若しくは第4項，第35条第1項，第37条第3項，第37条の2本文（同条第2号に係る場合にあつては，同号。次項第1号において同じ。），第41条，第41条の2第1項，第42条，第42条の2第1項，第42条の3，第42条の4，第43条第2項，第44条第1項から第3項まで，第47条第1項若しくは第3項，第47条の2又は第47条の5第1項に定める目的以外の目的のために，これらの規定の適用を受けて作成された著作物の複製物（次項第1号又は第2号の複製物に該当するものを除く。）を頒布し，又は当該複製物によつて当該著作物の公衆への提示（送信可能化を含む。以下同じ。）を行つた者

二 第30条の4の規定の適用を受けて作成された著作物の複製物（次項第3号の複製物に該当するものを除く。）を用いて，当該著作物に表現された思想又は感情を自ら享受し又は他人に享受させる目的のために，いずれの方法によるかを問わず，当該著作物を利用した者

三 第44条第4項の規定に違反して同項の録音物又は録画物を保存した放送事業者，有線放送事業者又は放送同時配信等事業者

四 第47条の3第1項の規定の適用を受けて作成された著作物の複製物（次項第4号の複製物に該当するものを除く。）を頒布し，又は当該複製物によつて当該著作物の公衆への提示を行つた者

五 第47条の3第2項の規定に違反して同項の複製物（次項第4号の複製物に該当するものを除く。）を保存した者

六 第47条の4又は第47条の5第2項に定める目的以外の目的のために，これらの規定の適用を受けて作成された著作物の複製物（次項第6号又は第7号の複製物に該当するものを除く。）を用いて，いずれの方法によるかを問わず，当該著作物を利用した者

2 次に掲げる者は，当該二次的著作物の原著作物につき第27条の翻訳，編曲，変形又は翻案を，当該二次的著作物につき第21条の複製を，それぞれ行つたものとみなす。

一 第30条第1項，第31条第1項第1号，第2項第1号，第4項，第7項第1号若しくは第9項第1号，第33条の2第1項，第33条の3第1項，第35条第1項，第37条第3項，第37条の2本文，第41条，第41条の2第1項，第42条，第42条の2第1項又は第47条第1項若しくは第3項に定める目的以外の目的のために，第47条の6第2項の規定の適用を受けて同条第1項各号に掲げるこれらの規定により作成された二次的著作物の複製物を頒布し，又は当該複製物によつて当該二次的著作物の公衆への提示を行つた者

二 第30条の3又は第47条の5第1項に定める目的以外の目的のために，これらの規定の適用を受けて作成された二次的著作物の複製物を頒布し，又は当該複製物によつて当該二次的著作物の公衆への提示を行つた者

三 第30条の4の規定の適用を受けて作成された二次的著作物の複製物を用いて，当該二次的著作物に表現された思想又は感情を自ら享受し又は他人に享受させる目的のために，いずれの方法によるかを問わず，当該二次的著作物を利用した者

四 第47条の6第2項の規定の適用を受けて第47条の3第1項の規定により作成された二次

的著作物の複製物を頒布し，又は当該複製物によつて当該二次的著作物の公衆への提示を行つた者

五　第47条の3第2項の規定に違反して前号の複製物を保存した者

六　第47条の4に定める目的以外の目的のために，同条の規定の適用を受けて作成された二次的著作物の複製物を用いて，いずれの方法によるかを問わず，当該二次的著作物を利用した者

七　第47条の5第2項に定める目的以外の目的のために，第47条の6第2項の規定の適用を受けて第47条の5第2項の規定により作成された二次的著作物の複製物を用いて，いずれの方法によるかを問わず，当該二次的著作物を利用した者

（著作者人格権との関係）

第50条　この款の規定は，著作者人格権に影響を及ぼすものと解釈してはならない。

第4節　保護期間

（保護期間の原則）

第51条　著作権の存続期間は，著作物の創作の時に始まる。

2　著作権は，この節に別段の定めがある場合を除き，著作者の死後（共同著作物にあつては，最終に死亡した著作者の死後。次条第1項において同じ。）70年を経過するまでの間，存続する。

（無名又は変名の著作物の保護期間）

第52条　無名又は変名の著作物の著作権は，その著作物の公表後70年を経過するまでの間，存続する。ただし，その存続期間の満了前にその著作者の死後70年を経過していると認められる無名又は変名の著作物の著作権は，その著作者の死後70年を経過したと認められる時において，消滅したものとする。

2　前項の規定は，次の各号のいずれかに該当するときは，適用しない。

一　変名の著作物における著作者の変名がその者のものとして周知のものであるとき。

二　前項の期間内に第75条第1項の実名の登録があつたとき。

三　著作者が前項の期間内にその実名又は周知の変名を著作者名として表示してその著作物を公

表したとき。

（団体名義の著作物の保護期間）

第53条　法人その他の団体が著作の名義を有する著作物の著作権は，その著作物の公表後70年（その著作物がその創作後70年以内に公表されなかつたときは，その創作後70年）を経過するまでの間，存続する。

2　前項の規定は，法人その他の団体が著作の名義を有する著作物の著作者である個人が同項の期間内にその実名又は周知の変名を著作者名として表示してその著作物を公表したときは，適用しない。

3　第15条第2項の規定により法人その他の団体が著作者である著作物の著作権の存続期間に関しては，第1項の著作物に該当する著作物以外の著作物についても，当該団体が著作の名義を有するものとみなして同項の規定を適用する。

（映画の著作物の保護期間）

第54条　映画の著作物の著作権は，その著作物の公表後70年（その著作物がその創作後70年以内に公表されなかつたときは，その創作後70年）を経過するまでの間，存続する。

2　映画の著作物の著作権がその存続期間の満了により消滅したときは，当該映画の著作物の利用に関するその原著作物の著作権は，当該映画の著作物の著作権とともに消滅したものとする。

3　前2条の規定は，映画の著作物の著作権については，適用しない。

第55条　削除

（継続的刊行物等の公表の時）

第56条　第52条第1項，第53条第1項及び第54条第1項の公表の時は，冊，号又は回を追つて公表する著作物については，毎冊，毎号又は毎回の公表の時によるものとし，一部分ずつを逐次公表して完成する著作物については，最終部分の公表の時によるものとする。

2　一部分ずつを逐次公表して完成する著作物については，継続すべき部分が直近の公表の時から3年を経過しても公表されないときは，すでに公表されたもののうちの最終の部分をもつて前項の最終部分とみなす。

（保護期間の計算方法）

第57条　第51条第2項，第52条第1項，第53条第1項又は第54条第1項の場合において，著

作者の死後 70 年又は著作物の公表後 70 年若しくは創作後 70 年の期間の終期を計算するときは，著作者が死亡した日又は著作物が公表され若しくは創作された日のそれぞれ属する年の翌年から起算する。

(保護期間の特例)

第 58 条 文学的及び美術的著作物の保護に関するベルヌ条約により創設された国際同盟の加盟国，著作権に関する世界知的所有権機関条約の締約国又は世界貿易機関の加盟国である外国をそれぞれ文学的及び美術的著作物の保護に関するベルヌ条約，著作権に関する世界知的所有権機関条約又は世界貿易機関を設立するマラケシュ協定の規定に基づいて本国とする著作物（第 6 条第 1 号に該当するものを除く。）で，その本国において定められる著作権の存続期間が第 51 条から第 54 条までに定める著作権の存続期間より短いものについては，その本国において定められる著作権の存続期間による。

第 5 節 著作者人格権の一身専属性等

(著作者人格権の一身専属性)

第 59 条 著作者人格権は，著作者の一身に専属し，譲渡することができない。

(著作者が存しなくなつた後における人格的利益の保護)

第 60 条 著作物を公衆に提供し，又は提示する者は，その著作物の著作者が存しなくなつた後においても，著作者が存しているとしたならばその著作者人格権の侵害となるべき行為をしてはならない。ただし，その行為の性質及び程度，社会的事情の変動その他によりその行為が当該著作者の意を害しないと認められる場合は，この限りでない。

第 6 節 著作権の譲渡及び消滅

(著作権の譲渡)

第 61 条 著作権は，その全部又は一部を譲渡することができる。

2 著作権を譲渡する契約において，第 27 条又は第 28 条に規定する権利が譲渡の目的として特掲されていないときは，これらの権利は，譲渡した者に留保されたものと推定する。

(相続人の不存在の場合等における著作権の消滅)

第 62 条 著作権は，次に掲げる場合には，消滅する。

一 著作権者が死亡した場合において，その著作権が民法（明治 29 年法律第 89 号）第 959 条（残余財産の国庫への帰属）の規定により国庫に帰属すべきこととなるとき。

二 著作権者である法人が解散した場合において，その著作権が一般社団法人及び一般財団法人に関する法律（平成 18 年法律第 48 号）第 239 条第 3 項（残余財産の国庫への帰属）その他これに準ずる法律の規定により国庫に帰属すべきこととなるとき。

2 第 54 条第 2 項の規定は，映画の著作物の著作権が前項の規定により消滅した場合について準用する。

第 7 節 権利の行使

(著作物の利用の許諾)

第 63 条 著作権者は，他人に対し，その著作物の利用を許諾することができる。

2 前項の許諾を得た者は，その許諾に係る利用方法及び条件の範囲内において，その許諾に係る著作物を利用することができる。

3 利用権（第一項の許諾に係る著作物を前項の規定により利用することができる権利をいう。次条において同じ。）は，著作権者の承諾を得ない限り，譲渡することができない。

4 著作物の放送又は有線放送についての第 1 項の許諾は，契約に別段の定めがない限り，当該著作物の録音又は録画の許諾を含まないものとする。

5 ［略］

6 著作物の送信可能化について第 1 項の許諾を得た者が，その許諾に係る利用方法及び条件（送信可能化の回数又は送信可能化に用いる自動公衆送信装置に係るものを除く。）の範囲内において反復して又は他の自動公衆送信装置を用いて行う当該著作物の送信可能化については，第 23 条第 1 項の規定は，適用しない。

(利用権の対抗力)

第 63 条の 2 利用権は，当該利用権に係る著作物の著作権を取得した者その他の第三者に対抗することができる。

(共同著作物の著作者人格権の行使)

第64条　共同著作物の著作者人格権は，著作者全員の合意によらなければ，行使することができない。

2　共同著作物の各著作者は，信義に反して前項の合意の成立を妨げることができない。

3　共同著作物の著作者は，そのうちからその著作者人格権を代表して行使する者を定めることができる。

4　前項の権利を代表して行使する者の代表権に加えられた制限は，善意の第三者に対抗することができない。

（共有著作権の行使）

第65条　共同著作物の著作権その他共有に係る著作権（以下この条において「共有著作権」という。）については，各共有者は，他の共有者の同意を得なければ，その持分を譲渡し，又は質権の目的とすることができない。

2　共有著作権は，その共有者全員の合意によらなければ，行使することができない。

3　前二項の場合において，各共有者は，正当な理由がない限り，第一項の同意を拒み，又は前項の合意の成立を妨げることができない。

4　前条第3項及び第4項の規定は，共有著作権の行使について準用する。

（質権の目的となつた著作権）

第66条　著作権は，これを目的として質権を設定した場合においても，設定行為に別段の定めがない限り，著作権者が行使するものとする。

2　著作権を目的とする質権は，当該著作権の譲渡又は当該著作権に係る著作物の利用につき著作権者が受けるべき金銭その他の物（出版権の設定の対価を含む。）に対しても，行なうことができる。ただし，これらの支払又は引渡し前に，これらを受ける権利を差し押えることを必要とする。

第8節　裁定による著作物の利用

（著作権者不明等の場合における著作物の利用）

第67条　公表された著作物又は相当期間にわたり公衆に提供され，若しくは提示されている事実が明らかである著作物は，著作権者の不明その他の理由により相当な努力を払つてもその著作権者と連絡することができない場合として政令で定める場合は，文化庁長官の裁定を受け，かつ，通常の使用料の額に相当するものとして文化庁長官が定める額の補償金を著作権者のために供託して，その裁定に係る利用方法により利用することができる。

2　国，地方公共団体その他これらに準ずるものとして政令で定める法人（以下この項及び次条において「国等」という。）が前項の規定により著作物を利用しようとするときは，同項の規定にかかわらず，同項の規定による供託を要しない。この場合において，国等が著作権者と連絡をすることができるに至つたときは，同項の規定により文化庁長官が定める額の補償金を著作権者に支払わなければならない。

3　第1項の裁定を受けようとする者は，著作物の利用方法その他政令で定める事項を記載した申請書に，著作権者と連絡することができないことを疎明する資料その他政令で定める資料を添えて，これを文化庁長官に提出しなければならない。

4　第1項の規定により作成した著作物の複製物には，同項の裁定に係る複製物である旨及びその裁定のあつた年月日を表示しなければならない。

（裁定申請中の著作物の利用）

第67条の2　前条第1項の裁定（以下この条において単に「裁定」という。）の申請をした者は，当該申請に係る著作物の利用方法を勘案して文化庁長官が定める額の担保金を供託した場合には，裁定又は裁定をしない処分を受けるまでの間（裁定又は裁定をしない処分を受けるまでの間に著作権者と連絡をすることができるに至つたときは，当該連絡をすることができるに至つた時までの間），当該申請に係る利用方法と同一の方法により，当該申請に係る著作物を利用することができる。ただし，当該著作物の著作者が当該著作物の出版その他の利用を廃絶しようとしていることが明らかであるときは，この限りでない。

2　国等が前項の規定により著作物を利用しようとするときは，同項の規定にかかわらず，同項の規定による供託を要しない。

3　第1項の規定により作成した著作物の複製物には，同項の規定の適用を受けて作成された複製物である旨及び裁定の申請をした年月日を表示しなければならない。

4　第1項の規定により著作物を利用する者（以下

「申請中利用者」という。）（国等を除く。次項において同じ。）が裁定を受けたときは，前条第1項の規定にかかわらず，同項の補償金のうち第一項の規定により供託された担保金の額に相当する額（当該担保金の額が当該補償金の額を超えるときは，当該額）については，同条第一項の規定による供託を要しない。

5　申請中利用者は，裁定をしない処分を受けたとき（当該処分を受けるまでの間に著作権者と連絡をすることができるに至つた場合を除く。）は，当該処分を受けた時までの間における第1項の規定による著作物の利用に係る使用料の額に相当するものとして文化庁長官が定める額の補償金を著作権者のために供託しなければならない。この場合において，同項の規定により供託された担保金の額のうち当該補償金の額に相当する額（当該補償金の額が当該担保金の額を超えるときは，当該額）については，当該補償金を供託したものとみなす。

6　申請中利用者（国等に限る。）は，裁定をしない処分を受けた後に著作権者と連絡をすることができるに至つたときは，当該処分を受けた時までの間における第一項の規定による著作物の利用に係る使用料の額に相当するものとして文化庁長官が定める額の補償金を著作権者に支払わなければならない。

7　申請中利用者は，裁定又は裁定をしない処分を受けるまでの間に著作権者と連絡をすることができるに至つたときは，当該連絡をすることができるに至つた時までの間における第1項の規定による著作物の利用に係る使用料の額に相当する額の補償金を著作権者に支払わなければならない。

8　第4項，第5項又は前項の場合において，著作権者は，前条第1項又はこの条第5項若しくは前項の補償金を受ける権利に関し，第1項の規定により供託された担保金から弁済を受けることができる。

9　第1項の規定により担保金を供託した者は，当該担保金の額が前項の規定により著作権者が弁済を受けることができる額を超えることとなつたときは，政令で定めるところにより，その全部又は一部を取り戻すことができる。

第68条—第69条　［略］

（裁定に関する手続及び基準）

第70条　第67条第1項，第68条第1項又は前条の裁定の申請をする者は，実費を勘案して政令で定める額の手数料を納付しなければならない。

2　前項の規定は，同項の規定により手数料を納付すべき者が国であるときは，適用しない。

3　［略］

4　文化庁長官は，第67条第1項，第68条第1項又は前条の裁定の申請があつた場合において，次の各号のいずれかに該当すると認めるときは，これらの裁定をしてはならない。

　一　著作者がその著作物の出版その他の利用を廃絶しようとしていることが明らかであるとき。

　二　［略］

5　文化庁長官は，前項の裁定をしない処分をしようとするとき（第7項の規定により裁定をしない処分をする場合を除く。）は，あらかじめ申請者にその理由を通知し，弁明及び有利な証拠の提出の機会を与えなければならないものとし，当該裁定をしない処分をしたときは，理由を付した書面をもつて申請者にその旨を通知しなければならない。

6　文化庁長官は，第67条第1項の裁定をしたときは，その旨を官報で告示するとともに申請者に通知し，第68条第1項又は前条の裁定をしたときは，その旨を当事者に通知しなければならない。

7　文化庁長官は，申請中利用者から第67条第1項の裁定の申請を取り下げる旨の申出があつたときは，当該裁定をしない処分をするものとする。

8　前各項に規定するもののほか，この節に定める裁定に関し必要な事項は，政令で定める。

第9節　補償金等

（文化審議会への諮問）

第71条　文化庁長官は，次に掲げる事項を定める場合には，文化審議会に諮問しなければならない。

　一　第33条第2項（同条第4項において準用する場合を含む。），第33条の2第2項又は第33条の3第2項の算出方法

　二　第67条第1項，第67条の2第5項若しくは第6項，第68条第1項又は第69条の補償金の額

（補償金の額についての訴え）

第72条 第67条第1項，第67条の2第5項若しくは第6項，第68条第1項又は第69条の規定に基づき定められた補償金の額について不服がある当事者は，これらの規定による裁定（第67条の2第5項又は第6項に係る場合にあつては，第67条第1項の裁定をしない処分）があつたことを知つた日から六月以内に，訴えを提起してその額の増減を求めることができる。

2 前項の訴えにおいては，訴えを提起する者が著作物を利用する者であるときは著作権者を，著作権者であるときは著作物を利用する者を，それぞれ被告としなければならない。

（補償金の額についての審査請求の制限）

第73条 第67条第1項，第68条第1項又は第69条の裁定又は裁定をしない処分についての審査請求においては，その裁定又は裁定をしない処分に係る補償金の額についての不服をその裁定又は裁定をしない処分についての不服の理由とすることができない。ただし，第67条第1項の裁定又は裁定をしない処分を受けた者が著作権者の不明その他これに準ずる理由により前条第一項の訴えを提起することができない場合は，この限りでない。

（補償金等の供託）

第74条 第33条第2項（同条第4項において準用する場合を含む。），第33条の2第2項，第33条の3第2項，第68条第1項又は第69条の補償金を支払うべき者は，次に掲げる場合には，その補償金の支払に代えてその補償金を供託しなければならない。

一 補償金の提供をした場合において，著作権者がその受領を拒んだとき。

二 著作権者が補償金を受領することができないとき。

三 その者が著作権者を確知することができないとき（その者に過失があるときを除く。）。

四 その者がその補償金の額について第72条第1項の訴えを提起したとき。

五 当該著作権を目的とする質権が設定されているとき（当該質権を有する者の承諾を得た場合を除く。）。

2 前項第4号の場合において，著作権者の請求があるときは，当該補償金を支払うべき者は，自己の見積金額を支払い，裁定に係る補償金の額との差額を供託しなければならない。

3 第67条第1項，第67条の2第5項若しくは前2項の規定による補償金の供託又は同条第1項の規定による担保金の供託は，著作権者が国内に住所又は居所で知れているものを有する場合にあつては当該住所又は居所の最寄りの供託所に，その他の場合にあつては供託をする者の住所又は居所の最寄りの供託所に，それぞれするものとする。

4 前項の供託をした者は，すみやかにその旨を著作権者に通知しなければならない。ただし，著作権者の不明その他の理由により著作権者に通知することができない場合は，この限りでない。

第10節 登録

（実名の登録）

第75条 無名又は変名で公表された著作物の著作者は，現にその著作権を有するかどうかにかかわらず，その著作物についてその実名の登録を受けることができる。

2 著作者は，その遺言で指定する者により，死後において前項の登録を受けることができる。

3 実名の登録がされている者は，当該登録に係る著作物の著作者と推定する。

第76条—第76条の2 〔略〕

（著作権の登録）

第77条 次に掲げる事項は，登録しなければ，第三者に対抗することができない。

一 著作権の移転若しくは信託による変更又は処分の制限

二 著作権を目的とする質権の設定，移転，変更若しくは消滅（混同又は著作権若しくは担保する債権の消滅によるものを除く。）又は処分の制限

（登録手続等）

第78条 第75条第1項，第76条第1項，第76条の2第1項又は前条の登録は，文化庁長官が著作権登録原簿に記載し，又は記録して行う。

2 著作権登録原簿は，政令で定めるところにより，その全部又は一部を磁気ディスク（これに準ずる方法により一定の事項を確実に記録しておくことができる物を含む。第四項において同じ。）をもつて調製することができる。

3　文化庁長官は，第75条第1項の登録を行つたときは，その旨をインターネットの利用その他の適切な方法により公表するものとする。

4—10　［略］

第78条の2　［略］

第3章　出版権

（出版権の設定）

第79条　第21条又は第23条第1項に規定する権利を有する者（以下この章において「複製権等保有者」という。）は，その著作物について，文書若しくは図画として出版すること（電子計算機を用いてその映像面に文書又は図画として表示されるようにする方式により記録媒体に記録し，当該記録媒体に記録された当該著作物の複製物により頒布することを含む。次条第2項及び第81条第1号において「出版行為」という。）又は当該方式により記録媒体に記録された当該著作物の複製物を用いて公衆送信（放送又は有線放送を除き，自動公衆送信の場合にあつては送信可能化を含む。以下この章において同じ。）を行うこと（次条第2項及び第81条第2号において「公衆送信行為」という。）を引き受ける者に対し，出版権を設定することができる。

2　複製権等保有者は，その複製権又は公衆送信権を目的とする質権が設定されているときは，当該質権を有する者の承諾を得た場合に限り，出版権を設定することができるものとする。

（出版権の内容）

第80条　出版権者は，設定行為で定めるところにより，その出版権の目的である著作物について，次に掲げる権利の全部又は一部を専有する。

一　頒布の目的をもつて，原作のまま印刷その他の機械的又は化学的方法により文書又は図画として複製する権利（原作のまま前条第1項に規定する方式により記録媒体に記録された電磁的記録として複製する権利を含む。）

二　原作のまま前条第1項に規定する方式により記録媒体に記録された当該著作物の複製物を用いて公衆送信を行う権利

2　出版権の存続期間中に当該著作物の著作者が死亡したとき，又は，設定行為に別段の定めがある場合を除き，出版権の設定後最初の出版行為又は公衆送信行為（第83条第2項及び第84条第3項において「出版行為等」という。）があつた日から三年を経過したときは，複製権等保有者は，前項の規定にかかわらず，当該著作物について，全集その他の編集物（その著作者の著作物のみを編集したものに限る。）に収録して複製し，又は公衆送信を行うことができる。

3　出版権者は，複製権等保有者の承諾を得た場合に限り，他人に対し，その出版権の目的である著作物の複製又は公衆送信を許諾することができる。

4　第63条第2項，第3項及び第6項並びに第63条の2の規定は，前項の場合について準用する。この場合において，第63条第3項中「著作権者」とあるのは「第79条第1項の複製権等保有者及び出版権者」と，同条第6項中「第23条第1項」とあるのは「第80条第1項（第2号に係る部分に限る。）」と読み替えるものとする。

（出版の義務）

第81条　出版権者は，次の各号に掲げる区分に応じ，その出版権の目的である著作物につき当該各号に定める義務を負う。ただし，設定行為に別段の定めがある場合は，この限りでない。

一　前条第1項第1号に掲げる権利に係る出版権者（次条において「第1号出版権者」という。）次に掲げる義務

イ　複製権等保有者からその著作物を複製するために必要な原稿その他の原品若しくはこれに相当する物の引渡し又はその著作物に係る電磁的記録の提供を受けた日から六月以内に当該著作物について出版行為を行う義務

ロ　当該著作物について慣行に従い継続して出版行為を行う義務

二　前条第1項第2号に掲げる権利に係る出版権者（次条第1項第2号及び第104条の10の3第2号ロにおいて「第2号出版権者」という。）次に掲げる義務

イ　複製権等保有者からその著作物について公衆送信を行うために必要な原稿その他の原品若しくはこれに相当する物の引渡し又はその著作物に係る電磁的記録の提供を受けた日から六月以内に当該著作物について公衆送信行為を行う義務

ロ　当該著作物について慣行に従い継続して公衆送信行為を行う義務

（著作物の修正増減）

第82条　著作者は，次に掲げる場合には，正当な範囲内において，その著作物に修正又は増減を加えることができる。

一　その著作物を第1号出版権者が改めて複製する場合

二　その著作物について第2号出版権者が公衆送信を行う場合

2　第1号出版権者は，その出版権の目的である著作物を改めて複製しようとするときは，その都度，あらかじめ著作者にその旨を通知しなければならない。

（出版権の存続期間）

第83条　出版権の存続期間は，設定行為で定めるところによる。

2　出版権は，その存続期間につき設定行為に定めがないときは，その設定後最初の出版行為等があつた日から三年を経過した日において消滅する。

（出版権の消滅の請求）

第84条　出版権者が第81条第1号（イに係る部分に限る。）又は第2号（イに係る部分に限る。）の義務に違反したときは，複製権等保有者は，出版権者に通知してそれぞれ第80条第1項第1号又は第2号に掲げる権利に係る出版権を消滅させることができる。

2　出版権者が第81条第1号（ロに係る部分に限る。）又は第2号（ロに係る部分に限る。）の義務に違反した場合において，複製権等保有者が三月以上の期間を定めてその履行を催告したにもかかわらず，その期間内にその履行がされないときは，複製権等保有者は，出版権者に通知してそれぞれ第80条第1項第1号又は第2号に掲げる権利に係る出版権を消滅させることができる。

3　複製権等保有者である著作者は，その著作物の内容が自己の確信に適合しなくなつたときは，その著作物の出版行為等を廃絶するために，出版権者に通知してその出版権を消滅させることができる。ただし，当該廃絶により出版権者に通常生ずべき損害をあらかじめ賠償しない場合は，この限りでない。

第85条　削除

（出版権の制限）

第86条　第30条の2から第30条の4まで，第31条第1項及び第7項（第1号に係る部分に限る。），第32条，第33条第1項（同条第4項において準用する場合を含む。），第33条の1第1項，第33条の3第1項及び第4項，第34条第1項，第35条第1項，第36条第1項，第37条，第37条の2，第39条第1項，第40条第1項及び第2項，第41条，第41条の2第1項，第42条，第42条の2第1項，第42条の3，第42条の4第2項，第46条，第47条第1項及び第3項，第47条の2，第47条の4並びに第47条の5の規定は，出版権の目的となつている著作物の複製について準用する。この場合において，第30条の2第1項ただし書及び第2項ただし書，第30条の3，第30条の4ただし書，第31条第1項第1号，第35条第1項ただし書，第41条の2第1項ただし書，第42条ただし書，第42条の2第1項ただし書，第47条第1項ただし書及び第3項ただし書，第47条の2，第47条の4第1項ただし書及び第2項ただし書並びに第47条の5第1項ただし書及び第2項ただし書中「著作権者」とあるのは「出版権者」と，同条第1項ただし書中「著作権を」とあるのは「出版権を」と，「著作権の」とあるのは「出版権の」と読み替えるものとする。

2　次に掲げる者は，第80条第1項第1号の複製を行つたものとみなす。

一　第30条第1項に定める私的使用の目的又は第31条第4項若しくは第9項第1号に定める目的以外の目的のために，これらの規定の適用を受けて原作のまま印刷その他の機械的若しくは化学的方法により文書若しくは図画として複製することにより作成された著作物の複製物（原作のまま第79条第1項に規定する方式により記録媒体に記録された電磁的記録として複製することにより作成されたものを含む。）を頒布し，又は当該複製物によつて当該著作物の公衆への提示を行つた者

二　前項において準用する第30条の3，第31条第1項第1号若しくは第7項第1号，第33条の2第1項，第33条の3第1項若しくは第4項，第35条第1項，第37条第3項，第37条の2本文（同条第2号に係る場合にあつては，同号），

第41条，第41条の2第1項，第42条，第42条の2第1項，第42条の3，第42条の4第2項，第47条第1項若しくは第3項，第47条の2又は第47条の5第1項に定める目的以外の目的のために，これらの規定の適用を受けて作成された著作物の複製物を頒布し，又は当該複製物によつて当該著作物の公衆への提示を行つた者

三　前項において準用する第30条の4の規定の適用を受けて作成された著作物の複製物を用いて，当該著作物に表現された思想又は感情を自ら享受し又は他人に享受させる目的のために，いずれの方法によるかを問わず，当該著作物を利用した者

四　前項において準用する第47条の4又は第47条の5第2項に定める目的以外の目的のために，これらの規定の適用を受けて作成された著作物の複製物を用いて，いずれの方法によるかを問わず，当該著作物を利用した者

3　第30条の2から第30条の4まで，第31条第2項（第2号に係る部分に限る。），第5項，第7項前段及び第8項，第32条第1項，第33条の2第1項，第33条の3第4項，第35条第1項，第36条第1項，第37条第2項及び第3項，第37条の2（第2号を除く。），第40条第1項，第41条，第41条の2第2項，第42条，第42条の2第2項，第42条の3，第42条の4第2項，第46条，第47条第2項及び第3項，第47条の2，第47条の4並びに第47条の5の規定は，出版権の目的となつている著作物の公衆送信について準用する。この場合において，第30条の2第1項ただし書及び第2項ただし書，第30条の3，第30条の4ただし書，第31条第5項，第35条第1項ただし書，第36条第1項ただし書，第41条の2第2項ただし書，第42条ただし書，第42条の2第2項ただし書，第47条第2項ただし書及び第3項ただし書，第47条の2，第47条の4第1項ただし書及び第2項ただし書並びに第47条の5第1項ただし書及び第2項ただし書中「著作権者」とあるのは「出版権者」と，第31条第2項中「著作権者の」とあるのは「出版権者の」と，「著作権者若しくはその許諾を得た者又は第79条の出版権の設定を受けた者若しくは」とあるのは「第79条の出版権の設定を受けた者又は」と，第47条の

5第1項ただし書中「著作権を」とあるのは「出版権を」と，「著作権の」とあるのは「出版権の」と読み替えるものとする。

（出版権の譲渡等）
第87条　出版権は，複製権等保有者の承諾を得た場合に限り，その全部又は一部を譲渡し，又は質権の目的とすることができる。

（出版権の登録）
第88条　次に掲げる事項は，登録しなければ，第三者に対抗することができない。
　一　出版権の設定，移転，変更若しくは消滅（混同又は複製権若しくは公衆送信権の消滅によるものを除く。）又は処分の制限
　二　出版権を目的とする質権の設定，移転，変更若しくは消滅（混同又は出版権若しくは担保する債権の消滅によるものを除く。）又は処分の制限

2　第78条（第3項を除く。）の規定は，前項の登録について準用する。この場合において，同条第1項，第2項，第4項，第8項及び第9項中「著作権登録原簿」とあるのは，「出版権登録原簿」と読み替えるものとする。

　第4章　著作隣接権
　　第1節　総則
（著作隣接権）
第89条　実演家は，第90条の2第1項及び第90条の3第1項に規定する権利（以下「実演家人格権」という。）並びに第91条第1項，第92条第1項，第92条の2第1項，第95条の2第1項及び第95条の3第1項に規定する権利並びに第94条の2及び第95条の3第3項に規定する報酬並びに第95条第1項に規定する二次使用料を受ける権利を享有する。

2　レコード製作者は，第96条，第96条の2，第97条の2第1項及び第97条の3第1項に規定する権利並びに第97条第1項に規定する二次使用料及び第97条の3第3項に規定する報酬を受ける権利を享有する。

3　放送事業者は，第98条から第100条までに規定する権利を享有する。

4　有線放送事業者は，第100条の2から第100条の5までに規定する権利を享有する。

5　前各項の権利の享有には，いかなる方式の履行をも要しない。

6　第1項から第4項までの権利（実演家人格権並びに第1項及び第2項の報酬及び二次使用料を受ける権利を除く。）は，著作隣接権という。

（著作者の権利と著作隣接権との関係）

第90条　この章の規定は，著作者の権利に影響を及ぼすものと解釈してはならない。

第2節　実演家の権利

（氏名表示権）

第90条の2　実演家は，その実演の公衆への提供又は提示に際し，その氏名若しくはその芸名その他氏名に代えて用いられるものを実演家名として表示し，又は実演家名を表示しないこととする権利を有する。

2　実演を利用する者は，その実演家の別段の意思表示がない限り，その実演につき既に実演家が表示しているところに従つて実演家名を表示することができる。

3　実演家名の表示は，実演の利用の目的及び態様に照らし実演家がその実演の実演家であることを主張する利益を害するおそれがないと認められるとき又は公正な慣行に反しないと認められるときは，省略することができる。

4　［略］

（同一性保持権）

第90条の3　実演家は，その実演の同一性を保持する権利を有し，自己の名誉又は声望を害するその実演の変更，切除その他の改変を受けないものとする。

2　前項の規定は，実演の性質並びにその利用の目的及び態様に照らしやむを得ないと認められる改変又は公正な慣行に反しないと認められる改変については，適用しない。

（録音権及び録画権）

第91条　実演家は，その実演を録音し，又は録画する権利を専有する。

2　前項の規定は，同項に規定する権利を有する者の許諾を得て映画の著作物において録音され，又は録画された実演については，これを録音物（音を専ら影像とともに再生することを目的とするものを除く。）に録音する場合を除き，適用しない。

（放送権及び有線放送権）

第92条　実演家は，その実演を放送し，又は有線放送する権利を専有する。

2　前項の規定は，次に掲げる場合には，適用しない。

一　放送される実演を有線放送する場合

二　次に掲げる実演を放送し，又は有線放送する場合

イ　前条第1項に規定する権利を有する者の許諾を得て録音され，又は録画されている実演

ロ　前条第2項の実演で同項の録音物以外の物に録音され，又は録画されているもの

（送信可能化権）

第92条の2　実演家は，その実演を送信可能化する権利を専有する。

2　前項の規定は，次に掲げる実演については，適用しない。

一　第91条第1項に規定する権利を有する者の許諾を得て録画されている実演

二　第91条第2項の実演で同項の録音物以外の物に録音され，又は録画されているもの

第93条—第95条　［略］

（譲渡権）

第95条の2　実演家は，その実演をその録音物又は録画物の譲渡により公衆に提供する権利を専有する。

2　前項の規定は，次に掲げる実演については，適用しない。

一　第91条第1項に規定する権利を有する者の許諾を得て録画されている実演

二　第91条第2項の実演で同項の録音物以外の物に録音され，又は録画されているもの

3　第1項の規定は，実演（前項各号に掲げるものを除く。以下この条において同じ。）の録音物又は録画物で次の各号のいずれかに該当するものの譲渡による場合には，適用しない。

一　第1項に規定する権利を有する者又はその許諾を得た者により公衆に譲渡された実演の録音物又は録画物

二　第103条において準用する第67条第1項の規定による裁定を受けて公衆に譲渡された実演の録音物又は録画物

三　第103条において準用する第67条の2第1項の規定の適用を受けて公衆に譲渡された実演

の録音物又は録画物

四　第1項に規定する権利を有する者又はその承諾を得た者により特定かつ少数の者に譲渡された実演の録音物又は録画物

五　国外において，第1項に規定する権利に相当する権利を害することなく，又は同項に規定する権利に相当する権利を有する者若しくはその承諾を得た者により譲渡された実演の録音物又は録画物

（貸与権等）

第95条の3　実演家は，その実演をそれが録音されている商業用レコードの貸与により公衆に提供する権利を専有する。

2　前項の規定は，最初に販売された日から起算して一月以上十二月を超えない範囲内において政令で定める期間を経過した商業用レコード（複製されているレコードのすべてが当該商業用レコードと同一であるものを含む。以下「期間経過商業用レコード」という。）の貸与による場合には，適用しない。

3　商業用レコードの公衆への貸与を営業として行う者（以下「貸レコード業者」という。）は，期間経過商業用レコードの貸与により実演を公衆に提供した場合には，当該実演（著作隣接権の存続期間内のものに限る。）に係る実演家に相当な額の報酬を支払わなければならない。

4―6　［略］

第3節　レコード製作者の権利

（複製権）

第96条　レコード製作者は，そのレコードを複製する権利を専有する。

（送信可能化権）

第96条の2　レコード製作者は，そのレコードを送信可能化する権利を専有する。

第96条の3―第97条　［略］

（譲渡権）

第97条の2　レコード製作者は，そのレコードをその複製物の譲渡により公衆に提供する権利を専有する。

2　前項の規定は，レコードの複製物で次の各号のいずれかに該当するものの譲渡による場合には，適用しない。

一　前項に規定する権利を有する者又はその許諾を得た者により公衆に譲渡されたレコードの複製物

二　第103条において準用する第67条第1項の規定による裁定を受けて公衆に譲渡されたレコードの複製物

三　第103条において準用する第67条の2第1項の規定の適用を受けて公衆に譲渡されたレコードの複製物

四　前項に規定する権利を有する者又はその承諾を得た者により特定かつ少数の者に譲渡されたレコードの複製物

五　国外において，前項に規定する権利に相当する権利を害することなく，又は同項に規定する権利に相当する権利を有する者若しくはその承諾を得た者により譲渡されたレコードの複製物

（貸与権等）

第97条の3　レコード製作者は，そのレコードをそれが複製されている商業用レコードの貸与により公衆に提供する権利を専有する。

2　前項の規定は，期間経過商業用レコードの貸与による場合には，適用しない。

3　貸レコード業者は，期間経過商業用レコードの貸与によりレコードを公衆に提供した場合には，当該レコード（著作隣接権の存続期間内のものに限る。）に係るレコード製作者に相当な額の報酬を支払わなければならない。

4―7　［略］

第4節　放送事業者の権利

（複製権）

第98条　放送事業者は，その放送又はこれを受信して行なう有線放送を受信して，その放送に係る音又は影像を録音し，録画し，又は写真その他これに類似する方法により複製する権利を専有する。

（再放送権及び有線放送権）

第99条　放送事業者は，その放送を受信してこれを再放送し，又は有線放送する権利を専有する。

2　前項の規定は，放送を受信して有線放送を行なう者が法令の規定により行なわなければならない有線放送については，適用しない。

（送信可能化権）

第99条の2 放送事業者は，その放送又はこれを受信して行う有線放送を受信して，その放送を送信可能化する権利を専有する。

2 前項の規定は，放送を受信して自動公衆送信を行う者が法令の規定により行わなければならない自動公衆送信に係る送信可能化については，適用しない。

（テレビジョン放送の伝達権）

第100条 放送事業者は，そのテレビジョン放送又はこれを受信して行なう有線放送を受信して，影像を拡大する特別の装置を用いてその放送を公に伝達する権利を専有する。

第5節　有線放送事業者の権利

（複製権）

第100条の2 有線放送事業者は，その有線放送を受信して，その有線放送に係る音又は影像を録音し，録画し，又は写真その他これに類似する方法により複製する権利を専有する。

（放送権及び再有線放送権）

第100条の3 有線放送事業者は，その有線放送を受信してこれを放送し，又は再有線放送する権利を専有する。

（送信可能化権）

第100条の4 有線放送事業者は，その有線放送を受信してこれを送信可能化する権利を専有する。

（有線テレビジョン放送の伝達権）

第100条の5 有線放送事業者は，その有線テレビジョン放送を受信して，影像を拡大する特別の装置を用いてその有線放送を公に伝達する権利を専有する。

第6節　保護期間

（実演，レコード，放送又は有線放送の保護期間）

第101条 著作隣接権の存続期間は，次に掲げる時に始まる。

一　実演に関しては，その実演を行つた時
二　レコードに関しては，その音を最初に固定した時
三　放送に関しては，その放送を行つた時
四　有線放送に関しては，その有線放送を行つた時

2 著作隣接権の存続期間は，次に掲げる時をもつて満了する。

一　実演に関しては，その実演が行われた日の属する年の翌年から起算して70年を経過した時
二　レコードに関しては，その発行が行われた日の属する年の翌年から起算して70年（その音が最初に固定された日の属する年の翌年から起算して70年を経過する時までの間に発行されなかつたときは，その音が最初に固定された日の属する年の翌年から起算して70年）を経過した時
三　放送に関しては，その放送が行われた日の属する年の翌年から起算して50年を経過した時
四　有線放送に関しては，その有線放送が行われた日の属する年の翌年から起算して50年を経過した時

第7節　実演家人格権の一身専属性等

（実演家人格権の一身専属性）

第101条の2 実演家人格権は，実演家の一身に専属し，譲渡することができない。

（実演家の死後における人格的利益の保護）

第101条の3 実演を公衆に提供し，又は提示する者は，その実演の実演家の死後においても，実演家が生存しているとしたならばその実演家人格権の侵害となるべき行為をしてはならない。ただし，その行為の性質及び程度，社会的事情の変動その他によりその行為が当該実演家の意を害しないと認められる場合は，この限りでない。

第8節　権利の制限，譲渡及び行使等並びに登録

（著作隣接権の制限）

第102条 第30条第1項（第4号を除く。第9項第1号において同じ。），第30条の2から第32条まで，第35条，第36条，第37条第3項，第37条の2（第1号を除く。次項において同じ。），第38条第2項及び第4項，第41条から第43条まで，第44条（第2項を除く。），第46条から第47条の2まで，第47条の4並びに第47条の5の規定は，著作隣接権の目的となつている実演，レコード，放送又は有線放送の利用について準用し，第30条第3項及び第47条の7の規定は，著作隣接

権の目的となつている実演又はレコードの利用について準用し，第33条から第33条の3までの規定は，著作隣接権の目的となつている放送又は有線放送の利用について準用し，第44条第2項の規定は，著作隣接権の目的となつている実演，レコード又は有線放送の利用について準用する。この場合において，第30条第1項第3号中「自動公衆送信（国外で行われる自動公衆送信」とあるのは「送信可能化（国外で行われる送信可能化」と，「含む。）」とあるのは「含む。）に係る自動公衆送信」と，第44条第1項中「第23条第1項」とあるのは「第92条第1項，第92条の2第1項，第96条の2，第99条第1項又は第100条の3」と，同条第2項中「第23条第1項」とあるのは「第92条第1項，第92条の2第1項，第96条の2又は第100条の3」と，同条第3項中「第23条第1項」とあるのは「第92条の2第1項又は第96条の2」と読み替えるものとする。

2 前項において準用する第32条，第33条第1項（同条第4項において準用する場合を含む。），第33条の2第1項，第33条の3第1項，第37条第3項，第37条の2，第41条の2第1項，第42条，第42条の2第1項若しくは第47条の規定又は次項若しくは第4項の規定により実演若しくはレコード又は放送若しくは有線放送に係る音若しくは影像（以下「実演等」と総称する。）を複製する場合において，その出所を明示する慣行があるときは，これらの複製の態様に応じ合理的と認められる方法及び程度により，その出所を明示しなければならない。

3 ［略］

4 視覚障害者等の福祉に関する事業を行う者で第37条第3項の政令で定めるものは，同項の規定により視覚著作物を複製することができる場合には，同項の規定の適用を受けて作成された録音物において録音されている実演又は当該録音物に係るレコードについて，複製し，又は同項に定める目的のために，送信可能化を行い，若しくはその複製物の譲渡により公衆に提供することができる。

5—8 ［略］

9 次に掲げる者は，第91条第1項，第96条，第98条又は第100条の2の録音，録画又は複製を

行つたものとみなす。

一 第1項において準用する第30条第1項，第30条の3，第31条第1項第1号，第2項第1号，第4項，第7項第1号若しくは第9項第1号，第33条の2第1項，第33条の3第1項若しくは第4項，第35条第1項，第37条第3項，第37条の2第2号，第41条，第41条の2第1項，第42条，第42条の2第1項，第42条の3，第42条の4，第43条第2項，第44条第1項から第3項まで，第47条第1項若しくは第3項，第47条の2又は第47条の5第1項に定める目的以外の目的のために，これらの規定の適用を受けて作成された実演等の複製物を頒布し，又は当該複製物によつて当該実演，当該レコードに係る音若しくは当該放送若しくは有線放送に係る音若しくは影像の公衆への提示を行つた者

二 第1項において準用する第30条の4の規定の適用を受けて作成された実演等の複製物を用いて，当該実演等を自ら享受し又は他人に享受させる目的のために，いずれの方法によるかを問わず，当該実演等を利用した者

三 ［略］

四 第1項において準用する第47条の4又は第47条の5第2項に定める目的以外の目的のために，これらの規定の適用を受けて作成された実演等の複製物を用いて，いずれの方法によるかを問わず，当該実演等を利用した者

五 第33条の3第1項又は第37条第3項に定める目的以外の目的のために，第3項若しくは第4項の規定の適用を受けて作成された実演若しくはレコードの複製物を頒布し，又は当該複製物によつて当該実演若しくは当該レコードに係る音の公衆への提示を行つた者

（実演家人格権との関係）

第102条の2 前条の著作隣接権の制限に関する規定（同条第7項及び第8項の規定を除く。）は，実演家人格権に影響を及ぼすものと解釈してはならない。

（著作隣接権の譲渡，行使等）

第103条 第61条第1項の規定は著作隣接権の譲渡について，第62条第1項の規定は著作隣接権の消滅について，第63条及び第63条の2の規定は実演，レコード，放送又は有線放送の利用の許

諾について，第65条の規定は著作隣接権が共有に係る場合について，第66条の規定は著作隣接権を目的として質権が設定されている場合について，第67条，第67条の2（第1項ただし書を除く。），第70条（第3項から第5項までを除く。），第71条（第2号に係る部分に限る。），第72条，第73条並びに第74条第3項及び第4項の規定は著作隣接権者と連絡することができない場合における実演，レコード，放送又は有線放送の利用について，第68条，第70条（第4項第1号及び第7項を除く。），第71条（第2号に係る部分に限る。），第72条，第73条本文及び第74条の規定は著作隣接権者に協議を求めたがその協議が成立せず，又はその協議をすることができない場合における実演，レコード，放送又は有線放送の利用について，第71条（第1号に係る部分に限る。）及び第74条の規定は第102条第1項において準用する第33条から第33条の3までの規定による放送又は有線放送の利用について，それぞれ準用する。この場合において，第63条第6項中「第23条第1項」とあるのは「第92条の2第1項，第96条の2，第99条の2第1項又は第100条の4」と，第68条第2項中「第38条第2項及び第3項」とあるのは「第102条第1項において準用する第38条第2項」と読み替えるものとする。

第104条［略］

第5章　著作権等の制限による利用に係る補償金
第1節　私的録音録画補償金
第104条の2—第104条の10　［略］

第2節　図書館等公衆送信補償金
（図書館等公衆送信補償金を受ける権利の行使）
第104条の10の2　第31条第5項（第86条第3項及び第102条第1項において準用する場合を含む。第104条の10の4第2項及び第104条の10の5第2項において同じ。）の補償金（以下この節において「図書館等公衆送信補償金」という。）を受ける権利は，図書館等公衆送信補償金を受ける権利を有する者（次項及び次条第4号において「権利者」という。）のためにその権利を行使することを目的とする団体であつて，全国を通じて一個に限りその同意を得て文化庁長官が指定するものがあるときは，当該指定を受けた団体（以下この節において「指定管理団体」という。）によつてのみ行使することができる。

2　指定管理団体は，権利者のために自己の名をもつて図書館等公衆送信補償金を受ける権利に関する裁判上又は裁判外の行為を行う権限を有する。

（指定の基準）
第104条の10の3　文化庁長官は，次に掲げる要件を備える団体でなければ前条第1項の規定による指定をしてはならない。

一　一般社団法人であること。

二　次に掲げる団体を構成員とすること。

　イ　第31条第2項（第86条第3項及び第102条第1項において準用する場合を含む。次条第4項において同じ。）の規定による公衆送信（以下この節において「図書館等公衆送信」という。）に係る著作物に関し第23条第1項に規定する権利を有する者を構成員とする団体（その連合体を含む。）であつて，国内において図書館等公衆送信に係る著作物に関し同項に規定する権利を有する者の利益を代表すると認められるもの

　ロ　図書館等公衆送信に係る著作物に関する第2号出版権者を構成員とする団体（その連合体を含む。）であつて，国内において図書館等公衆送信に係る著作物に関する第2号出版権者の利益を代表すると認められるもの

三　前号イ及びロに掲げる団体がそれぞれ次に掲げる要件を備えるものであること。

　イ　営利を目的としないこと。

　ロ　その構成員が任意に加入し，又は脱退することができること。

　ハ　その構成員の議決権及び選挙権が平等であること。

四　権利者のために図書館等公衆送信補償金を受ける権利を行使する業務（第104条の10の6第1項の事業に係る業務を含む。以下この節において「補償金関係業務」という。）を的確に遂行するに足りる能力を有すること。

（図書館等公衆送信補償金の額）
第104条の10の4　第104条の10の2第2項の規定により指定管理団体が図書館等公衆送信補償

金を受ける権利を行使する場合には，指定管理団体は，図書館等公衆送信補償金の額を定め，文化庁長官の認可を受けなければならない。これを変更しようとするときも，同様とする。

2　前項の認可があつたときは，図書館等公衆送信補償金の額は，第31条第5項の規定にかかわらず，その認可を受けた額とする。

3　指定管理団体は，第1項の認可の申請に際し，あらかじめ，図書館等を設置する者の団体で図書館等を設置する者の意見を代表すると認められるものの意見を聴かなければならない。

4　文化庁長官は，第1項の認可の申請に係る図書館等公衆送信補償金の額が，第31条第2項の規定の趣旨，図書館等公衆送信に係る著作物の種類及び用途並びに図書館等公衆送信の態様に照らした著作権者等の利益に与える影響，図書館等公衆送信により電磁的記録を容易に取得することができることにより特定図書館等の利用者が受ける便益その他の事情を考慮した適正な額であると認めるときでなければ，その認可をしてはならない。

5　文化庁長官は，第1項の認可をするときは，文化審議会に諮問しなければならない。

（補償金関係業務の執行に関する規程）

第104条の10の5　指定管理団体は，補償金関係業務を開始しようとするときは，補償金関係業務の執行に関する規程を定め，文化庁長官に届け出なければならない。これを変更しようとするときも，同様とする。

2　前項の規程には，図書館等公衆送信補償金の分配に関する事項を含むものとし，指定管理団体は，第31条第5項の規定の趣旨を考慮して当該分配に関する事項を定めなければならない。

（著作権等の保護に関する事業等のための支出）

第104条の10の6　指定管理団体は，図書館等公衆送信補償金の総額のうち，図書館等公衆送信による著作物の利用状況，図書館等公衆送信補償金の分配に係る事務に要する費用その他の事情を勘案して政令で定めるところにより算出した額に相当する額を，著作権，出版権及び著作隣接権の保護に関する事業並びに著作物の創作の振興及び普及に資する事業のために支出しなければならない。

2　文化庁長官は，前項の政令の制定又は改正の立案をするときは，文化審議会に諮問しなければならない。

3　文化庁長官は，第1項の事業に係る業務の適正な運営を確保するため必要があると認めるときは，指定管理団体に対し，当該業務に関し監督上必要な命令をすることができる。

（報告の徴収等）

第104条の10の7　文化庁長官は，指定管理団体の補償金関係業務の適正な運営を確保するため必要があると認めるときは，指定管理団体に対し，補償金関係業務に関して報告をさせ，若しくは帳簿，書類その他の資料の提出を求め，又は補償金関係業務の執行方法の改善のため必要な勧告をすることができる。

（政令への委任）

第104条の10の8　この節に規定するもののほか，指定管理団体及び補償金関係業務に関し必要な事項は，政令で定める。

第3節　授業目的公衆送信補償金

（授業目的公衆送信補償金を受ける権利の行使）

第104条の11　第35条第2項（第102条第1項において準用する場合を含む。第104条の13第2項及び第104条の14第2項において同じ。）の補償金（以下この節において「授業目的公衆送信補償金」という。）を受ける権利は，授業目的公衆送信補償金を受ける権利を有する者（次項及び次条第四号において「権利者」という。）のためにその権利を行使することを目的とする団体であつて，全国を通じて一個に限りその同意を得て文化庁長官が指定するものがあるときは，当該指定を受けた団体（以下この節において「指定管理団体」という。）によつてのみ行使することができる。

2　指定管理団体は，権利者のために自己の名をもつて授業目的公衆送信補償金を受ける権利に関する裁判上又は裁判外の行為を行う権限を有する。

第104条の12　［略］

（授業目的公衆送信補償金の額）

第104条の13　第104条の11第1項の規定により指定管理団体が授業目的公衆送信補償金を受ける権利を行使する場合には，指定管理団体は，授業目的公衆送信補償金の額を定め，文化庁長官の認可を受けなければならない。これを変更しよう

とするときも，同様とする。

2　前項の認可があつたときは，授業目的公衆送信補償金の額は，第35条第2項の規定にかかわらず，その認可を受けた額とする。

3　指定管理団体は，第1項の認可の申請に際し，あらかじめ，授業目的公衆送信が行われる第35条第1項の教育機関を設置する者の団体で同項の教育機関を設置する者の意見を代表すると認められるものの意見を聴かなければならない。

4　文化庁長官は，第1項の認可の申請に係る授業目的公衆送信補償金の額が，第35条第1項の規定の趣旨，公衆送信（自動公衆送信の場合にあつては，送信可能化を含む。）に係る通常の使用料の額その他の事情を考慮した適正な額であると認めるときでなければ，その認可をしてはならない。

5　文化庁長官は，第1項の認可をしようとするときは，文化審議会に諮問しなければならない。

（補償金関係業務の執行に関する規程）

第104条の14　指定管理団体は，補償金関係業務を開始しようとするときは，補償金関係業務の執行に関する規程を定め，文化庁長官に届け出なければならない。これを変更しようとするときも，同様とする。

2　前項の規程には，授業目的公衆送信補償金の分配に関する事項を含むものとし，指定管理団体は，第35条第2項の規定の趣旨を考慮して当該分配に関する事項を定めなければならない。

（著作権等の保護に関する事業等のための支出）

第104条の15　指定管理団体は，授業目的公衆送信補償金の総額のうち，授業目的公衆送信による著作物等の利用状況，授業目的公衆送信補償金の分配に係る事務に要する費用その他の事情を勘案して政令で定めるところにより算出した額に相当する額を，著作権及び著作隣接権の保護に関する事業並びに著作物の創作の振興及び普及に資する事業のために支出しなければならない。

2　文化庁長官は，前項の政令の制定又は改正の立案をしようとするときは，文化審議会に諮問しなければならない。

3　文化庁長官は，第1項の事業に係る業務の適正な運営を確保するため必要があると認めるときは，指定管理団体に対し，当該業務に関し監督上必要な命令をすることができる。

（報告の徴収等）

第104条の16　文化庁長官は，指定管理団体の補償金関係業務の適正な運営を確保するため必要があると認めるときは，指定管理団体に対し，補償金関係業務に関して報告をさせ，若しくは帳簿，書類その他の資料の提出を求め，又は補償金関係業務の執行方法の改善のため必要な勧告をすることができる。

（政令への委任）

第104条の17　この節に規定するもののほか，指定管理団体及び補償金関係業務に関し必要な事項は，政令で定める。

　　　第6章　紛争処理

第105条—第111条　［略］

　　　第7章　権利侵害

（差止請求権）

第112条　著作者，著作権者，出版権者，実演家又は著作隣接権者は，その著作者人格権，著作権，出版権，実演家人格権又は著作隣接権を侵害する者又は侵害するおそれがある者に対し，その侵害の停止又は予防を請求することができる。

2　著作者，著作権者，出版権者，実演家又は著作隣接権者は，前項の規定による請求をするに際し，侵害の行為を組成した物，侵害の行為によつて作成された物又は専ら侵害の行為に供された機械若しくは器具の廃棄その他の侵害の停止又は予防に必要な措置を請求することができる。

（侵害とみなす行為）

第113条　次に掲げる行為は，当該著作者人格権，著作権，出版権，実演家人格権又は著作隣接権を侵害する行為とみなす。

一　国内において頒布する目的をもつて，輸入の時において国内で作成したとしたならば著作者人格権，著作権，出版権，実演家人格権又は著作隣接権の侵害となるべき行為によつて作成された物を輸入する行為

二　著作者人格権，著作権，出版権，実演家人格権又は著作隣接権を侵害する行為によつて作成された物（前号の輸入に係る物を含む。）を，情を知つて，頒布し，頒布の目的をもつて所持し，若しくは頒布する旨の申出をし，又は業と

して輸出し，若しくは業としての輸出の目的を
　もつて所持する行為

2—10　［略］

11　著作者の名誉又は声望を害する方法によりその
　著作物を利用する行為は，その著作者人格権を侵
　害する行為とみなす。

（善意者に係る譲渡権の特例）

第113条の2　著作物の原作品若しくは複製物（映
　画の著作物の複製物（映画の著作物において複製
　されている著作物にあつては，当該映画の著作物
　の複製物を含む。）を除く。以下この条において
　同じ。），実演の録音物若しくは録画物又はレコー
　ドの複製物の譲渡を受けた時において，当該著作
　物の原作品若しくは複製物，実演の録音物若しく
　は録画物又はレコードの複製物がそれぞれ第26
　条の2第2項各号，第95条の2第3項各号又は
　第97条の2第2項各号のいずれにも該当しない
　ものであることを知らず，かつ，知らないことに
　つき過失がない者が当該著作物の原作品若しくは
　複製物，実演の録音物若しくは録画物又はレコー
　ドの複製物を公衆に譲渡する行為は，第26条の
　2第1項，第95条の2第1項又は第97条の2第
　1項に規定する権利を侵害する行為でないものと
　みなす。

第114条—第114条の8　［略］

（名誉回復等の措置）

第115条　著作者又は実演家は，故意又は過失に
　よりその著作者人格権又は実演家人格権を侵害し
　た者に対し，損害の賠償に代えて，又は損害の賠
　償とともに，著作者又は実演家であることを確保
　し，又は訂正その他著作者若しくは実演家の名誉
　若しくは声望を回復するために適当な措置を請求
　することができる。

（著作者又は実演家の死後における人格的利益の保
　護のための措置）

第116条　著作者又は実演家の死後においては，
　その遺族（死亡した著作者又は実演家の配偶者，
　子，父母，孫，祖父母又は兄弟姉妹をいう。以下
　この条において同じ。）は，当該著作者又は実演
　家について第60条又は第101条の3の規定に違
　反する行為をする者又はするおそれがある者に
　対し第112条の請求を，故意又は過失により著作
　者人格権又は実演家人格権を侵害する行為又は

第60条若しくは第101条の3の規定に違反する
　行為をした者に対し前条の請求をすることができ
　る。

2　前項の請求をすることができる遺族の順位は，
　同項に規定する順序とする。ただし，著作者又は
　実演家が遺言によりその順位を別に定めた場合
　は，その順序とする。

3　著作者又は実演家は，遺言により，遺族に代え
　て第1項の請求をすることができる者を指定する
　ことができる。この場合において，その指定を受
　けた者は，当該著作者又は実演家の死亡の日の属
　する年の翌年から起算して70年を経過した後（そ
　の経過する時に遺族が存する場合にあつては，そ
　の存しなくなつた後）においては，その請求をす
　ることができない。

第117条　［略］

（無名又は変名の著作物に係る権利の保全）

第118条　無名又は変名の著作物の発行者は，そ
　の著作物の著作者又は著作権者のために，自己の
　名をもつて，第112条，第115条若しくは第116
　条第1項の請求又はその著作物の著作者人格権若
　しくは著作権の侵害に係る損害の賠償の請求若し
　くは不当利得の返還の請求を行なうことができ
　る。ただし，著作者の変名がその者のものとして
　周知のものである場合及び第75条第1項の実名
　の登録があつた場合は，この限りでない。

2　無名又は変名の著作物の複製物にその実名又は
　周知の変名が発行者名として通常の方法により表
　示されている者は，その著作物の発行者と推定す
　る。

　　第8章　罰則

第119条　著作権，出版権又は著作隣接権を侵害
　した者（第30条第1項（第102条第1項におい
　て準用する場合を含む。第3項において同じ。）
　に定める私的使用の目的をもつて自ら著作物若し
　くは実演等の複製を行つた者，第113条第2項，
　第3項若しくは第6項から第8項までの規定によ
　り著作権，出版権若しくは著作隣接権（同項の規
　定による場合にあつては，同条第9項の規定によ
　り著作隣接権とみなされる権利を含む。第120条
　の2第5号において同じ。）を侵害する行為とみ
　なされる行為を行つた者，第113条第10項の規

定により著作権若しくは著作隣接権を侵害する行為とみなされる行為を行つた者又は次項第3号若しくは第6号に掲げる者を除く。）は，10年以下の懲役若しくは1000万円以下の罰金に処し，又はこれを併科する。

2　次の各号のいずれかに該当する者は，5年以下の懲役若しくは500万円以下の罰金に処し，又はこれを併科する。

一　著作者人格権又は実演家人格権を侵害した者（第113条第8項の規定により著作者人格権又は実演家人格権を侵害する行為とみなされる行為を行つた者を除く。）

二　営利を目的として，第30条第1項第1号に規定する自動複製機器を著作権，出版権又は著作隣接権の侵害となる著作物又は実演等の複製に使用させた者

三　第113条第1項の規定により著作権，出版権又は著作隣接権を侵害する行為とみなされる行為を行つた者

四・五　［略］

六　第113条第5項の規定により著作権を侵害する行為とみなされる行為を行つた者

3—5　［略］

第120条　第60条又は第101条の3の規定に違反した者は，500万円以下の罰金に処する。

第120条の2　［略］

第121条　著作者でない者の実名又は周知の変名を著作者名として表示した著作物の複製物（原著作物の著作者でない者の実名又は周知の変名を原著作物の著作者名として表示した二次的著作物の複製物を含む。）を頒布した者は，一年以下の懲役若しくは100万円以下の罰金に処し，又はこれを併科する。

第121条の2　［略］

第122条　第48条又は第102条第2項の規定に違反した者は，50万円以下の罰金に処する。

第122条の2　［略］

第123条　第119条第1項から第3項まで，第120条の2第3号から第6号まで，第121条の2及び前条第1項の罪は，告訴がなければ公訴を提起することができない。

2—3　［略］

4　無名又は変名の著作物の発行者は，その著作物

に係る第一項に規定する罪について告訴をすることができる。ただし，第118条第1項ただし書に規定する場合及び当該告訴が著作者の明示した意思に反する場合は，この限りでない。

第124条　法人の代表者（法人格を有しない社団又は財団の管理人を含む。）又は法人若しくは人の代理人，使用人その他の従業者が，その法人又は人の業務に関し，次の各号に掲げる規定の違反行為をしたときは，行為者を罰するほか，その法人に対して当該各号に定める罰金刑を，その人に対して各本条の罰金刑を科する。

一　第119条第1項若しくは第2項第3号から第6号まで又は第122条の2第1項　3億円以下の罰金刑

二　第119条第2項第1号若しくは第2号又は第120条から第122条まで　各本条の罰金刑

2—4　［略］

　　　附　則　抄

（施行期日）

第1条　この法律は，昭和46年1月1日から施行する。

（適用範囲についての経過措置）

第2条　改正後の著作権法（以下「新法」という。）中著作権に関する規定は，この法律の施行の際現に改正前の著作権法（以下「旧法」という。）による著作権の全部が消滅している著作物については，適用しない。

2　この法律の施行の際現に旧法による著作権の一部が消滅している著作物については，新法中これに相当する著作権に関する規定は，適用しない。

3　［略］

第3条—第5条　［略］

（自動複製機器についての経過措置）

第5条の2　著作権法第30条第1項第1号及び第119条第2項第2号の規定の適用については，当分の間，これらの規定に規定する自動複製機器には，専ら文書又は図画の複製に供するものを含まないものとする。

第6条　［略］

（著作物の保護期間についての経過措置）

第7条　この法律の施行前に公表された著作物の著作権の存続期間については，当該著作物の旧法

による著作権の存続期間が新法第2章第4節の規定による期間より長いときは，なお従前の例による。

第8条—第18条　［略］

　　　附　則　（平成16年6月9日法律第92号）　抄
（施行期日）
第1条　この法律は，平成17年1月1日から施行する。

第2条・第3条　［略］

（書籍等の貸与についての経過措置）
第4条　この法律の公布の日の属する月の翌々月の初日において現に公衆への貸与の目的をもって所持されている書籍又は雑誌（主として楽譜により構成されているものを除く。）の貸与については，改正前の著作権法附則第4条の2の規定は，この法律の施行後も，なおその効力を有する。

　　　附　則　（平成18年6月2日法律第50号）　抄
　この法律は，一般社団・財団法人法の施行の日から施行する。

　　　附　則　（平成18年12月22日法律第121号）　抄
（施行期日）
第1条　この法律は，平成19年7月1日から施行する。ただし，第1条及び附則第4条の規定は，公布の日から起算して20日を経過した日から施行する。

第2条・第3条　［略］

（罰則についての経過措置）
第4条　この法律（附則第1条ただし書に規定する規定については，当該規定）の施行前にした行為に対する罰則の適用については，なお従前の例による。

　　　附　則　（平成21年6月19日法律第53号）抄
（施行期日）
第1条　この法律は，平成22年1月1日から施行する。ただし，第70条第2項，第78条，第88条第2項及び第104条の改正規定並びに附則第6条の規定は，公布の日から起算して2年を超えない範囲内において政令で定める日から施行する。

（視覚障害者のための録音物の使用についての経過措置）
第2条　この法律の施行前にこの法律による改正前の著作権法（以下「旧法」という。）第37条第3項（旧法第102条第1項において準用する場合を含む。）の規定の適用を受けて作成された録音物（この法律による改正後の著作権法（以下「新法」という。）第37条第3項（新法第102条第1項において準用する場合を含む。）の規定により複製し，又は自動公衆送信（送信可能化を含む。）を行うことができる著作物，実演，レコード，放送又は有線放送に係るものを除く。）の使用については，新法第37条第3項及び第47条の9（これらの規定を新法第102条第1項において準用する場合を含む。）の規定にかかわらず，なお従前の例による。

第3条—第5条　［略］

　　　附　則　（平成24年6月27日法律第43号）抄
（施行期日）
第1条　この法律は，平成25年1月1日から施行する。ただし，次の各号に掲げる規定は，当該各号に定める日から施行する。
　一・二　［略］

第2条　［略］

第3条　この法律の施行の際現にこの法律による改正前の著作権法第31条第2項の規定により記録媒体に記録されている著作物であって，絶版等資料（新法第31条第1項第3号に規定する「絶版等資料」をいう。）に係るものについては，新法第31条第3項の規定により当該著作物の複製物を用いて自動公衆送信（送信可能化を含む。）を行うことができる。

第4条—第9条　［略］

　　　附　則（平成28年12月16日法律第108号）抄
（施行期日）
第1条　この法律は，環太平洋パートナーシップに関する包括的及び先進的な協定が日本国について効力を生ずる日（第3号において「発効日」という。）から施行する。ただし，次の各号に掲げる規定は，当該各号に定める日から施行する。
　一　［略］

第7条─第9条　［略］

　　附　則　（平成30年5月25日法律第30号）抄
（施行期日）
第1条　この法律は，平成31年1月1日から施行
　する。ただし，次の各号に掲げる規定は，当該各
　号に定める日から施行する。
　一　第113条第4項の改正規定並びに附則第4条
　　及び第7条から第10条までの規定　公布の日
　二　目次の改正規定，第35条の改正規定，第48
　　条第1項第三号の改正規定（「第35条」を「第
　　35条第1項」に改める部分に限る。），第86条
　　第3項前段の改正規定（「第35条第2項」を「第
　　35条第1項」に改める部分に限る。），同項後
　　段の改正規定（「第35条第2項」を「第35条
　　第1項ただし書」に改める部分に限る。）及び
　　第5章の改正規定　公布の日から起算して三年
　　を超えない範囲内において政令で定める日
（複製物の使用についての経過措置）
第2条　この法律の施行の日（以下「施行日」と
　いう。）前にこの法律による改正前の著作権法（以
　下「旧法」という。）第30条の4若しくは第47
　条の4から第47条の9までの規定の適用を受け
　て作成された著作物の複製物，旧法第43条の規
　定の適用を受けて旧法第30条第1項，第31条第
　1項第一号若しくは第3項後段，第33条の2第1
　項，第35条第1項，第37条第3項，第37条の
　2本文，第41条若しくは第42条の規定に従い作
　成された二次的著作物の複製物又は旧法第30条
　の3若しくは第47条の3第1項の規定の適用を
　受けて作成された二次的著作物の複製物の使用に
　ついては，この法律による改正後の著作権法（以
　下「新法」という。）第49条の規定にかかわらず，
　なお従前の例による。この場合において，旧法第
　49条第1項第一号中「を公衆に提示した」とあ
　るのは「の公衆への提示（送信可能化を含む。以
　下この条において同じ。）を行つた」と，同項第
　三号並びに同条第2項第一号及び第二号中「を公
　衆に提示した」とあるのは「の公衆への提示を行
　つた」とする。
2　［略］
第3条─第6条　［略］
（政令への委任）

第7条　附則第2条から前条までに規定するもの
　のほか，この法律の施行に関し必要な経過措置は，
　政令で定める。
（調整規定）
第8条　附則第1条第1号に掲げる規定の施行の
　日が環太平洋パートナーシップ協定の締結に伴う
　関係法律の整備に関する法律（平成28年法律第
　108号）の施行の日前である場合には，第113条
　第5項の改正規定及び附則第1条第一号中「第
　113条第5項」とあるのは，「第113条第4項」
　とする。
第9条　施行日が環太平洋パートナーシップ協定
　の締結及び環太平洋パートナーシップに関する包
　括的及び先進的な協定の締結に伴う関係法律の整
　備に関する法律（平成28年法律第108号。以下
　「整備法」という。）の施行の日前である場合には，
　第2条第1項の改正規定中「削り，同項第21号
　中「利用する」を「実行する」に改める」とある
　のは，「削る」とする。
2　前項の場合において，整備法第8条のうち著作
　権法第2条第1項中第23号を第24号とし，第
　22号を第23号とし，第21号を第22号とし，第
　20号の次に一号を加える改正規定中「利用する」
　とあるのは，「実行する」とする。
第10条　［略］

　　附　則　（令和2年6月12日法律第48号）抄
（施行期日）
第1条　この法律は，令和3年1月1日から施行
　する。ただし，次の各号に掲げる規定は，当該各
　号に定める日から施行する。
　一　［略］
　二　第1条並びに附則第4条，第8条，第11条
　　及び第13条（前号に掲げる改正規定を除く。）
　　の規定　令和2年10月1日
第2条─第12条　［略］

　　附　則　（令和3年6月2日法律第52号）
（施行期日）
第1条　この法律は，令和4年1月1日から施行
　する。ただし，次の各号に掲げる規定は，当該各
　号に定める日から施行する。
　一　附則第7条の規定　公布の日

二　附則第3条及び第4条の規定　令和3年10
　　月1日
　三　第1条中著作権法第3条第1項の改正規定,
　　同法第4条第1項の改正規定, 同法第31条の
　　改正規定, 同法第38条第1項の改正規定, 同
　　法第47条の6第1項第2号の改正規定, 同法
　　第47条の7の改正規定, 同法第49条第1項
　　第1号の改正規定(「若しくは第3項後段」を
　　「, 第3項第1号若しくは第5項第1号」に改
　　める部分に限る。), 同条第2項第1号の改正規
　　定, 同法第86条の改正規定及び同法第102条
　　第9項第1号の改正規定(「若しくは第3項後段」
　　を「, 第3項第1号若しくは第5項第1号」に
　　改める部分に限る。)並びに附則第5条の規定
　　公布の日から起算して1年を超えない範囲内に
　　おいて政令で定める日
　四　第2条の規定　公布の日から起算して2年を
　　超えない範囲内において政令で定める日
(経過措置)
第2条　第1条の規定(前条第3号に掲げる改正
　　規定を除く。)による改正後の著作権法(以下「第
　　1条改正後著作権法」という。)第29条第2項及
　　び第3項の規定は,この法律の施行の日(以下「施
　　行日」という。)以後に創作される映画の著作物
　　の著作権の帰属について適用し, 施行日前に創作
　　された映画の著作物の著作権の帰属については,
　　なお従前の例による。
第3条—第5条　[略]
(罰則についての経過措置)
第6条　この法律(附則第1条第三号及び第四号
　　に掲げる規定にあっては,当該各規定)の施行前
　　にした行為に対する罰則の適用については, なお
　　従前の例による。
(政令への委任)
第7条　附則第2条から前条までに規定するも
　　のほか,この法律の施行に関し必要な経過措置(罰
　　則に係る経過措置を含む。)は,政令で定める。
(検討等)
第8条　[略]
2　政府は,第2条改正後著作権法第31条第3項に
　　規定する特定図書館等の設置者による図書館等公

衆送信補償金(第2条改正後著作権法第104条の
10の2第1項に規定する図書館等公衆送信補償
金をいう。以下この項において同じ。)の支払に
要する費用を第2条改正後著作権法第31条第2
項に規定する特定図書館等の利用者の負担に適切
に反映させることが重要であることに鑑み, その
費用の円滑かつ適正な転嫁に寄与するため, 図書
館等公衆送信補償金の趣旨及び制度の内容につい
て, 広報活動等を通じて国民に周知を図り, その
理解と協力を得るよう努めなければならない。

　　　附　則　(令和5年5月26日法律第33号)　抄
(施行期日)
第1条　この法律は, 公布の日から起算して3年
　　を超えない範囲内において政令で定める日から施
　　行する。ただし, 次の各号に掲げる規定は, 当該
　　各号に定める日から施行する。
　一　附則第6条の規定　公布の日
　二　第40条の改正規定, 第41条の次に一条を加
　　える改正規定, 第42条の改正規定, 第42条の
　　3を第42条の4とし, 第42条の2を第42条
　　の3とし, 第42条の次に一条を加える改正規
　　定, 第47条の6第1項第2号の改正規定, 第
　　47条の7の改正規定, 第48条第1項の改正規
　　定, 第49条の改正規定, 第86条の改正規定,
　　第102条の改正規定及び第114条の改正規定並
　　びに附則第5条及び第9条の規定　令和6年1
　　月1日
　三　附則第3条及び第4条の規定　公布の日から
　　起算して二年六月を超えない範囲内において政
　　令で定める日
(罰則についての経過措置)
第5条　この法律(附則第1条第2号に掲げる規
　　定については, 当該規定)の施行前にした行為に
　　対する罰則の適用については, なお従前の例によ
　　る。
(政令への委任)
第6条　附則第2条から前条までに定めるものの
　　ほか, この法律の施行に関し必要な経過措置(罰
　　則に係る経過措置を含む。)は, 政令で定める。

施行令・施行規則（図書館等公衆送信サービス関係部分）

著作権法の一部を改正する法律の一部の施行期日を定める政令

2022年12月28日
政令第404号

　内閣は，著作権法の一部を改正する法律（令和3年法律第52号）附則第1条第4号の規定に基づき，この政令を制定する。

　著作権法の一部を改正する法律附則第1条第4号に掲げる規定の施行期日は，令和5年6月1日とする。

著作権法施行令［抄］

（著作物の全部の複製物の提供が著作権者の利益を不当に害しないと認められる特別な事情がある著作物）

第1条の4　法第31条第1項第1号の政令で定める著作物は，次に掲げるものとする。

一　国等の周知目的資料

二　発行後相当期間を経過した定期刊行物に掲載された個々の著作物

三　美術の著作物等（美術の著作物，図形の著作物又は写真の著作物をいう。以下この号及び次条第3号において同じ。）であつて，法第31条第1項第1号の規定によりこの号の規定の適用がないものとした場合に提供されることとなる著作物の一部分（以下この号において「著作物の一部分」という。）の複製を行うに当たつて，当該著作物の一部分と一体のものとして図書館資料に掲載されていることにより，当該著作物の一部分に付随して複製されることとなるもの（当該美術の著作物等及び当該著作物の一部分から成る資料に占める当該美術の著作物等の割合，当該資料を用いて作成された複製物における当該美術の著作物等の表示の精度その他の要素に照らし，当該複製物において当該美術の著作物等が軽微な構成部分となる場合における当該美術の著作物等に限る。）

（著作物の全部の公衆送信が著作権者の利益を不当に害しないと認められる特別な事情がある著作物）

第1条の5　法第31条第2項の政令で定める著作物は，次に掲げるものとする。

一　国等の周知目的資料

二　発行後相当期間を経過した定期刊行物に掲載された個々の著作物

三　美術の著作物等であつて，法第31条第2項の規定によりこの号の規定の適用がないものとした場合に公衆送信されることとなる著作物の一部分（以下この号において「著作物の一部分」という。）の複製又は公衆送信を行うに当たつて，当該著作物の一部分と一体のものとして図書館資料に掲載されていることにより，当該著作物の一部分に付随して複製され又は公衆送信されることとなるもの（当該美術の著作物等及び当該著作物の一部分から成る資料に占める当該美術の著作物等の割合，当該資料又はその複製物を用いた公衆送信を受信して表示されるものにおける当該美術の著作物等の表示の精度その他の要素に照らし，当該公衆送信により受信されるものにおいて当該美術の著作物等が軽微な構成部分となる場合における当該美術の著作物等に限る。）

第12章　図書館等公衆送信補償金に関する指定管理団体等

（指定の告示）

第58条　文化庁長官は，法第104条の10の2第

1項の規定による指定をしたときは，その旨を官報で告示する。

（業務規程）

第59条 法第104条の10の5第1項の補償金関係業務の執行に関する規程（次項及び第64条第1項第2号において「業務規程」という。）には，法第104条の10の5第2項に規定するもののほか，法第104条の10の6第1項の規定による著作権等保護振興事業（同項に規定する著作権，出版権及び著作隣接権の保護に関する事業並びに著作物の創作の振興及び普及に資する事業をいう。以下この章において同じ。）のための支出に関する事項を含むものとする。

2 前項に規定するもののほか，業務規程で定めなければならない事項は，文部科学省令で定める。

（著作権等保護振興事業のために支出すべき図書館等公衆送信補償金の額の算出方法）

第60条 一の事業年度において著作権等保護振興事業のために支出すべき図書館等公衆送信補償金の額は，当該事業年度に係る補償金残余額（当該事業年度の前々年の事業年度において指定管理団体（法第104条の10の2第1項に規定する指定管理団体をいう。以下この章において同じ。）に支払われた図書館等公衆送信補償金の総額から，当該図書館等公衆送信補償金のうち当該一の事業年度の前年の事業年度の末までに指定管理団体が権利者（同項に規定する権利者をいう。以下この章において同じ。）に支払つた額を控除した額をいう。）に図書館等公衆送信による著作物等の利用状況，図書館等公衆送信補償金の分配に係る事務に要する費用その他の事情を勘案して文部科学省令で定める割合を乗じて算出するものとする。

（著作権等保護振興事業に関する意見聴取）

第61条 指定管理団体は，著作権等保護振興事業の内容を決定しようとするときは，当該著作権等保護振興事業が権利者全体の利益に資するものとなるよう，学識経験者の意見を聴かなければならない。

（補償金関係業務の会計等）

第62条 指定管理団体は，その補償金関係業務（法第104条の10の3第4号に規定する補償金関係業務をいう。以下この章において同じ。）に関する会計を，他の業務に関する会計と区分し特別の会計として経理しなければならない。

2 第49条の規定は，指定管理団体の補償金関係業務に関する事業計画及び収支予算並びに事業報告書及び収支決算書について準用する。この場合において，同条第3項中「決算完結後1月」とあるのは，「当該事業年度の終了後3月」と読み替えるものとする。

（業務の休廃止）

第63条 指定管理団体は，その補償金関係業務を休止し，又は廃止するときは，あらかじめ，次に掲げる事項を記載した書面をもつて，その旨を文化庁長官に届け出なければならない。

一 休止又は廃止を必要とする理由

二 休止する日及び休止の期間又は廃止する日

三 権利者に対する措置

四 著作権等保護振興事業のための支出に関する措置

2 文化庁長官は，前項の規定による廃止の届出があつたときは，その旨を官報で告示する。

3 法第104条の10の2第1項の規定による指定は，補償金関係業務を廃止する日として前項の規定により官報で告示された日に，その効力を失う。

（指定の取消し）

第64条 文化庁長官は，指定管理団体が次の各号のいずれかに該当するときは，法第104条の10の2第1項の規定による指定を取り消すことができる。

一 法第104条の10の3各号に掲げる要件のいずれかを備えなくなつたとき。

二 法第104条の10の5第1項の規定により文化庁長官に届け出た業務規程によらないで補償金関係業務を行つたとき，その他補償金関係業務の適正な運営をしていないとき。

三 法第104条の10の6第3項の規定による命令に違反したとき。

四 法第104条の10の7の規定に違反して報告をせず，若しくは帳簿，書類その他の資料を提出せず，若しくは同条の規定による報告若しくは資料の提出について虚偽の報告をし，若しくは虚偽の資料を提出したとき，又は同条の規定による勧告に従わなかつたとき。

五 第61条の規定に違反したとき。

六 第62条第2項において準用する第49条の規

定に違反したとき。

七　相当期間にわたり補償金関係業務を休止している場合において，当該休止により権利者の利益を著しく害するおそれがあると認められるとき。

2　文化庁長官は，前項の規定による指定の取消しをしたときは，その旨を官報で告示する。

　　　　附　　則
（指定管理団体が支出すべき図書館等公衆送信補償金の額の算出等についての経過措置）
第8条　第60条に規定する指定管理団体（次項において「指定管理団体」という。）の最初の事業年度及びその翌事業年度において第59条第1項に規定する著作権等保護振興事業のために支出すべき図書館等公衆送信補償金の額の算出については，第60条に規定する補償金残余額は，零とする。

2　指定管理団体の最初の事業年度に係る第62条第2項において準用する第49条第1項の規定の適用については，同項中「当該事業年度の開始前に」とあるのは，「法第104条の10の2第1項の規定による指定を受けた後遅滞なく」とする。

　　　　附　　則　（令和4年12月28日政令第405号）
　この政令は，著作権法の一部を改正する法律附則第1条第4号に掲げる規定の施行の日（令和5年6月1日）から施行する。

■著作権法施行規則［抄］

　　　第2章の2　図書館資料を用いて行う公衆送信に係る著作物等の提供等を防止等するための措置等
（その他の登録情報）
第2条の2　法第31条第2項（法第86条第3項及び第102条第1項において準用する場合を含む。以下この章において同じ。）の文部科学省令で定める情報は，住所とする。

（図書館資料に係る著作物等の電磁的記録の提供等を防止等するための措置）
第2条の3　法第31条第2項第2号の文部科学省令で定める措置は，同号に規定する公衆送信を受信して作成される著作物等（法第2条第1項第20号に規定する著作物等をいう。以下同じ。）の複製物に当該公衆送信を受信する者を識別するための情報を表示する措置とする。

（公衆送信のために作成された電磁的記録に係る情報の目的外利用を防止等するための措置）
第2条の4　法第31条第3項第4号（法第102条第1項において準用する場合を含む。）の文部科学省令で定める措置は，法第31条第2項の規定による公衆送信のために作成された電磁的記録（同項第2号に規定する電磁的記録をいう。以下この条及び第4条の4において同じ。）の取扱いに関して次に掲げる事項を定める措置とする。

一　法第31条第2項の規定による公衆送信のための電磁的記録の作成に係る事項

二　前号の電磁的記録の送信に係る事項

三　第1号の電磁的記録の破棄に係る事項

　　　第10章の2　図書館等公衆送信補償金の額の認可申請等
（図書館等公衆送信補償金の額の認可の申請）
第22条の4　法第104条の10の2第1項に規定する指定管理団体（以下この章において「指定管理団体」という。）は，法第104条の10の4第1項の規定により図書館等公衆送信補償金（法第104条の10の2第1項の図書館等公衆送信補償

金をいう。以下この章において同じ。）の額の設定又は変更の認可を受けようとするときは，次に掲げる事項を記載した申請書に参考となる事項を記載した書類を添付して，文化庁長官に提出しなければならない。

一　指定管理団体の名称及び住所並びに代表者の氏名

二　設定又は変更の認可を受けようとする図書館等公衆送信補償金の額及びその算定の基礎となるべき事項

三　法第104条の10の4第3項の規定による図書館等を設置する者の団体からの意見聴取の概要（当該団体の名称及び代表者の氏名，当該意見聴取の年月日及び方法，当該団体から聴取した意見の内容並びに当該意見聴取の結果の図書館等公衆送信補償金の額への反映状況を含む。）

（補償金関係業務に係る業務規程の記載事項等）

第22条の5　令第59条第2項の業務規程で定めなければならない事項は，次に掲げるものとする。

一　図書館等公衆送信補償金を受ける権利を行使する業務に要する手数料（第3項第1号において「手数料」という。）に関する事項

二　文化庁長官の認可を受けた図書館等公衆送信補償金の額及びその算定の基礎となるべき事項の公示に関する事項

2　法第104条の10の5第2項の図書館等公衆送信補償金の分配に関する事項には，当該分配の方法の詳細（著作権者又は著作隣接権者の不明その他の理由により図書館等公衆送信補償金を受ける権利を有する著作権者又は著作隣接権者と連絡することができない場合における分配の方法を含む。）及びその決定の基礎となるべき事項を含むものとする。

3　指定管理団体は，法第104条の10の5第1項の規定により同項の規程を届け出るときは，次に掲げる事項を記載した書類（変更の場合にあつては，変更の内容及び理由を記載した書類）を添付しなければならない。

一　手数料の算定の基礎となるべき事項

二　法第104条の10の3第4号の補償金関係業務を的確に遂行するための体制の整備に関する事項

三　法第104条の10の6第1項の事業の検討の状況及び令第61条の規定による学識経験者からの意見聴取の方法に関する事項

　　　附　則　（令和5年5月31日文部科学省令第23号）

　この省令は，著作権法の一部を改正する法律附則第1条第4号に掲げる規定の施行の日（令和5年6月1日）から施行する。

「著作権法の一部を改正する法律」等の一部の施行（令和 5 年 6 月 1 日施行関係）について（通知）

各都道府県知事，各都道府県教育委員会教育長，各指定都市市長，各指定都市教育委員会教育長，各国公私立大学長，
各国公私立高等専門学校長，著作権法施行令第 1 条の 3 第 1 項第 6 号の指定を受けた図書館の長，各関係団体の長あて

5 文庁第 1210 号令和 5 年 5 月 31 日
文化庁次長，文部科学省総合教育政策局長，文部科学省研究振興局長

「著作権法の一部を改正する法律」（令和 3 年法律第 52 号）に関しては，『「著作権法の一部を改正する法律」等の公布及び一部の施行（令和 4 年 1 月 1 日施行関係）について（通知）』（令和 3 年 12 月 24 日付け 3 文庁第 2037 号文化庁次長通知）において，令和 4 年 1 月 1 日から施行される規定の趣旨及び概要等について，また，『「著作権法の一部を改正する法律」等の一部の施行（令和 4 年 5 月 1 日施行関係）について（通知）』（令和 4 年 4 月 28 日付け 4 文庁第 485 号文化庁次長通知）において，令和 4 年 5 月 1 日から施行される規定の趣旨及び概要等について，それぞれ通知していましたが，この度，「特定図書館等による図書館資料の公衆送信」等の改正事項が令和 5 年 6 月 1 日から施行されることとなりました。

これに関連して，「著作権法施行令の一部を改正する政令」（令和 4 年政令第 405 号）及び「著作権法施行規則の一部を改正する省令」（令和 4 年文部科学省令第 42 号）が令和 4 年 12 月 28 日に，また，「著作権法施行規則の一部を改正する省令」（令和 5 年文部科学省令第 23 号）が令和 5 年 5 月 31 日に公布され，それぞれ令和 5 年 6 月 1 日から施行されることとなっています。

これらの規定の趣旨及び概要は下記のとおりですので，御了知いただくようお願いします。

また，このことについて，域内の市（指定都市を除く。）町村教育委員会，市（指定都市を除く。）町村長，所管又は所轄の図書館にこの旨を周知くださるようお願いいたします。

なお，本件通知に係る図書館等公衆送信補償金制度に係るガイドラインの作成その他具体的な運用に関することについては，図書館，著作物の権利者・出版社等の関係者による「図書館等公衆送信サービスに関する関係者協議会」において議論が進められ，令和 5 年 5 月 25 日に開催された協議会において合意がなされました。

また，本制度を利用する図書館等は，上記の合意等に基づき，補償金を管理する団体として文化庁長官の指定を受けた一般社団法人図書館等公衆送信補償金管理協会への申込みや補償金の支払等が必要になります。

詳細については，一般社団法人図書館等公衆送信補償金管理協会のウェブサイトに掲載されていますので，ご覧ください。

一般社団法人図書館等公衆送信補償金管理協会（SARLIB）

https://www.sarlib.or.jp/

記

1 特定図書館等による図書館資料の公衆送信

新法の施行により，国民の情報アクセスの充実等を図る観点から，従来，著作権者の許諾なく可能とされていた図書館等による図書館資料の一部の紙媒体での利用者への提供について，補償金を支払うことで，FAX やメール等で送信（公衆送信）することが可能とされた。

具体的には，法第 31 条第 2 項の規定により，同条第 3 項で規定する特定図書館等においては，その営利を目的としない事業として，利用者（あらかじめ特定図書館等に利用者情報を登録している者に限る。）の求めに応じて，調査研究のために，公表された著作物の一部を公衆送信することできることとされた。ただし，著作物の種類及び用途並びに公衆送信の態様に照らし著作権者の利益を不当に害することとなる場合は，この限りでないと規定しているため留意して運用を行うこと。その際，図書館等公

82

衆送信サービスに関する関係者協議会において合意された「図書館等における複製及び公衆送信ガイドライン」（5月30日）等を参考にすること。

制度の詳細は次のとおりである。

(1) 全部の複製・公衆送信をすることができる対象とする著作物（新法第31条第1項第1号及び第2項，新令第1条の4，第1条の5関係）

図書館資料の複製・公衆送信については，原則，図書館資料の一部分に限定している。

なお，著作権者の利益を不当に害しないと認められる特別な事情があるものとして，政令で定める次のものは，その全部を複製・公衆送信することを可能としている。

① 国等の周知目的資料
② 発行後相当期間を経過した定期刊行物に掲載された個々の著作物
③ 新法第31条により，著作物の一部分の複製・公衆送信を行うに際して，当該著作物の一部分に付随して複製・公衆送信されることとなる美術の著作物等

(2) 特定図書館等（新法第31条第2項及び第3項，新規則第2条の4関係）

送信主体となる図書館等については，現行法第31条第1項で定める「図書館等」のうちデータの目的外利用を防止するために適切な人的・物的管理体制等が整えられているもの（以下「特定図書館等」という。）に限定することとした。具体的には，以下の要件を満たすものとした。

① 送信サービスに関する業務を適正に実施するための責任者が置かれていること
② 送信サービスに関する業務に従事する職員に対し，当該業務を適正に実施するための研修を行っていること
③ 利用者の情報を適切に管理するために必要な措置を講じていること
④ 送信サービスのために作成された電子データに係る情報の目的外利用を防止又は抑止するために作成・送信・破棄に関する事項を定めること
⑤ その他，送信サービスの態様の変化等に応じて，追加的な措置を求める省令が今後制定され

た場合は，当該省令で定める措置を講ずること

(3) 特定図書館等が行う図書館資料の公衆送信（新法第31条第2項から第4項まで，新規則第2条の2から第2条の4まで関係）

新法第31条第2項に基づく特定図書館等による図書館資料の公衆送信により，電子媒体で資料のデータが作成・保存・送信されることとなるが，資料のデータが目的外で拡散して，権利者の利益を不当に害されることがないよう，送信主体を限定し，利用者の登録や不正な拡散を防止・抑止する措置を求めることとするとともに，受信者が可能とする行為を限定することとした。

ア　利用者情報の登録（新法第31条第2項，新規則第2条の2関係）

特定図書館等にサービス利用者の氏名，連絡先，住所を登録し，管理することとした。

イ　特定図書館等が図書館資料の公衆送信を行うに当たっての技術的措置等（新法第31条第2項第2号，新規則第2条の3関係）

図書館等からの送信時に不正な拡散を防止・抑止するための技術的措置として，著作物等のデータに利用者ID等の情報を表示することとした。

ウ　受信者側で可能とする行為（新法第31条第4項関係）

データを受信した利用者は，自らのパソコンなどで閲覧するほか，自らの調査研究のために必要と認められる限度でプリントアウト（複製）することを可能とした。

(4) 図書館等公衆送信補償金（新法第31条第5項及び第104条の10の2から第104条の10の8まで，新令第58条から第64条まで，新規則第22条の4，第22条の5関係）

特定図書館等による公衆送信サービスの実施に伴って，ライセンス機会を失ったり，電子配信サービスなどの正規市場と競合したりすることで権利者が受ける不利益を補償するという観点から，著作権者等に補償金を支払わなければならないこととした。

また，補償金関係業務を的確に遂行することができる能力があるとして，文化庁長官が指定する団体があるときは，その団体のみが補償金を受ける権利を行使できることとした。

当該団体は補償金の分配を受けられない権利者の利益に適切に配慮する観点から，著作権等の保護や著作物の創作の振興等に資する事業に補償金の一部を支出するとともに，補償金関係制度の適切な運用を確保するために，補償金関係業務の執行に関する規定を定めることとした。

ア　補償金請求権の付与（新法第31条第5項及び第104条の10の2関係）

図書館等の設置者が権利者に対して，権利者の逸失利益を補填できるだけの水準の額の補償金を支払わなければならないこととした。（新法第31条第5項関係）

なお，実際の補償金負担は，送信サービスの受益者である利用者に転嫁されると考えられる。

この補償金を受ける権利は，補償金を受ける権利を有する者のためにその権利を行使することを目的とする団体であって，全国を通じて1個に限り文化庁長官が指定するものがあるときは，当該団体（以下「指定管理団体」という。）のみが行使することができることとした。（新法第104条の10の2関係）

また，指定管理団体としては，令和4年11月7日付けで一般社団法人図書館等公衆送信補償金管理協会を指定した。

イ　指定管理団体の指定の基準（新法第104条の10の3関係）

補償金関係業務の正当性・適正性等を確保する観点から，文化庁長官は，次に掲げる要件を備える団体でなければ，指定管理団体の指定を行うことはできないこととした。

① 一般社団法人であること
② 著作物等に関し権利者の利益を代表すると認められる団体を構成員とすること
③ ②の団体が，営利を目的としない等の要件を備えるものであること
④ 補償金関係業務を的確に遂行するに足りる能力を有すること

ウ　図書館等公衆送信補償金の額（新法第104条の10の4及び新規則第22条の4関係）

図書館等公衆送信補償金の額は，指定管理団体が，図書館等の設置者を代表すると認められる団体から意見を聴いた上で設定し，文化審議会の諮問を経て文化庁長官が認可すること。

文化庁長官は，図書館等公衆送信補償金の額が，①新法第31第2項の規定の趣旨，②公衆送信により著作権者等の利益に与える影響，③公衆送信により利用者が受ける便益，④その他の事情，を考慮した適正な額であると認めるときでなければ，その認可をしてはならないこととした。

なお，これをより具体化した基準として，『改正著作権法第104条の10第1項の規定に基づく「図書館等公衆送信補償金」の額の認可に係る審査基準及び標準処理期間』（令和4年7月15日文化庁著作権課）を策定している。（新法第104条の10の4関係）

指定管理団体が文化庁長官に対して図書館等公衆送信補償金の額の設定又は変更の認可を受けようとするときは，次に掲げる事項を記載した申請書に参考となる書類を添付して提出しなければならないこととした。（新規則第22条の4関係）

① 指定管理団体の名称及び住所並びに代表者の氏名
② 設定又は変更の認可を受けようとする図書館等公衆送信補償金の額及びその算定の基礎となるべき事項
③ 図書館等を設置する者の団体からの意見聴取の概要（当該団体の名称及び代表者の氏名，当該意見聴取の年月日及び方法，当該団体から聴取した意見の内容並びに当該意見聴取の結果の図書館等公衆送信補償金の額への反映状況を含む。）

なお，図書館等公衆送信補償金の額については，令和5年3月29日付けで認可を行った。

エ　著作権等保護振興事業のための支出（新法第104条の10の6，新令第60条，第61条，附則第8条関係）

図書館等公衆送信補償金については，権利者不明の場合など，実際に著作物の利用がなされたにも関わらず補償金の分配を受けられない権利者が

一定程度生じることが見込まれることを踏まえ，その権利者が得るべき利益に適切に配慮する観点から，指定管理団体が徴収した補償金の一部を権利者全体の利益となるような事業（著作権及び著作隣接権の保護に関する事業並びに著作物の創作の振興及び普及に資する事業。以下「著作権等保護振興事業」という。）に支出することを義務付けることとした。（新法第104条の10の6関係）

著作権等保護振興事業のために支出すべき額は，図書館等公衆送信補償金を事業年度単位で集計し，権利者が判明している分についてはその翌事業年度末までにおおむね支払いを終え，支払われずに残った残余額に，図書館等公衆送信による著作物等の利用状況，図書館等公衆送信補償金の分配に係る事務に要する費用その他の事情を勘案して「文部科学省令で定める割合」を乗じて算出するものとした。（新令第60条関係）

なお，最初の事業年度及びその翌事業年度の残余額は0とすることとし，「文部科学省令で定める割合」については，現時点では定めず，今後，著作物の利用実態等を踏まえて検討の上，決定する予定である。（新令附則第8条関係）

指定管理団体は，著作権等保護振興事業を実施しようとするときは，それが権利者全体の利益に資するものとなるよう，あらかじめ，その内容について学識経験者の意見を聴かなければならないこととした。（新令第61条関係）

文化庁長官は，著作権等保護振興事業の適正な運営を確保するため必要があると認めるときは，指定管理団体に対し，監督上必要な命令をすることができることとした。（新法第104条の10の6第3項関係）

オ　図書館等公衆送信補償金制度の適正な運用を確保するための措置（新法第104条の10の5，第104条の10の7，第104条の10の8，新令第58条，第59条，第62条から64条まで，新規則第22条の5関係）

指定管理団体は，補償金関係業務を開始しようとするときは，次に掲げる事項を含む補償金関係業務の執行に関する規程（以下「業務規程」という。）を定め，文化庁長官に届け出なければならないこととした（業務規程を変更しようとすると

きも同様）。（新法第104条の10の5，新令第59条，新規則第22条の5第1項，第2項関係）

① 図書館等公衆送信補償金の分配に関する事項（著作権者等の不明等の場合における分配の方法等の詳細や，分配の決定の基礎となるべき事項を含む。）

② 著作権等保護振興事業のための支出に関する事項

③ 補償金関係業務に要する手数料に関する事項

④ 文化庁長官の認可を受けた図書館等公衆送信補償金の額及びその算定の基礎となるべき事項の公示に関する事項

指定管理団体は，文化庁長官に対して業務規程を届け出るときは，次に掲げる事項を記載した書類（変更の場合にあっては，変更の内容及び理由を記載した書類）を添付すべきこととした。（新規則第22条の5第3項関係）

① 手数料の算定の基礎となるべき事項

② 補償金関係業務を的確に遂行するための体制の整備に関する事項

③ 著作権等保護振興事業の検討の状況，著作権等保護振興事業に関する学識経験者からの意見聴取の方法に関する事項

その他，補償金関係業務の適正な運営を確保するため，文化庁長官による指定管理団体の監督（報告徴収，勧告，指定の取消し等）に関する規定をはじめ，指定管理団体及び補償金関係業務の実施に関し必要な規定の整備を行うこととした。（新法第104条の10の7及び第104条の10の8，新令第58条，新規則第62条から第64条まで関係）

2　その他の規定の整備

今般の改正に伴う所要の規定の整備を行うこととしたこと。
［以下略］

〈https://www.bunka.go.jp/seisaku/chosakuken/hokaisei/r03_hokaisei/pdf/93891201_05.pdf〉

見直しの議論

知的財産推進計画 2020 －新型コロナ後の「ニュー・ノーマル」に向けた知財戦略［抄］

2020 年 5 月 27 日
知的財産戦略本部

3．イノベーションエコシステムにおける戦略的な知財活用の推進

(1) 創造性の涵養／尖った人材の活躍

（現状と課題）

新型コロナによる緊急事態の中で，教育分野においてはオンライン授業の導入等が推進されているが，児童生徒・学生やその保護者の中には，このような新しい教育環境への対応を余儀なくされることへの不安を感じているとの声もある。ニュー・ノーマルは不安定な時代になると考えられるが，そのような時代に対応すべく，全ての人が新しい教育環境に適用できるよう配慮しつつ，教育分野における DX を一気に進めていく必要がある。

従来我が国では，バランスのとれた能力や他人との協調性の高さが重要とされてきた。このような国民性や価値観は，国際競争上の我が国の弱点としてネガティブに取り上げられることがあるが，新型コロナへの対応においては，爆発的な感染拡大を回避できていることの一因となっているとの指摘もある。

その一方で，価値デザイン社会及び Society5.0 の実現を目指す上では，尖った才能を有する一定数の人材が必要であり，我が国では未だにそうした人材が十分とは言えない状況にある。このため，尖った部分が抑え込まれることなく，個々の主体の潜在力を開放し才能を開花させる場が重要となる。

例えば，学校や課外活動の場において，様々な取組（例えば，スーパーサイエンスハイスクールや国立高等専門学校による取組など[6]）が行われているが，このような取組を着実に広げると共に，そのような取組が全国にどの程度存在しているのかを把握し，情報を集約・提供して，このような場を求めている人が容易にアクセスできるようになるための仕組み作りが必要となっている。

また，尖った人材が才能を開花させて活躍し，チャレンジしやすくなるためには，そうした人材に理解を示し，受け入れられる環境が不可欠である。このような環境を作っていくためには，豊かな創造性を持った人たちを育む教育現場の役割が重要になる。2016 年 12 月の中央教育審議会の答申を受けて公示された小・中・高等学校等の学習指導要領においては，創造性の涵養を目指した教育を充実させていくことが示された。こうした中，2017 年 3 月に設置された「知財創造教育推進コンソーシアム」では，「新しい創造をする」こと，および「創造されたものを尊重する」ことを，楽しみながら育むことを目指す「知財創造教育」の推進に取り組み，これまでに知財創造教育の体系化や教育プログラムの収集と作成を実施してきた。また，教育現場と地域社会との効果的な連携・協働を図りながら，地域が一体となって知財創造教育を推進させるための基盤となる「地域コンソーシアム」を，地域が主体となって設置する動きも見られる。今後は，知財創造教育の普及・実践をより一層推進するフェーズにあり，新型コロナの拡大の影響で，児童生徒が自宅等で充実した学習を行うことができるように，児童生徒 1 人 1 台端末の整備スケジュールが加速されるなどの新しい教育環境への対応も検討する必要がある。そして，知

財創造教育において育まれた児童生徒は，デジタルシフトした社会を担う「未来人材」になることが期待される。

　また，産業界や上記教育環境を含む社会全体のDXを大きく前進させるには，デジタルシフトに対応した人材を短期に集中して育成することが必要である。このような人材を育成し，輩出する大学等の教育機関や企業における積極的な取組も期待される[7]。

（施策の方向性）
・知財創造教育に関連する教育プログラムの収集・作成を行い，活用を促進するため，これら教育プログラムの効果的な発信方法を検討する。
　（短期・中期）（内閣府，経済産業省，文部科学省）
・多様な学びのニーズへの対応等を可能とするオンライン教育を促進するため，とりわけ授業の過程においてインターネット等により学生等に著作物を送信することについて，改正著作権法（授業目的公衆送信補償金制度）の今年度における緊急的かつ特例的な運用を円滑に進めるとともに，来年度からの本格実施に向けて，関係者と連携しつつ，著作権制度の正しい理解が得られるよう教育現場に対する周知等を行うことに加え，補償金負担の軽減のための必要な支援について検討する。
　　　　　　　　　（短期，中期）（文部科学省）

5. コンテンツ・クリエーション・エコシステムの構築

　今般の新型コロナの拡大は，コンテンツ産業・関係業界に深刻な影響をもたらしている。とりわけ，ライブハウスや劇場など，ライブエンターテインメント業界・関連事業者を中心に，政府の開催自粛要請を受けてイベント等の開催を中止するなどにより，収益が全く得られない状況が続いており，フリーランスや中小企業が多い実態もあいまって，事業が立ち行かなくなり廃業の危機に瀕する場合もある事態にある。このように多くの事業者や個人がコンテンツの創作から撤退する事態[23]が続けば，我が国のコンテンツの再起は困難となり，文化の基盤が損なわれかねない。こうした事態の打開に向けて，政府の緊急経済対策等の着実な実施や柔軟な取組が求められている。

　こうした危機の克服に加えて，デジタル技術の活用，オンライン化の進展等によるコンテンツを取り巻く状況が変化しつつある中，これらの変化を的確にとらえ，様々なビジネスの創出等を実現する新たな時代におけるコンテンツ戦略を構築していくことが急務である。それに当たっては，質の高いコンテンツが持続的に産み出され続け，コンテンツの利用に応じ，クリエイターが適切な評価や収益を得られ，それを基に新たな創作活動を行うことで，コンテンツ市場が維持されるようなクリエーション・エコシステムの構築が重要であり，そうした視点に基づき，課題や施策の方向性を整理していく必要がある。

（1）デジタル時代のコンテンツ戦略
（現状と課題）

　ライブエンターテインメントの実施に大きな制約がある中でもクリエーション・エコシステムを支え続けるためには，デジタル時代に大きく変化した事業形態，配信・流通・収益構造，消費者行動等を踏まえて出現してきた新たなコンテンツの提供モデル等を支援する施策が以前にも増して重要である。例えば，デジタル技術を駆使し，電子チケットを活用したライブ配信の市場展開や，VRを活用した事業の可能性が指摘されるなど，新たな動きも見られる。また，オンライン授業の急速な広がりに伴い，デジタル・コンテンツの教育利用に対する需要も高まっている。最新のデジタル技術を駆使することが全ての解になるわけではないことに十分に配慮しつつも，ビジネスや教育，文化芸術も含めた様々な分野で，デジタル時代における多様なコンテンツのイノベーションを加速化していくべきである。

　また，魅力的なコンテンツを生み出し，広く国内外に発信できるような人材を育成・確保することも重要であり，発信力の強化や，若手クリエイターの創作活動の支援等を継続的に実施する必要がある。また，コンテンツの制作環境について，書面による契約や発注が浸透していないなどの課題が指摘[24, 25]される中，クリエイターへの適切な対価還元，新たな人材の流入・確保につながるよう，取引・就業環境の透明化・改善に加え，デジタルツールの導入や制作経理の浸透等を通じて，制作現場の生産性向上を図り，好循環を実現していくことが重要である。

　さらに，コンテンツは，それそのものの経済効果のみならず，日本への共感の源泉ともなり，インバ

ウンドへの寄与や，多様な商品・サービス展開等大きな可能性を有している。コロナ禍の困難な状況においても，配信モデル等を活用しつつ，世界市場を見据えたコンテンツの展開戦略を進めることが重要である。我が国のコンテンツ国内市場が横ばいを続ける一方，アジア太平洋地域を中心に，海外市場が大きく成長[26]しており，マンガ・アニメ・ゲーム等の優れたコンテンツを数多く有し，世界中のファンから注目を集める我が国にとって，大きなチャンスが生まれている。他方で，海外市場の成長に伴い，アニメやゲームなど，従来は我が国が得意としてきた分野においても，中国・韓国や欧米の企業が，豊富な資金力と国際的なネットワークを生かし，グローバル市場における存在感を増している。これまで我が国は一定規模の国内市場を持っていたこともあり，国内市場を念頭に置いた産業展開が見られ，様々な商慣習等も続いてきたが，今後は，世界を見据えたコンテンツの展開戦略を更に推進していくべきである。

5G，IoTなどを背景として，利用者データをベースとした消費者行動分析によるコンテンツ戦略が可能となっていることから，国・地域ごとのニーズや市場における浸透度の差を踏まえた国・地域毎のきめ細かなローカライズ戦略・マーケティング戦略の策定・推進や，様々な分野との連携・融合や多次的な利用を視野に入れつつ，コンテンツプラットフォームを活用し，コンテンツを広く展開することが必要となっている。国際的なコンテンツプラットフォームの影響力が拡大する中，こうしたプラットフォームから求められる魅力あるコンテンツを生み出すとともに，音楽等の我が国コンテンツの国際的な配信に多言語対応の支援等を進めていくことが必要である。また，過去の日本のテレビドラマやアニメ等には多くの国で人気を博したものがあり，これらのコンテンツについて更なる有効活用を図ることが重要との指摘もある。こうした過去著作物を含め，現在収益化されていないコンテンツの活用をはじめ，国際展開を見据えて様々な権利処理を円滑化していくことが重要である。

また，デジタル化の進展に伴い，コンテンツが特定の媒体（メディア）に紐づくのではなく，様々な媒体が選択可能となってきたことに加え，コンテンツユーザーやアマチュア・クリエイターなども含め，誰もがコンテンツの制作者となり得るUGC（User Generated Content）の流通環境がインターネット上において整備されつつある。さらに，広告収入の分配や投げ銭モデルなど，コンテンツ関連ビジネスの収益構造も大きく変化してきている。このようなコンテンツの創作・流通の活性化において，ブロックチェーン技術やフィンガープリント等の新たな技術を活用しうる状況となってきている中，原コンテンツの創作者等とn次コンテンツの創作者等との間の利用者からの支払対価の分配等についても検討を進められてきた。また，配信モデルの隆盛等により，権利処理や利益分配等の円滑化に係るニーズがますます高まっている。こうした状況変化・実態も踏まえ，デジタル時代に応じた著作権に関する政策・関連政策を含めて推進し，日本発のコンテンツ市場の裾野を拡大することが求められている。

加えて，近年，コンテンツ分野における更なる市場成長と社会的意義が期待されているeスポーツについて，関係省庁において，制度的課題の解消など健全かつ多面的な発展のため適切な環境整備に必要に応じて取り組むことが必要である。また，eスポーツは，eスポーツ・コンテンツ市場の成長にとどまらず，周辺関連産業への市場の裾野の拡大や，地域活性化を始めとする多方面への貢献が見込まれることから，関連する政策分野においてもeスポーツを適切に位置づけることが重要である。

（施策の方向性）
・多様な学びのニーズへの対応等を可能とするオンライン教育を促進するため，とりわけ授業の過程においてインターネット等により学生等に著作物を送信することについて，改正著作権法（授業目的公衆送信補償金制度）の今年度における緊急的かつ特例的な運用を円滑に進めるとともに，来年度からの本格実施に向けて，関係者と連携しつつ，著作権制度の正しい理解が得られるよう教育現場に対する周知等を行うことに加え，補償金負担の軽減のための必要な支援について検討する。
　　　　（短期，中期）（文部科学省）【再掲】
・デジタル時代におけるコンテンツの流通・活用の促進に向けて，新たなビジネスの創出や著作物に関する権利処理及び利益分配の在り方，市場に流通していないコンテンツへのアクセスの容易化等

をはじめ，実態に応じた著作権制度を含めた関連政策の在り方について，関係者の意見や適切な権利者の利益保護の観点にも十分に留意しつつ検討を行い，2020年内に，知的財産戦略本部の下に設置された検討体を中心に，具体的な課題と検討の方向性を整理する。その後，関係府省において速やかに検討を行い，必要な措置を講ずる。

（短期，中期）（内閣府，文部科学省，経済産業省）

・同時配信等に係る著作隣接権の取扱いなど制度改正を含めた権利処理の円滑化について，関係者の意向を十分に踏まえつつ，運用面の改善を着実に進めるとともに，制度の在り方について，具体的な検討を行い，一定の結論を得て，本年度内の法案の国会提出を含め，必要な見直しを順次行う。

（短期・中期）（総務省，文部科学省）

・クリエイターに適切に対価が還元され，コンテンツの再生産につながるよう，デジタル時代における新たな対価還元策やクリエイターの支援・育成策等について検討を進めるとともに，私的録音録画補償金制度については，新たな対価還元策が実現されるまでの過渡的な措置として，私的録音録画の実態等に応じた具体的な対象機器等の特定について，関係府省の合意を前提に文部科学省を中心に検討を進め，2020年内に結論を得て，2020年度内の可能な限り早期に必要な措置を講ずる。

（短期，中期）

（文部科学省，内閣府，総務省，経済産業省）

・音楽分野におけるインディーズ等を含む権利情報を集約化したデータベースの整備及び当該データベースを活用した一括検索サイトの開設等のための実証事業の成果を踏まえ，著作権等管理事業者に権利を預けていない個人クリエイター等の権利情報集約化に関する調査研究を実施し，コンテンツの利活用を促進するための権利処理プラットフォームの更なる充実を図るための検討を行う。

（短期，中期）（文部科学省）

（2）模倣品・海賊版対策の強化

（現状と課題）

今般の新型コロナがライブエンターテインメントを始めとしたコンテンツ産業に大きな影響をもたらしている中，海賊版コンテンツに対し適切な対策をとることは，クリエイターを始めとしたコンテンツ産業従事者がユーザーによる正規版消費を通じて対価を得ることを可能とするなど，クリエイション・エコシステムの構築のための重要な一要素を構成するほか，海外ユーザーによる正規版消費の機会を増やし，我が国に関わる正規版コンテンツが海外市場への展開を加速する一助となるなど，CJ［クールジャパン］戦略とも密接な関係性を有するものであり，コロナ禍においても，また収束後の反転攻勢時においても重要な政府の課題として取り組む必要がある。また，新型コロナの拡大により，人との接触を避けるため，長時間の自宅滞在を余儀なくされている中，自宅におけるオンラインでのコンテンツ利用が増大しているとされる。この中には，社会貢献等の一環として無料で提供されるものもある。しかし無料であるがゆえに，コンテンツに対する知的財産の価値に対する意識が低下しているのではないかとの指摘がある。適切な対価の支払いなど，著作権保護意識の更なる醸成が求められるとともに，海賊版対策に取り組んでいく必要性が一層高まっている。

2019年10月，知的財産戦略本部検証・評価・企画委員会及び構想委員会における検討を経て，関係府省庁は「インターネット上の海賊版に対する総合的な対策メニュー及び工程表」を公表した。当該対策メニューは，関係府省庁や関係者が幅広く連携しながら，段階的・総合的に対策を実施していくことを内容としたものである。著作権教育・意識啓発，国際連携・国際執行の強化，検索サイト対策，海賊版サイトへの広告出稿の抑制など，できることから直ちに実施するものとして第1段階に位置付けられた対策については，着実に取組が進められている。また，第2段階に位置付けられた対策のうち「リーチサイト対策」及び「著作権を侵害する静止画（書籍）のダウンロード違法化」については，第201回通常国会（令和2年通常国会）に提出された著作権法改正法案の内容に含まれている。第3段階の対策としてブロッキングが位置付けられており，他の取組の効果や被害状況等を見ながら検討することとしている。本年度においても，諸外国における対策の状況等も踏まえつつ，必要に応じて総合的な対策メニュー及び工程表を更新し，実効性のある取組を強化する必要がある。

これらの取組の状況も踏まえ，本年度においても，

引き続き厳正な取締りを実施していくとともに，模倣品・海賊版対策の進め方について，民間の取組を支援しつつ，政府一体となって検討を強化していく必要がある。

（施策の方向性）
・インターネット上の海賊版による被害拡大を防ぐため，インターネット上の海賊版に対する総合的な対策メニュー及び工程表に基づき，関係府省が連携しながら，必要な取組を進める。その際，各取組の進捗・検討状況に応じて総合的な対策メニュー及び工程表を更新し，被害状況や対策の効果を検証しつつ行う。

（短期，中期）（内閣府，警察庁，総務省，
法務省，文部科学省，経済産業省）
・模倣品・海賊版を購入しないことはもとより，特に，侵害コンテンツについては，視聴者は無意識にそれを視聴し侵害者に利益をもたらすことから，侵害コンテンツを含む模倣品・海賊版を容認しないということが国民の規範意識に根差すよう，各省庁，関係機関が一体となった啓発活動を推進する。

（短期，中期）（警察庁，消費者庁，財務省，
文部科学省，農林水産省，経済産業省）
・関連の法制度整備の状況も踏まえつつ，子供の頃から他人の創作行為を尊重し，著作権等を保護するための知識と意識をより一層醸成するため，インターネットを利用して誰もが学べるオンライン学習コンテンツをはじめ著作権教育に資する教材等の開発や，ポータルサイトなどを通じた様々な資料・情報の周知，教職員等を対象とした研修の充実など，効果的な普及啓発を行う。

（短期，中期）（文部科学省）

(3) デジタルアーカイブ社会の実現
（現状と課題）
　デジタル技術の進歩や，IoT 等の新しい技術の開発・運用により，デジタルアーカイブの取組が立ち上がった 1990 年代と現在では，社会基盤が大きく変貌した。社会基盤そのもののデジタル化・ネットワーク化が進む中で，少子高齢化による人口減少や労働力不足によりコミュニティ維持が困難になる可能性や，東日本大震災等の巨大災害に加え，台風や火災など，当時と様相を異にする社会問題も顕在化している。そうした環境下でのデジタルアーカイブの有用性・重要性は言うまでもない。デジタルアーカイブは，社会が持つ知，文化的・歴史的資源を効率的に共有し，未来に伝え，現在のみならず将来の知的活動を支える基盤的役割を持っている。その社会基盤としてのデジタルアーカイブ開発には，持続可能性を念頭に置き，環境負荷をできるだけ小さくすることが求められる。

　昨今では，新型コロナの影響により，テレワークのニーズも急速に高まった。さらに，自宅滞在時間の増加に伴い，過去の放送コンテンツ等のデジタルアーカイブ資源の需要が高まっているとの指摘もある。産業界においても急激な DX が進められているところである。これらの社会情勢の変化は，特に遠隔での様々な活動を可能とする社会の基盤としてのデジタルアーカイブの構築や，デジタル技術を用いてコンテンツを利活用できる環境を整備することの重要性をさらに高めている。オープンなデジタルコンテンツが日常的に活用され，様々な分野の創作活動を支える基盤となるデジタルアーカイブ社会の実現を図っていく必要がある。

　我が国におけるデジタルアーカイブの「構築・共有」と「活用」の推進は，文化の保存・継承・発展だけでなく，コンテンツの二次的利用や国内外への情報発信の基盤となる取組である。この取組は充実しつつあるが，その中で重要な情報基盤である分野横断型統合ポータルサイト「ジャパンサーチ」を通して，多様なデジタルコンテンツが，教育，学術研究，観光，地域活性化，防災，ヘルスケア，ビジネスなど様々な分野で利活用されることが期待される。

　デジタルアーカイブジャパン推進委員会・実務者検討委員会では，様々な分野におけるデジタルアーカイブの構築・利活用に係る実務的な課題について議論を継続してきた。本年は，昨年取り纏めた「デジタルアーカイブにおける望ましい二次利用条件表示の在り方について（2019 年版）」に続いて「デジタルアーカイブのための長期保存ガイドライン（2020 年版）」を取り纏める。またジャパンサーチの正式版が今夏までに，公開される。

　今後は，これらの普及を通して，我が国が保有する多様なデジタルコンテンツをますます拡充させ，さらに広く利活用を推進することが重要である。また，東京 2020 大会の開催に合わせて，日本文化の

海外発信を強化するため，デジタルアーカイブの多言語化や，多様な分野や地域の文化的資源等のデジタルアーカイブとの連携を推進することが期待される。

（施策の方向性）

・絶版等により入手困難な資料をはじめ，図書館等が保有する資料へのアクセスを容易化するため，図書館等に関する権利制限規定をデジタル化・ネットワーク化に対応したものとすることについて，研究目的の権利制限規定の創設と併せて，権利者の利益保護に十分に配慮しつつ，検討を進め，結論を得て，必要な措置を講ずる。

（短期，中期）（文部科学省）

（注）

6　それ以外にも，民間等における独自の取組として，イエナプランの要素を取り入れた教育，異才発掘プロジェクトROCKET，少年少女発明クラブなどが行われている。

7　構想委員会においては，「知財戦略の社会実装」というテーマの下に，「未来人材」の世界的な不足について議論された。在籍している社員のスキル強化（リスキリング・アップスキリング）が，未来人材獲得の解決策となり得るところ，企業には，既存の社員や新規社員に対して，新しいスキルが求められる仕事にキャリア変更ができるようリスキリングの機会を提供しながら，一つのスキルに固執せず，柔軟性を持って自身をアップスキリングし続けられる人材を育てていくことが必要とされた。

23　https://www5.cao.go.jp/keizaishimon/kaigi/special/keizaiei-kyou/05/shiryo_02.pdf（第5回新型コロナウイルス感染症の実体経済への影響に関する集中ヒアリング「資料2矢内廣氏提出資料」）

24　「https://www.meti.go.jp/press/2019/11/20191122004/20191122004.html」のページ中「映画産業の制作現場に関するアンケート調査（クリエイター票）調査結果概要」リンク参照）

25　「https://www.meti.go.jp/press/2019/08/20190809004/20190809004.html」のページ中「アニメーション制作業界における下請適正取引等の推進のためのガイドライン（改訂版）」リンク参照

26　「https://www.meti.go.jp/policy/mono_info_service/contents/index.html」のページ中「コンテンツの世界市場・日本市場の概観」リンク参照

〈https://www.kantei.go.jp/jp/singi/titeki2/kettei/chizaikeikaku20200527.pdf〉

知的財産推進計画2021 －コロナ後のデジタル・グリーン競争を勝ち抜く無形資産強化戦略　［抄］

2021年7月13日
知的財産戦略本部

Ⅲ．知財戦略の重点7施策
　4．デジタル時代に適合したコンテンツ戦略
　　（2）コンテンツ・クリエーション・エコシステムを支える取組
②デジタルアーカイブ社会の実現
（現状と課題）

　デジタルアーカイブは，社会が持つ知，文化的・歴史的資源を効率的に共有し，未来に伝え，現在のみならず将来の知的活動を支える基盤的役割を持っている。

　今般の新型コロナの影響により，様々なデジタルアーカイブ資源の潜在需要が顕在化した一方，教育や公的サービスの最前線では十分にデジタル技術を活用できていないなどの課題も浮き彫りとなった。世界的にもパラダイムシフトが進展し，地理的あるいは時間的制約のないデジタル空間に様々な活動が移行する中で，これら課題への対応や，オープンなデジタルコンテンツが日常的に活用され，様々な分野の創作活動を支える基盤となるデジタルアーカイブ社会の実現を図っていくことが重要である。

　日本におけるデジタルアーカイブの「構築・共有」と「活用」の推進は，文化の保存・継承・発展だけでなく，コンテンツの二次的利用や国内外への情報発信の基盤となる取組である。とりわけ，デジタルコンテンツの分野横断型メタデータ提供基盤である「ジャパンサーチ」を通して，多様なデジタルコン

テンツが，教育，学術研究，観光，地域活性化，防災，ヘルスケア，ビジネスなど様々な分野で，より一層利活用されることが期待される。日本が保有する多様なコンテンツのメタデータをまとめて検索・閲覧・活用できる「ジャパンサーチ」は，2020年8月に正式版が公表された。デジタルアーカイブの共有と利活用サイクルの基礎を支えるプラットフォームとなる存在でもあり，デジタルアーカイブの構築が更に進められることにより，今後大きな成長が期待できる。

　デジタルアーカイブジャパン推進委員会・実務者検討委員会では，様々な分野におけるデジタルアーカイブの構築・利活用に係る実務的な課題について議論を継続し，2020年8月に3か年総括報告書を取りまとめた。また，議論の成果物として，アーカイブ機関による取組を支援することを目的に，「デジタルアーカイブにおける望ましい二次利用条件表示の在り方について」（2019年4月），「デジタルアーカイブのための長期保存ガイドライン」（2020年8月）及び自己点検・評価するための指標である「デジタルアーカイブアセスメントツール（改訂版）」（2020年8月）を策定した。

　各分野におけるデジタルコンテンツの更なる拡充のほか，地域アーカイブ機関（地方の博物館・美術館，図書館，公文書館，大学・研究機関等）への支援・連携，海外機関との連携等，取り組むべき課題は残されている。引き続き，日本が保有する多様な文化資源のデジタルアーカイブ化を進めるとともに，デジタルコンテンツが幅広く利活用されるための環境整備を推進することが重要である。

（施策の方向性）
・日本の多様なコンテンツに関する情報をまとめて検索・閲覧・活用できるプラットフォームであるジャパンサーチにおいて，様々なデジタル情報資源を網羅的にナビゲーションできるよう，更なる連携拡充を図る。特に，地域の文化的資源等のデジタルアーカイブとの連携を推進する。また，教育，学術・研究，地域活性化等の様々な分野・テーマにおいて，ジャパンサーチの連携コンテンツを活用した利活用モデルを構築し，利活用の機会拡大及び海外発信の強化に取り組む。
（短期，中期）（内閣府，国立国会図書館[7]，関係府省）

・ジャパンサーチをデジタルアーカイブの利活用基盤として発展させるための方策をはじめ，デジタルアーカイブの構築や利活用に関する課題についてデジタルアーカイブジャパン推進委員会及び実務者検討委員会で検討し，具体的な取組に反映させる。
（短期，中期）（内閣府，国立国会図書館，関係府省）
・各分野におけるデジタルコンテンツの更なる拡充に努めるとともに，可能なものについては，デジタルアーカイブされたコンテンツをオンライン配信に活用したり，海外展開等による収益化を図るなど，更なる利活用を進める。
（短期，中期）（内閣官房，内閣府，総務省，文部科学省，経済産業省，国土交通省，国立国会図書館）
・各研究機関等におけるマンガ，アニメ，ゲーム等のメディア芸術作品の保存・利活用を支援するとともに，情報拠点の整備を進め，ジャパンサーチとも連携したコンテンツ発信の場を創出し，ユーザーの相互誘導を推進する。
（短期，中期）（文部科学省）
・図書館関係の権利制限規定の見直しに関する著作権法改正を踏まえ，詳細な運用に関する当事者間協議やガイドラインの作成など，円滑な施行に向けた準備を着実に進める。また，研究目的の権利制限規定の創設については，国内の研究者における著作物の利用実態や利用ニーズなどを更に詳細に把握するため，調査研究を実施し，その結果も踏まえ，権利者の利益保護に十分に配慮しつつ，検討を進める。
（短期，中期）（文部科学省，国立国会図書館[8]）

（注）
7　国立国会図書館は立法府に属する機関であるが，デジタルアーカイブに関する施策は国全体として取り組むものであり，同館は重要な役割を担っていることから，便宜上，本計画に関連する同館の事業について担当欄に記載するものである。
8　国立国会図書館は立法府に属する機関であるが，図書館関係の権利制限規定の見直しに関する著作権法改正の円滑な施行に向けた準備において，同館は重要な役割を担うことから，同館を担当者欄に記載するものである。

〈https://www.kantei.go.jp/jp/singi/titeki2/kettei/chizaikeika-ku20210713.pdf〉

著作権法 31 条における「図書館等」に関する要望

■ 文化審議会著作権分科会での「図書館関係の権利制限の見直し（デジタル・ネットワーク対応）について」における検討について（依頼）

2020 年 9 月 15 日　文化庁長官あて
近畿病院図書室協議会会長代行
日本病院ライブラリー協会会長
公益社団法人日本図書館協会理事長

平素から，著作物の公正な利用と文化の発展へのご配慮に敬意を表します。

さて，去る 8 月 27 日（木）に文化審議会著作権分科会法制度小委員会の「図書館関係の権利制限規定の在り方に関するワーキングチーム」の第 1 回が開催され，日本図書館協会から，いわゆる 31 条図書館に病院図書館を含めるよう要望いたしました。

本件については，病院図書館界の長年の念願であり，改めて，病院図書館関係団体である近畿病院図書室協議会および日本病院ライブラリー協会から，下記についての検討をお願い申し上げます。

なお，近畿病院図書室協議会及び日本病院ライブラリー協会は，それぞれ主として西日本及び東日本の病院図書館を会員とし，相互の緊密な協力体制を推進しております。日進月歩の医学医療界における病院図書館の向上および発展を目的とし，医療従事者への適切な情報提供を通じ，医療の発展に資するよう活動する団体です。

記

1. 医療法（昭和 23 年法律第 205 号）第 4 条第 1 項，第 4 条の 2 第 1 項及び第 4 条の 3 第 1 項の病院に設置された図書室を著作権法施行令第 1 条の 3 の「図書館資料の複製が認められる図書館等」に含めること
   ① 医療法第 4 条第 1 項，第 4 条の 2 第 1 項及び第 4 条の 3 第 1 項の病院は，同法第 22 条，22 条の 2 及び第 22 の 3 で図書室の設置が義務づけられています。これらは言うまでもなく，医師をはじめとする医療関係者が最新かつ正確な情報へアクセスできることを可能とし，最新で高度な医療を提供できる環境を構築することを意図したものです。
   ② 医療法第 4 条の 2 第 1 項及び第 4 条の 3 第 1 項の病院のほとんどは大学病院で，多くの大学病院は大学図書館をもって同法第 22 条 2 あるいは第 22 条の 3 の図書室を兼ねていますが，これに該当しない図書室（以下，「非該当図書室」といいます。）は，当然，図書室が複製主体となる複製は行えませんので，資料を貸し出すことなどで対応するしかなく，この場合，借り受けた利用者による複製等については管理ができませんので，現状は，却って著作権者の利益を害することになりかねません。
   ③ 非該当図書室は必ずしも規模が大きくない場合も多く，大学図書館に文献の提供を依頼することがありますが，いわゆる 31 条図書館ではないことを理由に文献の提供を断られることも珍しくありません。この状況は迅速な医療行為を妨げるだけではなく，必要な文献は，所蔵する大学図書館を医師等が訪問して入手することになるので，必ずしも著作権者の利益の保護にもなりません。
   ④ 働き方改革の必要性が高まる中，今後，医療関係者も自宅で研修する機会が増えることが予想されます。「図書館関係の権利制限規定の在り方に関するワーキングチーム」では「図書館資料の送信サービスについて」も検討予定となっていますが，この制度は病院図書館のみならず，日本の医療に是非とも必要な制度と言えます。

2. 医師法第 16 条の 2 第 1 項に規定する臨床研修に関する省令（平成 14 年厚生労働省令第 158 号）第 3 条第 1 号の病院に設置された図書室を著作権

法施行令第1条の3の「図書館資料の複製が認められる図書館等」に含めること

①医師法（昭和23年法律第201号）第16条の2第1項により、「診療に従事しようとする医師は、2年以上、都道府県知事の指定する病院（略）において、臨床研修を受けなければならない。」とされています。また、その病院は同条第3項第2号で「臨床研修の実施に関し必要な施設及び設備を有していること。」とされており、この規定について、「医師法第16条の2第1項に規定する臨床研修に関する省令の施行について」（平成15年6月12日付け医政発第0612004号）の「第2　臨床研修省令の内容及び具体的な運用基準」「5　臨床研修病院の指定の基準」「(1) 基幹型臨床研修病院の指定の基準」の「ト」において「…臨床研修に必要な図書又は雑誌を有しており…」としています。記載のとおり、図書館（室）の設置を義務づけるものではないものの、指定を受ける病院は資料管理等の観点から図書館（室）を設置して対応することになります。

②医療技術は日々進歩しており、研修に必要な文献を有効に利用できる環境は、日本の医療にとって非常に重要ですが、医師法第16条の2第1項に規定する臨床研修に関する省令第3条第1号の、病院は一部を除き、大学病院以外の病院であり、1.の②及び③と同様の問題を抱えています。また、現状の病院図書館が主体となる複製行為ができない状態が、必ずしも著作権者の利益の保護にならないことも同様です。

以上

（連絡先　略）

〈https://jhla.jp/files/2020youbou0930.pdf〉

著作権法第31条における「図書館等」に学校図書館を加えることについて（要望）

2020年9月26日
関係各位あて
学校図書館問題研究会代表

日頃より学校図書館の発展のためにご尽力を賜り感謝申し上げます。

学校図書館では、授業や、学校行事などの特別活動、クラブ活動での利用だけでなく、児童生徒自身の興味関心にもとづく利用や、教職員の授業に該当しない教育活動や研究による利用があります。学校図書館法にあるとおり、学校図書館の役割は「学校の教育課程の展開に寄与するとともに、児童又は生徒の健全な教養を育成する」ために、他の図書館等と協力し、資料や情報を提供することです。

授業など、学校の教育計画に沿った活動における複写の要求に対しては、著作権法第35条にもとづいて対応することができます。けれども、授業に該当しない利用の場面では、学校図書館が著作権法第31条の「図書館等」に含まれていないため、複写の要求に応えることができません。

また、「文化審議会著作権分科会法制度小委員会図書館関係の権利制限規定の在り方に関するワーキングチーム」で議論されているデジタル・ネットワーク対応についても、新型コロナウイルスによる休校や学校で導入が進む教育のICT化に伴って、学校図書館でも対応できるようになることの必要性を強く感じています。

以上のことから、下記のとおり要望いたします。

記

学校図書館においても著作権法第31条にもとづく複製ができるように、「図書館等」に学校図書館を追加してください。

（理由）

・授業には該当しない、児童生徒自身の興味関心による読書や調査も、子どもたちの成長と発達に必要不可欠な活動である。学校図書館がその活動を支援し、児童生徒の知る自由を保障するために、複製物の提供は欠かせないサービスの一つである。

・学校図書館は、児童生徒にとって一日の大半を過ごす学校にある身近な図書館である。公共図書館が近くになく行くことができない児童生徒もおり、学校図書館が第31条にもとづく複製ができる意義は大きい。

・教職員は、授業に該当しない児童生徒の活動を指導することも少なくない。また、教育活動を豊かなものにするためには、さまざまな研究が必要である。教職員のこうした活動に対しても、学校図

書館が複製物を提供することができる。

・法改正により送信サービスが可能となれば，休校中あるいはオンラインで，授業に該当しない活動をする児童生徒に対して，必要とされる資料の複製物を提供することができる。

・学校図書館も絶版等で入手困難な資料や貴重な資料を所蔵しており，それらを保存したり，他の図書館等へ提供したりするために複製することができる。

・学校図書館においても，国立国会図書館により自動公衆送信されたデジタル資料を印刷して提供することができるようになり，児童生徒の学びや教職員の研究を深めることに資することができる。

・児童生徒や教職員にとって，学校図書館で法律に沿い著作権に配慮した複写サービスが受けられることは，著作権に対する意識の向上や，生涯学習における著作物の倫理的な活用につながる。

以上

（連絡先　略）

〈http://gakutoken.net/opinion/appeal/?action=common_download_main&upload_id=1313〉

文化審議会著作権分科会での「図書館関係の権利の見直し（デジタル・ネットワーク対応）について」における学校図書館の扱いについて

2020 年 10 月 14 日
日本図書館協会

1　背景

現在，学校図書館における著作物等の複製は，第 35 条の「授業を担任する者及び授業を受ける者」「授業の過程における使用」を根拠としています。一方，2017 年告示の文部科学省の学習指導要領総則では，児童生徒の「興味・関心を生かした自主的，自発的な学習が促されるよう工夫すること」とされ，学校図書館には児童生徒の「主体的・対話的で深い学びの実現に向けた授業改善に生かす」，「自主的，自発的な学習活動や読書活動を充実すること」となっています。探究活動での児童生徒の個々の情報要求や授業を計画する教職員の情報要求に応えることが期待されており，学校図書館の役割はますます大きくなっています。

学校図書館が図書館として学校教育の充実を図る

ためには，「授業の過程における使用」以外での個への対応，保存のための複製，授業のオンライン化やオンライン情報の活用などの観点から，学校図書館を著作権法第 31 条の図書館に含めることが重要です。

2　学校図書館を 第 31 条「図書館等」に含めることに関する意義及び留意事項等

〇意義

（1）複製の主体が学校図書館になる。

第 35 条において，複製の主体は「教育を担任する者又は受ける者」となっているが，第 31 条の「図書館等」に含めることで，学校図書館が主体となることができる。なお，著作権法施行令第 1 条の 3，著作権法施行規則第 1 条の 3 の扱いも検討する必要がある。

（2）第 35 条「授業の過程における使用」にあたらない複製が可能になる。

授業の過程での使用に該当しない，教職員・児童生徒の個々の興味関心に基づく自発的な調査研究のための複製ができる。

（3）学校図書館所蔵資料を保存のための複製，デジタル化ができる。

（4）入手困難資料の複製物の送信サービスを受けることが可能になる。

これにより，児童生徒の学習活動や教職員の調査研究に役立てることができる。

（5）国立国会図書館の図書館向けデジタル化資料送信サービスによるデジタルデータの受信・複製ができる。

〇留意事項

（1）ウェブサイトの資料は，学校図書館の所蔵資料ではないので複製ができない。

（2）一人につき一部の複製となる。ただ，学校図書館としての複製は一人につき一部でよいとも考えられる。

〇検討事項

（1）教職員が行う範囲と学校図書館が行う範囲の切り分けを考える必要がある。

〈10 月 14 日　文化庁著作権課，全国 SLA［全国学校図書館協議会］との打ち合わせ資料〉

〈https://www.jla.or.jp/demand/tabid/78/Default.aspx?itemid=5511〉

著作権法第31条第1項の図書館等に学校図書館を含めることについて　学校図書館において想定される具体的な活動内容

2020年10月27日
文部科学省総合教育政策局地域学習推進課あて
公益社団法人日本図書館協会

標記のお問い合わせについて，当協会の学校図書館部会が中心となり，具体的な事例等を以下のようにまとめましたのでお送りいたします。

なお，（1）から（5）の項目は，10月14日文化庁著作権課，全国SLA［全国学校図書館協議会］との打ち合わせの際，当協会が用意した打ち合わせ資料で「学校図書館を第31条「図書館等」に含めることの意義」としてあげた項目に対応しておりますことを申し添えます。

（1）複製の主体が学校図書館になる。

事例1　複製の主体が学校図書館でない，また第35条「授業の過程における使用」かどうかを確認する必要があるため，学校図書館にコピー機を設置することに消極的になる傾向がある。

事例2　高校図書館から市立図書館所蔵資料の複写依頼をしたが，著作権法にてらして希望にそえないとの連絡があった。

公共図書館，大学図書館（付属学校など）所蔵資料の複製依頼を学校図書館経由で行うことができない。公共図書館，大学図書館は第35条の「学校その他の教育機関」に入っているが，学校図書館は「教育を担任する者」の「事務職員等の教育支援者及び補助者ら」にあたり，さらに「学校内の設備を用いるなど学校の管理が及ぶ形で」の複製しかできない。

「教育を担任する者」（教職員）「教育を受ける者」（児童生徒）に直接，該当の図書館に依頼してもらうしかない（「改正著作権法第35条運用指針」（令和2（2020）年度版）による。）。とはいえ，探究学習の実践の広がりにより，実態として学校図書館経由で行っている事例もあると聞いている。

想定される活動内容1

他の図書館の求めに応じて，学校図書館所蔵の郷土資料など，絶版等資料の複製を提供する。

（2）第35条「授業の過程における使用」にあたらない複製が可能になる。

事例3　児童生徒が，道ばたの植物（木の実，葉など），生き物（昆虫，卵など）等を直接持ち込んで調べることがある。見つけた資料を，親や友だちに見せたいとコピーの依頼。

事例4　生徒個人が作りたい料理・手芸小物などの作り方のコピーの依頼。

事例5　家族や知り合いと関係がある新聞記事のコピーの依頼。

事例6　AO入試，推薦入試で大学から出された課題を作成するためのコピーの依頼。この場合「学校その他の教育機関における著作物の複製に関する著作権法第35条ガイドライン」（平成16年3月）の「学校の教育計画に基づいて行われる」「進路指導」とは別になる。

事例7　児童生徒自身や家族の病気，けが等に関する医学事典，雑誌記事等のコピーの依頼。

事例8　図書館で調べる学習コンクール等，学外のコンテスト応募のための複写。

（3）学校図書館所蔵資料を保存するための複製，デジタル化ができる。

事例9　郷土関係を調べる際に使ったことがある市の教育委員会が発行した資料が入手不可能，かつ古くて破れそうになっているので，コピーして図書館の資料として保存しておきたい。

（4）入手困難資料の複製物の送信サービスを受けることが可能になる。

想定される活動内容2

児童生徒や教職員が必要とする資料が「絶版等資料」であった場合に，学校図書館が主体となって他の図書館等から複写物の提供を受けることができ，複写物を学校図書館の資料として教育活動に活用する。

（5）国立国会図書館の図書館向けデジタル化資料送信サービスによるデジタルデータの受信・複製ができる。

想定される活動内容3

児童生徒が自身の探究心に基づき，古典籍や明治の文豪の初版本等の貴重な資料を学校図書館内でデジタル画像で閲覧・複写できることで，アクティブ・

ラーニングへの活用や学習意欲の向上につなげる。

想定される活動内容4

　教職員が，図書館向けデジタル化資料送信サービスを使って校内に居ながら必要な資料を閲覧・複写し，授業等に迅速に反映する。教育活動の質の向上

につながる。

以上

〈https://www.jla.or.jp/demand/tabid/78/Default.aspx?itemid=5512〉

図書館関係の権利制限規定の見直し（デジタル・ネットワーク対応）に関する検討に当たっての論点について

文化審議会著作権分科会法制度小委員会
「図書館関係の権利制限規定の在り方に関するワーキングチーム」（第1回）資料
2020年8月27日［文化庁著作権課］

1. 問題の所在

　図書館関係の権利制限規定（著作権法（以下「法」という。）第31条）については，従来から，デジタル化・ネットワーク化に対応できていない部分があるとの指摘がなされてきたところ，今般の新型コロナウイルス感染症の流行に伴う図書館の休館等により，インターネットを通じた図書館資料へのアクセスなどについてのニーズが顕在化した。

　こうした状況を踏まえ，知的財産推進計画2020（令和2年5月27日知的財産戦略本部決定）において，図書館関係の権利制限規定をデジタル化・ネットワーク化に対応したものとすることが短期的に結論を得るべき課題として明記されたことから，早急に対応を検討する必要がある。

　その際，デジタル化・ネットワーク化への対応を優先課題としつつも，平成29年4月の著作権分科会報告書において順次検討を行うものとして位置づけられていた課題（図書館における公的機関の作成した広報資料の全部複製やインターネット上の情報のプリントアウト）をはじめ，関連する諸課題についても併せて検討を行うこととする。

◆知的財産推進計画2020（令和2年5月27日知的財産戦略本部決定）（抄）

【本文】

　絶版等により入手困難な資料をはじめ，図書館等が保有する資料へのアクセスを容易化するため，図書館等に関する権利制限規定をデジタル化・ネットワーク化に対応したものとすることについて，研究目的の権利制限規定の創設と併せて，権利者の利益保護に十分に配慮しつつ，検討を進め，結

論を得て，必要な措置を講ずる。

【工程表】

　図書館等に関する権利制限規定をデジタル化・ネットワーク化に対応したものとすることについては，2020年度内早期に文化審議会で検討を開始し，2020年度内に一定の結論を得て，法案の提出等の措置を講ずる。

---

2. 検討課題及び論点

(1) 絶版等資料へのアクセスの容易化について（法第31条第3項関係）

①現行規定・課題

　現行規定上，国立国会図書館から他の図書館等に対してデジタル化された絶版等資料のインターネット送信を行い，送信先の図書館等において，その絶版等資料を館内での閲覧に供するとともに，一部分を複製して利用者に提供することが可能となっている。

　一方で，図書館等の館内での閲覧に限定されているため，各家庭等からインターネットを通じて閲覧することはできず，また，一部分の複製及び複製物の提供に限定されているため，図書館等から利用者に対してメール等によりデータを送付することもできない。

　このため，感染症対策等のために図書館等が休館している場合や，病気や障害等により図書館等まで足を運ぶことが困難な場合，そもそも近隣に図書館等が存在しない場合など，図書館等への物理的なアクセスができない場合には，絶版等資料へのアクセス自体が困難となるという課題がある。

②考えられる対応

　図書館等への物理的なアクセスができない場合にも，絶版等資料を円滑に閲覧することができるよう，国立国会図書館が，一定の条件の下で，絶版等資料を各家庭等にインターネット送信することを可能とすることについて検討を進めることとしてはどうか。

③検討に当たっての主な論点（制度・運用の両方を含む）
○ 送信の形態
・誰もが閲覧できるよう一般公開を行うか，ID・パスワードなどにより閲覧者の管理を行うか，特定の者を対象とした限定公開とするか
・ストリーミングのみとするか，プリントアウトやダウンロードを可能とするか
　（※）送信形態と絶版等資料のコピーサービス（法第31条第3項後段）との関係にも留意
　（※）プリントアウトやダウンロードが可能な形態で送信する場合，受信者が業務目的などで複製する行為（私的使用目的の複製とは評価できず，現行法上，権利制限規定の対象となっていない行為）の取扱いについても検討する必要
○「絶版等資料」（絶版その他これに準ずる理由により一般に入手することが困難な図書館資料）の内容の明確化及びその担保・確認の徹底
　（※）「国立国会図書館のデジタル化資料の図書館等への限定送信に関する合意事項」（資料デジタル化及び利用に係る関係者協議会）（平成24年12月10日国図電1212041号，改正平成31年1月24日国図電1901151号）において，送信対象資料の範囲や除外手続等が定められている（権利者の利益保護等の観点から，法第31条第3項において規定されていない様々な事項についても記載）。
　（※）インターネット上で中古本が容易に入手できる場合の取扱いにも留意
○ 国立国会図書館から送信される絶版等資料に係る公の伝達権の制限
　（※）図書館等以外の場における公の伝達の取扱いにも留意
○ 大学図書館・公共図書館等が保有する絶版等資料のデジタル化及び国立国会図書館等への提供等

（第31条第1項第2号・第3号の解釈の明確化など）
（※）既に平成29年4月の文化審議会著作権分科会報告書において，①国立国会図書館以外の図書館等において絶版等資料のデジタル化を行うこと（第31条第1項第2号），②それを国立国会図書館の求めに応じて提供すること（同項第3号），③提供された絶版等資料を国立国会図書館が専用サーバーに複製（同条第2項）し，他の図書館等に送信すること（同条第3項）が可能と整理されている。

(2) 図書館資料の送信サービスについて（法第31条第1項第1号関係）

①現行規定・課題

　現行規定上，国立国会図書館又は政令で定める図書館等は，営利を目的としない事業として，調査研究を行う利用者の求めに応じ，公表された著作物の一部分を一人につき一部提供する場合に限り，図書館資料を複製・提供することが可能となっている。

　一方で，複製及び複製物の提供に限定されている（複製権と譲渡権の制限はされているが，公衆送信権の制限はされていない）ため，図書館等から利用者に対して，FAXやメール等による送信を行うことはできない。

　この点，遠隔地から資料のコピーを入手しようとする場合，郵送で複製物の送付を受けることは可能であるが，郵送サービスを実施している図書館等は多くなく，複製物の入手までに時間がかかる（特に海外等からの請求の場合には顕著）などの課題もあり，デジタル・ネットワーク技術の発展を踏まえた利用者のニーズに十分に応えられていない面があると考えられる。

②考えられる対応

　図書館等が保有する多様な資料のコピーを利用者が簡便に入手できるようにしつつ，権利者の利益保護を図るため，新たに補償金請求権を付与することを前提に，図書館等が一定の要件の下で，図書館資料のコピーを利用者にFAXやメール等で送信することを可能とすることについて検討を進めることとしてはどうか。

③検討に当たっての主な論点（制度・運用の両方を

含む）

○ 送信の形態（FAX 送信，メール送信，ID・パスワードで管理されたサーバーへのアップロードなど）

（※）併せて，来館者に対する電子媒体での複製・提供（現行規定上も排除されていない）の在り方についても検討

（※）送信された資料を，受信者が業務としての調査研究目的で複製する行為（私的使用目的の複製とは評価できず，現行法上，権利制限規定の対象となっていない行為）の取扱いについても検討

（※）図書館等が自館の利用者からの求めに応じて，他の図書館等が保有する資料の電子データを入手した上で，利用者に送信することの取扱いについても検討

○ 補償金請求権

・対象範囲（新たに可能とする「公衆送信」のみを対象とするかなど）

・支払い主体・実質的な負担者

（※）図書館法第 17 条に規定する公立図書館の無料原則との関係にも留意

・補償金額の決定方法

・補償金額の料金体系

・補償金の徴収・分配スキーム，受領者（出版権者の取扱いを含む）

（※）利用実績の正確な把握・管理，それに基づく適切な分配の在り方に留意

○ データの流出防止措置

・図書館等における送信後のデータ破棄の要否

・図書館等における流出防止のための管理体制の構築

・ユーザーによる不正拡散防止のための措置（公衆送信時に電子形式での複製等を技術的に禁止する措置を講ずる，利用登録時に契約を締結する，著作権法上のルールを明示するなど）

○ 電子出版等の市場との関係

・電子出版等の市場を阻害しないような担保（ただし書の新設など）

（※）仮に，一定の資料を権利制限の対象外とする場合，該当資料の確認方法について要検討（国立国会図書館のデータベースの活用など）

（※）図書館向けの電子書籍販売サービスへの影響についても留意

○ 主体となる図書館等の範囲

・送信サービスのニーズや適切な運用の担保等の観点を踏まえた主体の在り方

（※）適切な運用を図るための著作権教育・研修等の充実についても留意

(3) その他関連する課題（制度・運用の両方を含む）

① 「一部分」要件の取扱い

公的機関が作成した広報資料・報告書，一冊に複数（多数）の著作物が掲載されているもの，短文や写真等の著作物，発行後「相当期間」を経過した出版物（定期刊行物以外），絶版等資料，電子媒体の刊行物（一部分の範囲が不明確）など

（※）仮に「一部分」要件を見直し場合，権利者の利益保護の在り方について要検討（ただし書の新設など）

② 図書館等におけるインターネット上の情報のプリントアウト・電子的な保存（私的使用目的の複製（法第 30 条第 1 項）と評価できるか否かなど）

③ 図書館等の利用者による図書館資料の複製と，私的使用目的の複製（法第 30 条第 1 項）との関係（法第 31 条第 1 項との棲み分け）

（※）来館者によるスマホ等での撮影の問題についても留意

④ 「図書館等」の範囲（小・中・高の学校図書館の取扱いなど）【別紙 1 ［略］参照】

（※）映像資料の貸与（法第 38 条第 5 項）が認められる施設に大学図書館を追加することについても検討

⑤ 「図書館資料」の定義（他の図書館から借り受けた資料の取扱いなど）

⑥ 適切な運用を担保するための著作権教育・研修等の充実【再掲】

〈https://www.bunka.go.jp/seisaku/bunkashingikai/chosakuken/to-shokan_working_team/r02_01/pdf/92478101_02.pdf〉

図書館関係の権利制限規定の在り方に関するワーキングチーム（第1回）ヒアリング発表資料

文化審議会著作権分科会法制度小委員会「図書館関係の権利制限規定の在り方に関するワーキングチーム」（第1回）資料

2020年8月27日

図書館関係の権利制限規定の見直しに関する意見

令和2年8月27日
国立国会図書館

Ⅰ　現行制度の下での運用等の実態

1. コピーサービスの運用実態

(1) 館内複写約130万件／年（うち，紙資料が約70万件，電子資料が60万件）

・来館者に対し，当館の所蔵資料・一部の契約電子ジャーナル等の複写物を提供。

・職員等が，著作権法上の複写要件を審査の上，複写作業を実施し，申込者に複写製品（紙）を引き渡す。

・複写要件に係る審査以外の複写事務（料金の徴収を含む。）を非営利団体に委託。

(2) 遠隔複写約30万件／年（枚数ベースの比で，6（紙資料）：1（電子資料））

・利用者からのインターネット又は郵便等を通じて行う申込み（来館不要）を受け付け，郵便又は宅配便で複写製品（紙）を引き渡す。対象資料は(1)と同じ。

・図書館の申込みも可能であり，その実績は30万件中6万件程度。

・手続の流れ及び複写事務の委託については，概ね(1)と同様。ただし，複写製品を発送するため，複写料金に加え，数百円程度の発送事務手数料を徴収。

2. 絶版等資料の送信サービスの運用実態

(1) 国内への送信承認館数1189館，閲覧約30万回／年，複写約12万回／年

・約149万点のデジタル化資料が，当館のデータベースを通じて，参加承認を受けた図書館（承認館）内の端末にて利用（承認館により，閲覧のみが可能な場合と複写も可能な場合とがある。）できる。

・当館で対象資料につき3段階の除外手続の実施（入手困難性の要件審査）

①入手可能性調査（民間の在庫情報データベース等を用いて入手可能性を調査）

②事前除外（送信対象候補リストを一定期間公開し，除外申出を受け付ける）

③事後除外（送信中の資料リストを公開し，除外申出を受け付ける）

(2) 海外への送信承認館数2館（閲覧のみ）　※利用者への資料提供は未開始

3. 利用者からの制度・運用に関するニーズ

(1) コピーサービス全般

・デジタルデータでの複写物の提供（例：サーバーにアップされた複写物を利用者宅にてダウンロード）のニーズがある。

・「著作物の一部分」を超える複写へのニーズは非常に高い。例えば，定期刊行物以外の資料（図書扱いの論文集等）で，発行後相当期間を経過したものについて，掲載記事の全部複写が可能となることを望む。

(2) 絶版等資料の送信サービス

ア．利用者（個人）から

コロナ禍において大学等が閉鎖された状況において，デジタル化資料の臨時的・時限的なインターネット公開ないし公開範囲拡大等の要望があった。

イ．図書館等から

図書館からは，運用・管理の煩雑さが課題として挙げられることが多い。また，身体障害で来館できない利用者や，コロナ禍によるオンラインでの講義の実施に伴い住まいを遠隔地（実家など）に移転し来館が困難な学生に対して，図書館から複写物を郵送できるようにしてほしいとの要望があった。

さらに，現行法下で参加が可能な図書館等（著作権法施行令第1条の3第1項）以外の施設（企業図書室，中・高等学校図書室など）から，参加の要望

があった。

Ⅱ　制度の見直しについて

1. 絶版等資料へのアクセスの容易化（第31条第
　　3項関係）

（1）送信の形態

・利用目的等を問わず誰でも閲覧可能なインター
　ネット公開が最も望ましい。

・インターネット公開できない場合でも，第31条
　第3項の送信先を，現行の「図書館等」から例え
　ば大学や研究機関に拡大し，送信先が管理する
　ID／PWにより，プリントアウトやダウンロー
　ドも可能にするといった方向での検討を望む。地
　域や大学の図書館ネットワークを活かしつつ，仕
　組みを拡充していくことこそが重要なのではない
　か。

・利用目的等の面で一定の要件を満たす場合にのみ
　個人（家庭）に対して送信可能との制度では，当
　館による要件審査が過重な負担となり，実際上不
　可能。令和2年6月時点での当館登録利用者（個
　人）の登録数は約52万件であるが，これを上回
　る数の個人から申請があっても，研究目的等の要
　件審査は困難である。

・加えて，送信された資料を学校その他の教育機関
　が授業目的でオンライン配信する等の利用が無償
　で可能になる方向での検討を望む。

・当館は権利制限規定を活用する立場であるため，
　法改正のみが先行し，専ら当館が利害関係者との
　調整をするとなると，円滑に進まないことが懸念
　される。

（2）「絶版等資料」の内容の明確化及びその担保・
　　確認の徹底

・送信できる資料の範囲が現状よりも拡大するよう
　な定義の明確化であれば，望むところである。

・一方で，結果的に送信対象の縮小につながるよう
　な明確化は，利用者にとってサービス低下となる
　ため，反対である。例えば，古書店で入手可能な
　ものも除外する等とした場合，図書館送信対象資
　料の大半が当館の館内限定公開に変更されるので
　はないかという強い懸念を持っている。

2. 図書館等でのコピーサービスの拡充（第31条
　　第1項関係）

（1）公衆送信権の制限

・資料の貸出しを行っていない当館としては，公衆
　送信権の制限規定の追加を強く希望する（第31
　条第3項後段についても同じ。）。

・FAXやメールでの送信に限定せず，データ化さ
　れた複製物を利用者が自宅等からダウンロードで
　きるような，柔軟な規定を望む。

（2）補償金請求権

・新たに補償金制度を導入する場合，現行法下で権
　利制限規定に基づき，無償での利用が認められて
　いる部分についても補償金の対象とすることには
　慎重な検討を要する。

・（1）による新たな権利制限や「一部分」を超える
　複写について補償金制度を導入する場合，実務上
　の運用が可能なシンプルな仕組とすることが重
　要であるため，制度設計に際しては十分に協議さ
　せていただきたい。

・また，補償金の額は，利用者が許容できる額（そ
　れを負担してでも新たな権利制限を利用したいと
　思える額）にとどめることが重要である。

（3）電子出版等の市場との関係

・電子出版等の市場の利益を不当に害しないように
　しつつも，新たな権利制限規定の実効性を損なわ
　ないような調整を望む。

3. その他関連する課題

（1）「一部分」要件の取扱い

・発行後相当期間を経過した定期刊行物以外の資料
　（図書扱いの論文集等）等について，「一部分」の
　要件を柔軟化する方向で見直すことについては，
　望むところ（上述（Ⅰ-3（1）2点目）のとおり）。

・電子出版物（主にパッケージ系電子出版物）につ
　いても「一部分」の定義が明確化され，実効的な
　プリントアウトサービスが提供可能となることを
　望む。

（2）その他

・孤児著作物は図書館送信対象となっているものも
　多く，今般のコロナ禍を踏まえ，当館としても著
　作権処理を進めてインターネット公開を推進した
　いと考えていることから，孤児著作物の利用の容
　易化についての検討を望む。具体的には次のとお
　り。

　➤　裁定申請に必要な「相当な努力」は，文献やデー

タベースによる調査及びウェブサイト等による公開調査までとし，関係機関（データベースを持たない著作権管理事業者，著作者団体，学術団体，出版社，著作者の勤務先等）への照会は省略する。

➤ 二次利用を希望する第三者が申請する裁定手続を簡素化する（自動的な補償金算定，ウェブ等による申請及び供託等により軽微な利用申請への対応）。

図書館関係の権利制限規定の見直し（デジタル・ネットワーク対応）に関する検討に当たっての論点について

2020 年 8 月 24 日
公益社団法人日本図書館協会

本協会は，図書館関係の権利制限規定の見直しについて，資料のデジタル化・ネットワーク化が進展していく状況において，今後の図書館の重要な役割の一つであるデジタルアーカイブに対応していくために，また，デジタル資料に基づく新たな図書館サービスを行う可能性を開くために，非常に重要な取り組みと考えています。規定の見直しがなされた際には，本協会として，全国の図書館に対して，この見直しの成果を積極的に活かすよう促したいと考えます。なお，本協会は，公共図書館，大学図書館，学校図書館，専門図書館をはじめ，さまざまな種類の図書館の進歩発展を図ることを目的とし，他の関係団体と連携しています。ここでは，図書館全体に係る意見を述べます。

以下，論点に沿って述べます。

1 現行制度の下での運用等の実態

『日本の図書館 統計と名簿 2019』（日本図書館協会，2020）より文献複写枚数上位の図書館をリスト化いたしました。（別紙 1，2 参照 ［略］）

また，『図書館における著作権対応の現状－「日本の図書館 2004」付帯調査報告書－』（日本図書館協会，2005）より，概略を抜粋いたしました。（別紙 3 参照 ［略］）

2 絶版等資料の送信サービスの運用実態

国立国会図書館向けデジタル化資料送信サービス

として，全国の公共図書館，大学図書館等で運用が行われています。標準的な運用の例として，以下，紹介します。

例）調布市立図書館の運用は以下のとおりです。

・中央図書館・分館（11 箇所）がそれぞれ送信サービスおよび複写サービスを提供
・利用者は在住，在勤，在学者隣接居住者等広域利用登録者は除外
・各館に設置している接続端末を 30 分単位で利用
・複写の必要がある場合は複製申請書に基づき，内容（複写箇所，分量等）を確認し，図書館職員が複製し，1 週間程度で提供。
・今回の新型コロナウイルス感染拡大に伴う休館後は複写利用が増加している。

3 図書館利用者からの制度・運用に関するニーズ

デジタル化資料の利用を希望する利用者が増加しており，また，レファレンス調査に利用するケースも増えています。閲覧に加えて複写の件数も伸びています。新型コロナウイルス感染症の流行拡大に伴い，図書館の休館が全国的に行われたことを背景に，デジタル化資料の有用性が改めて認識されたものと思います。

4 絶版等資料へのアクセスの容易化について（法第 31 条第 3 項関係）

4-1 送信の形態

"一般公開"はインターネット環境があればどこからでも利用できます。一方で，"図書館送信""館内限定"となっている資料は，図書館や国立国会図書館でのみしか利用できず，複写の手続きが煩雑であるため，利用者の理解が得られにくいのが現状です。絶版等資料のアクセスの容易化を進めるために，権利者の利益保護を担保しつつ，利用者が，図書館に出向かなくとも，自宅等で，デジタル化資料を閲覧し円滑に複製できる制度とすることが望ましいと考えます。

また，後述するように，絶版等資料に地域資料等を含めた上で，そうした資料を所蔵する地域の図書館が，国立国会図書館と同様に送信できるようにすることは，地域の課題解決や地域の活性化に資する活動を行うために重要と思われます。

4-2 「絶版等資料」の内容の明確化及びその担保・確認の徹底

　絶版等資料とは，絶版等の理由により一般に入手困難な資料であると認識しております。市場で入手が困難になったものだけでなく，もともと出版部数が少ない地域資料，郷土資料，行政資料等が，図書館のデジタルアーカイブの対象として重要です。「商業的利用がされていない（アウトオブコマース）資料」が対象であることを明確化することで，地域資料等が含まれることを明示的にすることが望ましいと考えます。

5　図書館資料の送信サービスについて（法第31条第1項第1号関係）

5-1　補償金請求権

　図書館資料の送信サービスを実現するために法を見直すことについては，図書館サービスの可能性を拡げるものと考えられます。ただし，補償金請求権については，様々なやり方が考えられるため，議論を続けることが必要と考えます。誰が補償金を負担するか，集められた補償金分配のシステムの構築等が課題となります。

5-2　送信の形態，データの流出防止措置，電子出版等の市場との関係，主体となる図書館等の範囲

　権利者の利益の侵害，データ流出及び不正利用には反対であるため，権利者，利用者及び図書館のいずれにとっても価値のある制度設計とすることが望ましいと考えます。

　例えば，送信の形態については，FAXやサーバのアップは運用コストが高いため，もっとも簡便なメールによる送信を含めることが望ましいと考えます。

　図書館等における送信後のデータは，次の同様の複製の要求に迅速に応えるため，保存できる仕組みが望ましいと考えます。流出防止のための管理体制の構築は十分にとるように，図書館に促します。これまでも図書館では，利用者情報を厳重に扱ってきたことから，十分なノウハウを持っていると考えられます。

　ユーザーによる不正拡散防止のための措置としては，現場で毎回契約をするのは運用コストがかかり現実的ではなく，また著作権法でルールを明示する

と運用に柔軟性を欠く可能性があるため，利用者，図書館，権利者を代表する団体によるガイドラインを策定することが望ましいと考えます。

　電子出版等の市場との関係については，図書館として市場を阻害しないように十分に留意しつつ，コンテンツは同様のものであっても，使い勝手の良さ等から電子出版を利用するニーズは確実にあると考えられます。

　主体となる図書館等の範囲については，31条図書館に加えて，学校図書館，専門図書館，病院図書館等も含むことが望ましいと考えます。

6　その他関連する課題についての御意見・御要望

　その他関連する課題は，今般の規定の見直しの本旨とは異なるとは思われますが，図書館の実務においては，解決が望まれている長年の懸案事項です。それゆえ，この機会に，制度の整備を進めていただきたいと考えます。

6-1　「一部分」要件の取扱い，図書館等におけるインターネット上の情報のプリントアウト・電子的な保存及び図書館資料の定義

　公的機関が作成した資料及び絶版等資料は，広く利用できるような制度設計が望ましいと考えます。一冊に複数論文が掲載されているもの，短文や写真等の著作物，発行後「相当期間」を経過した出版物，電子媒体の刊行物及び他の図書館から借り受けた資料の取扱いについては，「図書館間協力における現物貸借で借り受けた図書の複製に関するガイドライン」「複製物の写り込みに関するガイドライン」を策定する等により，現場での運用に当たっています。一部分を超える複製をする場合は権利者の許諾が必要ですが，個々の許諾を得ることは集中管理機関がない現状では困難を伴います。一部分を超えた複製やインターネット上の情報の複製が可能となるように，権利者の利益保護を担保しつつ，何らかの仕組みを設けることが望ましいと考えます。

6-2　私的使用目的の複製（法第30条第1項）との関係（法第31条第1項との棲み分け）

　利用者がスマートフォン等で撮影することを禁止している図書館が多いのですが，現場では運用に苦労しています。

6-3　図書館等の範囲

　31条図書館に，病院図書館（地域医療支援病院，特定機能病院，臨床研究中核病院は医療法で図書室の設置が義務づけられており，病院内の調査研究の支援を行っている。）等を含めることは，強く要望されています。また，専門図書館（官公庁の設置する図書館，民間団体，企業の図書館，地方自治体の議会に設けられる議会図書館，各種研究機関等をいう。）において，公共のための複製が認められることは強く要望されています。

6-4　適切な運用を担保するための著作権教育・研修等の充実【再掲】

　義務教育段階からの計画的な教育が必要であり，公共図書館，大学図書館等で継続的に著作権教育，意識を持続するシステムづくりは重要と考えます。

（以上）

著作権分科会法制度小委員会第1回図書館WT資料

2020年8月27日
一般社団法人全国美術館会議

1.　一般社団法人全国美術館会議について

　1952年設立。2020年4月1日，一般社団法人に設立登記。現在，正会員は394館（国立10館，公立251館，私立133館），個人会員24名，賛助会員50団体（2020年6月28日現在）。正会員の大多数は第31条の対象となる施設である。しかし司書・司書相当職員の配置の有無，図書室の公開・非公開の違いにより，第31条をめぐる状況や問題認識は多様。

　ここでは，一例として国立西洋美術館を取り上げてご報告したい。同館には，司書有資格者を配置し，予約・登録制で研究者向けに公開する専門図書館，「研究資料センター」が設置されている。

2.　現行制度の下での運用等の実態

2.1　コピーサービスの運用実態

利用頻度・人数：1日平均6件55枚（2019年度実績）
著作物種類／分量：国内外の学術図書・雑誌，美術館発行の図書・雑誌等を中心とする約5万冊，このほか電子媒体の刊行物も多数あり

利用方法・手続：複写申請または撮影申請手続きを経て利用者自身が複写または撮影（デジタルカメラ等）
郵送サービス：有。ただし図書館等からの申請に限定
料金：実費
人員体制：図書館業務の一環としてスタッフが対応
規程遵守の工夫：スタッフに文化庁主催の講習会への参加を奨励

2.2　絶版など資料の送信サービス

　絶版など資料の送信を受ける図書館として国立国会図書館より承認を受けたが，複写できるのが申請した管理用端末に限定されている点は利便性が低いと感じる。

2.3　新型コロナウィルス感染症流行に伴う新たなニーズ

　予め複写箇所が特定されている場合は，利用人数制限・消毒等への配慮から，来館の代わりに複写サービスを受付けるという選択肢もありうると考える。その場合，電子媒体でのコピー送信が可能になれば，利用者の利便性向上や業務コスト低減につながると思われる。

3.　制度の見直しについて

3.1　図書館資料の送信サービスについて

　美術館図書室の大前提として，美術館界では自館刊行物を相互に交換するプログラムが世界的に実施されており，結果的に一般の商業流通ルートで入手困難または不可の美術館刊行物——展覧会カタログ・研究紀要・館報等——を多数所蔵しているということがある。これは公立図書館・大学図書館等には見られない美術専門図書館の特徴である。それら資料は，国立国会図書館に未所蔵の場合もよくある。

　そうした入手困難な展覧会カタログ等について，国内のみならず，海外の美術館や研究所からもメールで複写依頼を寄せられることがある。これに対し，メール等の電子媒体でコピー送信が合法化されれば，より少ない手間で迅速に対応することが可能となり，国内外の利用者の利便性向上にもつながると思われる。

　＜海外から寄せられた最近の資料照会の例＞
「1971年に国立西洋美術館で開催された○○展に出品された画家キルヒナーの作品について調べて

いる。同展カタログの該当頁のコピーがほしい」
「2008年に島根県立美術館で開催された○○展の
カタログに掲載された画家ドニの作品の掲載頁の
コピーがほしい」

3.2　その他関連する課題について

　上述のように，美術館図書室が所蔵する美術館刊
行物の大半は商業的に流通していない。そもそも
研究紀要などは非売品であることも多く，たとえ
直近の最新号であっても，全部複製が著作権者の利
益を不当に害するとは考えにくい。さらに，例え
ば1970年代の海外美術館のシンポジウム報告書等，
国内では当館にしかないような希少資料の場合もあ
る。このようなケースでも「一部分」要件を厳密に
適用すべきなのかどうか，疑問に思うことがある。

　美術館業界で上述した資料交換が非売品または入
手困難な美術館刊行物を中心に成立してきた根底に
は，おそらく著作者としての美術館が抱く，交換先
の美術館を通じて著作物が広く認知され活用される
ことへの期待がある。そのような場合でも一部分し
か複写が許容されないとすれば，誰の得にもならな
いのではないだろうか。

　したがって出版市場の外にある資料を多数扱う専
門図書館として，<u>著作権者の利益を不当に害さない
範囲での全部複製が認められる</u>よう，法律を整備い
ただきたいと考える。

■ 第1回図書館WT（ヒアリング参考資料）

2020年8月27日
日本博物館協会

博物館の現状

＊館種：総合，歴史，美術，郷土，自然史，理工，
動物園，水族館，植物園，動水植

＊設置：国，都道府県，市町村，公益法人等，会社
個人等

＊運営：直営，独立行政法人（国・地方），指定管理，
運営委託

1.　平成30年度社会教育調査にみる博物館の数

★全施設数：5,744
　◆登録博物館・博物館相当施設：1,287（22.4%）
　◆博物館類似施設：4,457（77.6%）

2.　令和元年度博物館総合調査にみる運営実態（N値2,314館）

★常勤職員数（中央値）：3名（内，学芸員資格保
有者1名）
　・職員構成例：館長1名，事務1名，学芸1名
　・平均値の常勤職員数は7名
★入館有料施設（常設展）：64.7%（登録・相当も
有料が高率）
　補償金請求権の支払い主体・実質的な負担者との
関連（＊）
　◆博物館の現場が感じている課題
　・財政面の厳しさ：79.0%
　・情報のデジタル化が進まない：73.9%
　・職員が不足：73.2%
　・必要な資料整理が進まない：70.9%

3.　厳しい状況の中で行われている著作物のレファレンス

　◆機能としての重要性は認識↔業務体制の未整備
　◆類似施設が図書館「等」の施設になるには個別
　　指定が必要（参考資料）
＊博物館法第23条
　公立博物館は，入館料その他博物館資料の利用に
対する対価を徴収してはならない。但し，博物館の
維持運営のためにやむを得ない事情のある場合は，
必要な対価を徴収することができる。

＊博物館の状況について（今回のWTの論点関係）
◎博物館に蓄積されている著作物について，館内で
の展示・閲覧だけでなく，デジタル化されたデー
タの活用については，施設現場における情報のIT
化の進展に伴い，利用者からのニーズも確実に増
えている。
◎今般のコロナ禍の下での博物館事業においても，
休館等により来館できない利用者からの資料利用
につてのニーズも増加しており，現場の運営にお
いても，著作物情報のデジタル化と活用は，検討
すべき課題として重要視されている。
　➤　HP，SNS等を利用したコンテンツ情報発信
　➤　在宅で利用できる教材等の提供（館内でのワー
　　　クショップで使用する資料等の配信等）
◎権利制限規定のデジタル化・ネットワーク化への
対応は，博物館界としても歓迎すべき方向と捉え

ている。今後の検討に際しては，権利者の利益保護の担保を前提としつつ，利用者の利便性向上とともに，現場での運用基準の明瞭化による業務の円滑化と効率化が図れる制度設計を望みたい。

➢ デジタルデータの提供媒体の拡大；メール等の利用は必須

➢ データの流出防止；施設ごとの対応は，更新される技術へのアップデートを含め困難コスト的にも困難

◎一方，博物館での実際の運用については，従来規定への対応を含め，その実態が充分に理解されておらず，博物館特有の状況の把握とともに，同業務に対する対応体制の多様な実態を踏まえた上での議論が求められる。

➢ 図書館等の「等」に該当する博物館の位置付け
現行博物館法における「博物館」の規程と施設側の意識のずれ

➢ 館種・設置者・規模・運営形態の多様性

➢ 対象となる著作物の多様性（立体／平面，美術品／文献）

➢ 著作物に関するレファレンス体制に施設ごとの差異
機能としての独立性，専門職員（司書）等の配置等

◎今後，博物館におけるデジタル化・ネットワーク化促進については，博物館全体の制度整備とともに，著作権全般に対する理解促進とともに，各施設における機能充実，独自のガイドライン等の作成等を視野に入れた取組が求められる。

＊参考資料
・平成 27 年度法制・基本問題小委員会の審議の経過等について（抜粋）
（平成 28 年 2 月 24 日法制・基本問題小委員会）
II　各課題の審議の状況
　第 3 章　著作物等のアーカイブ化の促進　第 2 節　検討の状況
　著作権法第 31 条の「図書館等」の範囲の拡充については，平成 27 年 6 月 22 日付で著作権法施行令第 1 条の 3 第 1 項第 6 号に基づく指定を行った。すなわち，博物館法第 2 条第 1 項に規定するいわゆる登録博物館又は同法第 29 条に規定するいわゆる博

物館相当施設であって，営利を目的としない法人により設置されたものが「図書館等」に含まれうることとなった。これにより，著作権法第 31 条第 1 項第 2 号により資料の保存のため必要がある場合に複製を行える施設範囲が拡充された。指定の範囲に含まれない施設については，各施設からの要望に応じ，引き続き個別指定にて対応を行うこととされた。

ポストコロナに求められるデジタル化資料のあり方－研究者・学生のニーズから－

図書館休館対策プロジェクト[1]

1　はじめに

・本資料は，新型コロナ後「ポストコロナ」に求められるデジタル化資料のあり方について，本プロジェクトが実施した「図書館休館による研究への影響についての緊急アンケート」の調査結果をもとに，研究者・学生のニーズをまとめたものです[2]。

・上記アンケートは，緊急事態宣言が全国に拡大し，各地で図書館の臨時休館が相次ぐという特殊な状況下で実施されました。

・この非常事態は期せずして，日本のデジタル化資料についてそのアクセスが極めて制限されていること，利用環境の整備が遅れていることを改めて浮き彫りにしました。

・この調査結果が今後の政策形成に活かされ，日本社会における知識情報基盤の充実に向けた取り組みの一助となることを願います。

2　調査の概要

調査目的	新型コロナウイルス感染拡大の影響による図書館の休館やサービス縮小が，研究（※）の実施に生じている困難の現状を明らかにすること。 （※）「研究」には，研究者（大学・民間企業等の所属は不問）や学生（大学院生・大学生・研究生等）によるものなど，広範な意味での研究活動を含めています。
調査対象	広義の研究者（大学・民間企業等の所属は不問）及び学生（大学院生・大学生・研究生等）

有効回答数	2,519 名
調査期間	2020年4月17日（金）～2020年4月30日（木）
調査方法	インターネット調査（メーリングリスト，SNS，ウェブサイト等を利用）
調査主体	図書館休館対策プロジェクト

3 最も多かったニーズは「デジタル化資料の公開範囲拡大」

・図書館休館の中で研究を続けるにあたり，どのような支援を望むかを複数選択で尋ねたところ[3]，最も多かったものが「<u>デジタル化資料の公開範囲拡大（例：国立国会図書館内限定送信の資料を館外利用可能にする等）</u>」（75.7%，1908 名）でした（下表参照）。

・次に多かったものは「<u>研究目的の文献について，来館を伴わない文献の貸出しサービスの実施（例：文献の郵送や一部電子化等）</u>」（73.0%，1838 名）でした。

・その他として寄せられた意見（86 件）のうち，多かったものは「オンライン公開の拡大」（23 件），「複写サービスの拡充」（11 件），「電子ジャーナルの拡充」（8 件），「データベースの拡充」（7 件），などでした。

[2,519 名]

値	選択肢	人数	％
1	1 研究目的の文献（古書や電子書籍も含む）の購入費の援助	1061	42.1
2	2 研究目的の文献について，館内閲覧を伴わない貸出しサービスの実施（例：事前予約した文献の受取のみ等）	1670	66.3
3	3 研究目的の文献について，来館を伴わない文献の貸出しサービスの実施（例：文献の郵送や一部電子化等）	1838	73.0
4	4 デジタル化資料の公開範囲拡大（例：国立国会図書館内限定送信の資料を館外利用可能にする等）	1908	75.7
5	5 十分な感染症対策を施した上での館内限定資料の利用（例：事前予約による滞在時間や来館人数の制限等）	1077	42.8
6	6 特に望む支援はない	34	1.3
7	その他	86	3.4

※ウェブサイト上で詳細な調査結果を公表しております。ぜひご覧ください。

4 研究者・学生の声－デジタル化資料拡充のニーズ－

自由記述回答で研究者・学生から寄せられた，デジタル化資料の拡充を求める声を（1）既存資料のアクセス拡大，（2）デジタル化資料の利用環境整備，の順にご紹介します。

（1）既存資料のアクセス拡大

・<u>国会図書館内限定・大学送信資料を家からも見られるようにしてほしい</u>です。専用端末は大学図書館内にあり，閉館中で利用できません。大学の学務システムから入るようにすれば範囲は限定されると思うのですが。

・私は美術史を専攻しており，<u>図版の版権の問題などあって，データ化されていない・公開されていないものが多くあります</u>。全集など大きくて重く，個人で買うには値段の高い本を参照する必要がありますので，たとえ研究費の補助があっても影響を抑えるのは困難です。

・高齢の両親と暮らしており，外出はできる限り減らしたいです。限定開館になったとしても通えないかもしれません。[大学院，修士課程 2 年生]

国立国会図書館の資料が館内限定の閲覧となっており，大変困っています。せっかくデジタル化されているにもかかわらず，オンラインで閲覧することができないのは本末転倒な気がいたします。コロナが契機となることは本望ではありませんが，これを機にデジタル化資料の公開範囲の拡大および公開方法の改善を強く望みます。（国民の税金で運営されていることを考えると，さまざまな分野におけるオンライン化が進む中で，コロナ対応という理由の前に，そもそも国会図書館へのアクセスが容易ではない地域に拠点を置く研究者にも，平等に閲覧できる機会を与える取り組みは，妥当性が高いと考えます。）[独立行政法人・国立研究機関，助手]

→ 感染症予防という点からも，地理的障壁の緩和という点からも，絶版等資料を各家庭等にインターネット送信することを可能とすることへのニーズは極めて高いことがわかります。

(2) デジタル化資料の利用環境整備

米国の大学図書館は専門書でもデジタル版を揃えているので，オンラインでかなりの範囲を賄うことができます。
日本の専門書はそもそもデジタル版が普及していないので，そこから変え，和書でもオンラインで読める環境（出版社の協力）が整備されればと考えています。[大学・大学院，教員]

まずは電子化した資料を公的に認めていく仕組みが最優先だと思います。数年前，アメリカで研究をさせて頂いておりましたが，pdf を利用出来る環境が日本と格段に違い，図書館にウェブで申請すると翌日には pdf がメールで送られてくる環境でした。授業資料も，全て pdf でポータルに掲載，そしてその著作権料は大学がきちんと支払いをしていたと伺いました。
その当時知り合った院生から聞いた話ですが，日本に留学したアメリカの院生が，東大に留学していながら，東大をはじめとして日本の図書館の文献は紙のコピーしか出来ないので，目の前の東大図書館を使わず，Harvard の図書館から pdf を送ってもらっていました。恥ずかしすぎる話です。[大学・大学院，教員]

→ （アメリカと比較した場合）日本は専門書のデジタル版が普及しておらず，図書館の文献複写も紙でしか利用できないことで，文献利用の利便性に

圧倒的な違いがあることがわかります。
（出版社の協力を得ながら）書籍のデジタル版の普及を促進すること，図書館資料のコピーをメール等で送信可能にすることへのニーズは極めて高いです。

「近代日本（特に明治，大正，昭和初期）の文献のデジタル化・オンライン公開がすすんでいないのは，今回の新型コロナウィルス禍の件にかかわらず，デジタル・ヒューマニティーズのアプローチによる研究が国際的に進む昨今，非常に問題だと思います。[中略]国立国会図書館のデジタル化された資料の少なからずが館外からのアクセスができないのは，大変不便ですし，資料が十分に活用されず，日本国内における研究活動，および世界における日本関連研究を停滞させる要因にもなります。
今回のコロナ禍をきっかけに，今後（休館中以外にも），国立国会図書館をはじめとする日本の図書館・資料館および各出版社・新聞社が協力して，資料のデジタル化を促進し，一定の手続きのもとでデジタル化した資料のオンライン（館外）利用を実現してくださいますよう，切に願います。」[大学院，修士課程 1 年生]

→ 研究上重要な文献・資料のデジタル化を進めることは，単なる利用者にとっての利便性の向上に留まらず，学術研究の更なる発展向上にも貢献するものであり，高い公共性も有するものです。

(注)
1 本プロジェクトは，今般の新型コロナウィルス感染拡大に伴う図書館の休館等によって研究活動の実施が困難となっている研究者のために，図書館休館に伴う代替的支援施策を求めることを目的として，社会科学系の若手研究者を中心に設立された有志個人の集まりです。詳しくはウェブサイト（https://closedlibrarycovid.wixsite.com/website）もご参照ください。
2 本プロジェクトの他にも，日本歴史学協会ほか「公開要望書国立国会図書館デジタルコレクションの公開範囲拡大による知識情報基盤の充実を求めます」（2020 年 5 月 23 日 http://www.nichirekikyo.com/statement/statement20200523.pdf），日本出版者協議会「ICT を活用した資料へのアクセス環境整備に関する要望書」（2020 年 5 月 29 日，https://www.shuppankyo.or.jp/post/oshirase20200601）が要望書を提出しています。後者は本プロジェクトも賛同した共同要望書です。
3 「Q7 図書館休館の中で研究を続けるにあたり，あなたが望むのはどのような支援ですか。（複数選択可）」

図書館関係の権利制限規定の見直し (デジタル・ネットワーク対応) について

2020 年 8 月 27 日
国公私立大学図書館協力委員会

現行制度下での運用実態

4

大学図書館におけるコピーサービスの運用実態

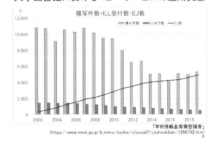

大学図書館におけるコピーサービスの運用実態

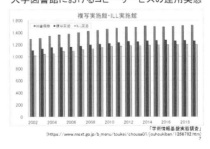

大学図書館におけるコピーサービスの運用実態

大学図書館におけるコピーサービスの運用実態

文献複写料金の例

大学	区分	金額(モノクロ)	金額(カラー)
東京大学 (総合図書館)	学内者	20円	60円
	学外者	50円	90円
	セルフ	10円	50円
早稲田大学 (中央図書館)	学内者	20円	60円
	学外者	60円	200円
	セルフ	10円	50円
慶應義塾大学 (三田メディアセンター)	学内者	30円	100円
	学外者	55円	200円
	セルフ	10円	50円

※ 各館のwebページから

8

大学図書館におけるコピーサービスの運用実態

著作権法の規定を遵守するための対応
- 国公私立大学図書館協力委員会として、コピー機の近くに法第31条1項1号を概説するポスター (slide 20) の掲示を奨励
- 国公私立大学図書館協力委員会として、著作権を尊重した図書館活動の在り方、著作権等管理事業者等との協議を踏まえて策定したソフトローの趣旨を「大学図書館における著作権問題Q&A」 (slide 21) を通じて周知
- 国公私立大学図書館協力委員会として、セルフコピーは「大学図書館における文献複写に関する実務要項」(slide 22) に基づいての実施を案内
  - ※ 利用者によるコピーが法第31条1項1号の条件に合致しているかの図書館による確認が要件の1つ
- ○ 各館が図書館の利用やレポートの作成などに関するガイダンスを行っており，それぞれ利用者に著作権の尊重について案内

9

絶版等資料の送信サービスの運用実態

図書館向けデジタル化資料送信サービス (国立国会図書館)
- 大学図書館の参加館は465館
  - (※ 令和30年度末「国立国会図書館年報(平成30年度)」jp.42)
- 参加館は来館者にのみコピーを提供でき，郵送を含めて送信は不可
  - ※ 現在，新型コロナウイルス感染拡大防止のため，臨時的措置として，参加館からデジタル化資料のコピーを利用者に郵送が可能
- 利用者は「遠隔複写サービス」により国立国会図書館へ直接依頼することでデジタル化資料のコピーを郵送で入手可能

10

利用者からの制度・運用に関するニーズ

コロナ禍による休館等期間中の郵送サービスの例

大学	期間	郵送貸出(冊)	複写郵送(件)
東京大学 (総合図書館)	5/18(月)〜5/29(金)	834	26
	6/ 1(月)〜7/ 3(金)	1,717	50
	7/ 6(月)〜7/31(金)	252	7
早稲田大学 (中央図書館)	5/11(月)〜5/29(金)	387	204
	6/ 1(月)〜7/ 3(金)	739	345
	7/ 6(月)〜7/31(金)	761	266
慶應義塾大学 (三田メディアセンター)	5/ 4(月)〜5/29(金)	268	112
	6/ 1(月)〜7/ 3(金)	212	100
	7/ 6(月)〜7/31(金)	265	97

※ 国公私立大学図書館協力委員会調べ

11

利用者からの制度・運用に関するニーズ

図書館休館対策プロジェクト
(https://closedlibrarycovid.wixsite.com/website)

1. 「国立国会図書館デジタルコレクション」の「図書館向けデジタル化資料送信サービス」参加館の休館が続いている現状に鑑み、緊急的措置として、当該サービスを参加館外部からも利用可能とすること [略]
2. 大学図書館等の休館が続いている現状に鑑み、緊急的措置として、既存の館内限定のデータベース・電子ジャーナル等を、館外からも利用可能にすること [略]
3. いくつかの大学図書館がすでに実施している、来館を伴わない貸出サービス・複写サービス等のノウハウを共有して頂き、各館の状況に応じた安全なサービス再開に向けた段階的措置 [略]
4. [略]

「大学図書館等の開館を維持したままで可能な緊急支援施策に関する要望書(第1次)」(2020年5月7日)
(https://7a64ccfc-4343-4e56-831b-78b6fa3c99e3.filesusr.com/ugd/f24217_210271688941407ca5276122e932f238.pdf)

12

制度の見直しについて

13

絶版等資料へのアクセスの容易化について

- 法第31条第3項の改正により、利用者が場所や時間を問わず直接アクセスでき、プリントアウトやダウンロードを可能とすることを支持する。
- 「絶版等資料」の内容の明確化等を法令で規定することについては、安易に除外手続が行われることがない制度である必要がある一方、運用の柔軟性を損なわないことに留意される必要がある。
  - ※ 多くの大学図書館が休館となり、国立国会図書館の「遠隔複写サービス」も休止 (4月15日〜5月19日) されたことで、ほぼ完全にデジタル化資料が利用できない期間が生じたが、場所や時間を問わず利用できるデジタル化資料が持つ本来の利点が活かせる制度とするべきである。

14

図書館資料(絶版等資料以外を含む)の送信サービスについて (1/2)

- 法第31条第1項第1号の改正により、図書館が図書館資料のコピーを利用者に電送可能とすることを支持する。なお、図書館間の電送ではなく、直接、利用者へ電送できる制度であることが重要である。
  - ※ 大学図書館の複写件数は減少傾向にあるものの、先般 (4月28日) の平成30年改正著作権法第35条の施行に伴い、大学図書館は遠隔授業のほか、在宅での授業準備や在宅学習への支援への対応が重要となることから、直接、図書館資料のコピーを利用者に電送できる制度が必要である。
  - ※ 国公私立大学図書館協力委員会は「大学図書館間協力における資料複製に関するガイドライン」(slide 23) により、図書館間の電送は一部実現しているが、契約に基づく運用は安定性に欠ける点があり、また、著作権等管理事業者への委託率が高くないため限界がある。

15

110

図書館資料(絶版等資料以外を含む)の送信サービスについて (2/2)

- 法第31条第1項第1号の改正に関して，送信の形態やデータの流出防止措置を法令で規定することは，ICT分野の発展が非常に速いこともあり，硬直化を危惧する。
  - ※ 細かな条件については何らかの形で検討の場を設けて適宜修正することが現実的である。
- 適正な著作物使用料が著作権者に届くことは重要であるが，館内での手渡し，郵送，電送，いずれも1部のコピーが利用者の手に渡ることに違いはなく，電送可能なこと自体が，著作権者の権利を大きく害することにはなる可能性は低い。
- 電子であるか冊子であるかに関わらず，出版市場を阻害することは図書館にとっても望ましいことではないが，仮に，コピーの電送が可能となることに伴い，電子での刊行がある場合には図書館で所蔵する冊子に掲載された同内容の著作物が権利制限から外れるということであれば，運用上の支障が極めて大きい。

16

その他関連する課題について

◎「一部分」要件の検討にあたっては，法第35条第1項との関係を併せて検討願いたい。
  - ※ 在宅学習等では「授業の過程」としての著作物の利用が想定され，大学図書館に対して「一部分」を超えるコピーの送付の申込も予想されるが，包括許諾による解決は著作権等管理事業者への委託率が高くないため困難である。また，館内のセルフコピーで法第35条第1項の複製を許容する場合，過去 (平成11年) に某自治体の図書館で生じた問題との整理が必要である。
◎ 電子書籍等に関する法整備について検討願いたい。
  - ※ 本来，当事者同士の契約の問題ではあるが，購入後に利用条件が図書館側からみて縮小される事例がみられる。また，提供者が提供不能となった場合の備えがない。
◎ 令第2条の3の施設へ大学図書館の追加を検討願いたい。
  - ※ 図書館向けに著作権処理された製品は大学図書館も貸出可能であるが，在宅研究や在宅学習へ対応するため，著作権処理がされていない資料の貸出できる環境が必要である。なお，貸出には補償金支払義務があり，著作権者の権利が大きく害されることにはなる可能性は低い。

17

まとめ

- 大学図書館としては，コロナウィルス感染症の流行に伴う図書館の休館という視点だけではなく，先般 (4月28日) の平成30年改正著作権法第35条の施行で生じる，遠隔授業のほか，在宅研究や在宅学習への支援への対応という視点が重要である。
- 新規に購入する図書館資料が電子資料中心になること，既存の図書館資料の電子化への要求が更に高まることが想定される。それを踏まえた今後の制度設計が必要である。
- 大学図書館としては，下記の早期の実現が重要である。
  ◎ 法第31条第1項第1号の複製物の提供で電子メール等の利用が可能となること
  ◎ 大学図書館が法第35条第1項の「授業の過程」で利用する複製物の提供に支障がなくなること
  ◎ 電子書籍等が安定的に利用できるように環境が整備されること
  ◎ 令第2条の3に大学図書館が追加されること

18

※ 参考資料

19

［ポスター］

URL	https://julib.jp/wordpress/wp-content/uploads/2016/07/poster_080327.pdf
作成	国公私立大学図書館協力委員会 (平成20年3月)
趣旨	図書館の利用者に対して，図書館における複製について著作権法が定める要件を周知するもの。
注記	・当初 (平成13年9月)，日本図書館協会と共同で作成したが，その後，デザインを一新(右図)し，独自に作成している。 ・「大学図書館における文献複写に関する実務要項」(slide 21)の「利用者に対して著作権法尊重態度を周知する」方法に位置づけている。 ・現在は印刷版の配布は終了し，国公私立大学図書館協力委員会の上記URLでPDF版を配布している。

20

大学図書館における著作権問題Q&A

URL	https://julib.jp/wordpress/wp-content/uploads/2016/07/copyrightQA.pdf
作成	国公私立大学図書館協力委員会 (平成15年1月)
趣旨	大学図書館での図書館資料の利用を中心とした諸活動に関する多くの事例を集め，著作権法や著作権等管理事業者等との協議を踏まえて策定したソフトロー(ガイドライン)に照らし，それらの活動で著作権者の権利を害さないとするもの。
注記	・活動を系列別にし，同じ系列の事例が近くなるように編集。 ・同じ活動であっても複数の視点がある場合には，妥当と思われる順で複数の回答を記載。 ・巻末にソフトロー(ガイドライン)を掲載。 ・前付に改訂履歴を記載。

21

大学図書館における文献複写に関する実務要項

URL	https://julib.jp/documents/coop/yoko.pdf
作成	国公私立大学図書館協力委員会 (平成15年1月)
趣旨	"図書館"が主体でなければならないと解釈されている法第31条第1項第1号に基づく複製に関して，この要項の条件を満たすことで利用者による複製を同号の範囲内として運用するもの。
注記	・日本複写権センター(現・日本複製権センター)との合意を経て作成。 ・図書館は利用者に対して著作権法尊重態度を周知する。 ・図書館は利用者に複写内容を記載した申込書および著作権法の諸条件を守る誓約書(両者を兼ねた様式で可)の提出を求める。 ・図書館は利用者の複製が法第31条第1項第1号の諸条件に合致しているかを確認する。
解説	「大学図書館における文献複写に関する実務要項」解説 https://julib.jp/documents/coop/kaisetsu.pdf

22

大学図書館間協力における資料複製に関するガイドライン

URL	https://julib.jp/documents/coop/ill_fax_guideline_supplement.pdf
作成	国公私立大学図書館協力委員会 (平成16年3月，平成28年6月最終修正)
趣旨	著作権法上とは図書館が複製物をFAX等により送信することはできないと解釈されているが，契約(合意)をベースに，一定の範囲でFAX等による送信を可能にするもの。
注記	・ベースに国公私立大学図書館協力委員会と学術著作権協会との合意がある。 ・対象となるのは学術著作権協会の管理著作物(除外あり)。 ・双方が国立大学図書館協会，公立大学協会図書館協議会，私立大学図書館協会のいずれかの加盟館である送信(海外の大学図書館への送信は可)に限られる。 ・「中間複製物」の破棄義務がある。 ・購入努力義務がある。

23

複製物の写り込みに関するガイドライン

URL	https://julib.jp/documents/coop/utsurikomi_guideline.pdf
作成	日本図書館協会, 国公私立大学図書館協力委員会, 全国公共図書館協議会 (平成18年1月)
趣旨	1ページに納まっているような著作物を法第31条第1項第1号に基づき複製する場合, 厳密には「一部分」を超える部分は遮蔽するなどして複製されないようにするべきであるが, このガイドラインの条件を満たす場合, 遮蔽などを要しないとするもの。
注記	●「図書館における著作物の利用に関する当事者協議会」での合意を経て作成。 ●あくまで1ページという単位が原則。 ●楽譜, 地図, 写真集・画集, 雑誌の最新号は対象外。
解説	「複製物の写り込みに関するガイドライン」に関するQ&A https://julib.jp/documents/coop/utsurikomi_guidelineQA.pdf

24

図書館間協力における現物貸借で借り受けた図書の複製に関するガイドライン

URL	https://julib.jp/documents/coop/ill_copy_guideline.pdf
作成	日本図書館協会, 国公私立大学図書館協力委員会, 全国公共図書館協議会 (平成18年1月)
趣旨	図書館間協力で借り受けた資料は, 借りた側の図書館で法第31条第1項第1号に基づく複製ができないと解釈されているが, このガイドラインの条件を満たす場合, それらの資料を借りた側の図書館で複製することを可能とするもの。
注記	●「図書館における著作物の利用に関する当事者協議会」での合意を経て作成。 ●雑誌や視聴覚資料は対象外。 ●入手困難な「図書」に限られる。 ●双方が, いわゆる「31条図書館」であることが必要。 ●通常の複写サービスとは別手続の設置が必要。 ●購入努力義務がある。
解説	「図書館間協力における現物貸借で借り受けた図書の複製に関するガイドライン」に関するQ&A https://julib.jp/documents/coop/ill_copy_guidelineQA.pdf

25

大学刊行の定期刊行物に関する著作権法第31条第1項第1号の「発行後相当期間」の扱いについて

URL	https://julib.jp/documents/coop/bulletin_20140701.pdf
作成	国公私立大学図書館協力委員会大学図書館著作権検討委員会 (平成26年7月)
趣旨	「発行後相当期間」については「次号が刊行されるまで」や「3か月を経過」するまでの短い運用してきているが, 多くの大学で機関リポジトリが設置され, 紀要等が刊行直後から電子的に公開されるようになったことなどを受け, 大学が刊行する定期刊行物の「発行後相当期間」に係る運用の短縮を図るもの。
注記	●国公私立大学図書館協力委員会を通じて関係の大学に対する意見募集を経て作成。 ●大学が刊行する定期刊行物については, 各大学図書館が受入した時点で「発行後相当期間」が経過したものとみなす。 ●販売されているもの, 著作権等管理事業者に権利委託されているもの, 著作権等を学会等の大学以外が有しているものを除く。

26

図書館の障害者サービスにおける著作権法第37条第3項に基づく著作物の複製等に関するガイドライン

URL	http://www.jla.or.jp/portals/0/html/20130902.doc
作成	国公私立大学図書館協力委員会, 全国学校図書館協議会, 全国公共図書館協議会, 専門図書館協議会, 日本図書館協会 (平成22年2月, 令和元年11月改正)
趣旨	法第37条第3項の「視覚による表現の認識に障害のある者」や「視覚障害者等が利用するために必要な方式」などに関する指針で, 円滑な運用を図るもの。
注記	●「図書館における著作物の利用に関する当事者協議会」での合意を経て作成。 ●「視覚による表現の認識に障害のある者」は, 広めに捉えられている。 ●「視覚による表現の認識に障害のある者」については, 添付の確認項目リストで確認の上, 一般利用者とは別の登録が必要。 ●「視覚障害者等が利用するために必要な方式」についても広めに捉えられている。 ●録音図書等の市販状況の確認方法について定められている。

27

〈https://www.bunka.go.jp/seisaku/bunkashingikai/chosakuken/
toshokan_working_team/r02_01/〉

図書館関係の権利制限規定の在り方に関するワーキングチーム（第2回）ヒアリング発表資料

文化審議会著作権分科会法制度小委員会「図書館関係の権利制限規定の在り方に関するワーキングチーム」（第2回）資料

2020年9月9日

図書館関係の権利制限規定の見直しについて

2020年9月9日
文化審議会著作権分科会法制度小委員会
ワーキングチームあて
一般社団法人学術著作権協会

1．全体の方向性

図書館のデジタル化・ネットワーク化対応については，今般の新型コロナウイルス感染症の流行に伴うニーズの顕在化にかかわらず，早期に検討すべき重要な課題であると思われます。

その一方で，諸外国ではライセンスシステムや補償金制度が確立されており権利者の利益保護が図られていますが，日本では公共貸与権が議論になった際にも財源確保の問題などもあり，円滑な利用と権利保護のバランスを取る上では，さまざまな課題が残されている状況であるともいえ，慎重に検討すべき点も多いといえます。

さらに，図書館資料を電子的手段により送信できることとなれば，少なくとも学術論文に関して言えば，多くの出版社，学会，ドキュメントデリバリー事業者が各事業者のWebサイト等から利用者が文献をオンラインで直接取得できるサービスを提供しており確固たる市場が形成されているため，権利者ならびにドキュメントデリバリー事業者の正当な利益を害することとなると考えられます。

また，図書館のデジタル化・ネットワーク化に対する国民の具体的なニーズの内実については，必ずしも明確になっているとは思われず，十分な調査もまた必要ではないかという印象を持ちます。

つきましては，当協会として，絶版等資料のアクセスの容易化や，図書館資料へのタイムリーなアクセスが実現するよう早期に諸課題が整理されることに期待する一方で，上述の通り，円滑な利用と権利保護のバランスには十分な配慮ができるよう，具体的にどのような利用にニーズがあるか明確化し，既存市場を害さないための方策を十分に検討の上，結論を出して頂きたいと考えます。

2．2（1）絶版等資料のアクセスの容易化について
① 絶版等資料の定義の明確化が必要

現行法では，国立国会図書館から他の図書館等に対してデジタル化された絶版等資料を送信先の図書館等において，当該資料を館内での閲覧に供するとともに，一部部分を複製して利用者に提供することが可能となっており，国立国会図書館によれば，図書館送信の参加館は合計1048館（2019.3），送信対象資料は約150万点（2019.3），合計閲覧回数は291,606回，合計複写回数は128,575回の利用が報告されています（2018.4～2019.3）。[1]

送信対象資料については，「国立国会図書館のデジタル化資料の図書館等への限定送信に関する合意事項」[2]において，「国立国会図書館のデジタル化資料のうち，入手困難な資料とする。入手困難な資料とは，流通在庫（出版者，書店等の市場）がなく，かつ商業的に電子配信されていない等，一般的に図書館等において購入が困難である資料とする。ただし，オンデマンド出版されている資料及び電子書籍として流通している資料は，現に商業的に流通している事実を踏まえ，入手可能なものとして扱う。」としており，漫画や商業出版社に係る雑誌については送信対象候補としての取扱いは留保されています。また，送信対象の除外基準の一つには「当該資料又は同内容の著作物の著作権が著作権等管理事業者により管理されている場合」との記載もあります。

例えば学術研究の用において，すでに廃刊して市場に流通していない雑誌を参照するような場合など，絶版等資料へのアクセスを容易化することには一定程度のメリットがあると考えられますが，出版社でも上述の通りオンデマンド出版によって複製物を取得できるサービスを提供している場合もあるため，絶版等資料の定義については「国立国会図書館

のデジタル化資料の図書館等への限定送信に関する合意事項」においても権利者の利益保護の観点から慎重な態度としていることから出来る限り当該資料に準じていただきたいと考えます。

② 送信の形態について

　送信の形態については，絶版等資料であっても著作権者が著作権を保持している場合も当然想定されるため，閲覧者についてはID・パスワードによる管理を行うべきであろうと思われます。

　絶版等資料の定義次第ということにはなりますが，出版社等においてオンデマンド出版されている資料が対象となった場合には，ID・パスワードによる管理のない形での資料公開をすることによって，既存の権利者の利益を害すると考えられます。また，ID・パスワードによる管理を行わないケースとしては，大英図書館では著作権の保護期間が終了しているパブリックドメインの一部を公開している例がございますが，絶版等資料という広い範囲について世界中の利用者誰もが入手可能となってしまうことは，国内の権利者だけでなく国外の権利者にとっても利益を害する可能性が懸念されます。

　さらに，「国立国会図書館のデジタル化資料の図書館等への限定送信に関する合意事項」[2]では，事後除外手続（オプトアウト）に関して，"具体的な出版計画が新たに生ずる等の要因により，追加的に送信対象から除外する必要が生じた場合，出版者及び著作（権）者は，国立国会図書館に，その旨の申出を行い，調整を行う。"といった合意事項が記載されています。この度の権利制限規定の検討においては，当該合意事項も考慮いただきたく存じますが，仮に利用者に直接的に公衆送信できることとなった場合に，ID・パスワード管理がなされずインターネット上に公開されてしまっている状態では，除外手続の期間中にも，限定されたユーザー以外もダウンロードできてしまうこととなり，権利者の利益保護が十分になされないことが予想されます。

　ID・パスワードによる管理については，誰もが見られるという点では一般公開と変わりはありませんが，IDの取得時に利用規約に同意するプロセスを経てIDを取得するのが通常であり，利用規約への同意を得ることにより，利用規約に規定されている条件を遵守した利用を担保することができ，資料を本当に必要としている利用者に提供し，不正利用を予防するための防壁になるという点は，権利保護の観点から極めて重要と考えます。

　現在は，民間企業においても細心の注意を払って情報公開を行っていることや，著作権法31条3項で認められているのは利用者の求めに応じた複製物の提供であるという性質から考えても，最低限，ID・パスワード管理を施して頂きたく存じます。

　プリントアウトやダウンロードによる複製物の入手については，その必要性があるかまだ不明な部分も多いため，少なくとも十分な調査が必要と思われますが，紙等媒体の複製物の入手が必要であれば法31条3項後段の絶版等資料のコピーサービスを利用すれば足りると思われることから，ストリーミング配信で足りるのではないかと考える次第です。

3. 2 (2) 図書館資料の送信サービスについて
① 諸外国との比較と現条文の問題点について

　諸外国においても，本件に関連する権利制限規定を設けていますが，米国の著作権法では米国法108条（g）項において，米国法108条（d）項に基づく複製および頒布については，"組織的な複製または頒布に関与する場合"を明確に除外しており，2017年に改正施行されたドイツ学術著作権法60e条でも"商業を目的としない利用者の個々の注文に応じて，（中略）複製を送信することができる"こととしている一方で，日本法では法31条1項において"調査研究の用に供するため"であれば複製物の提供ができることとしており，実際には組織内での文献の共有などに用いられてしまっている実態があるという情報もあります。

　したがって，権利制限を公衆送信にまで拡大するかどうか以前に，少なくとも日本法31条1項においても，"営利目的"または"組織的な複製または頒布に関与する場合"は除外していることを明文化していただきたく考えます。

② 既存のドキュメントデリバリー市場との競合の懸念

　基本的な考えとして，利用者が文献をオンラインで閲覧できることに留めるのであれば，補償金制度構築の上で制限規定の範囲内として問題ないと思われますが，図書館から利用者に対してオンラインで

何らかの方法で文献を直接提供する場合（利用者が図書館に物理的に訪問し，文献をピックアップする必要がない場合）には，図書館は著作権者あるいは著作権者が任命した代理人との間でライセンス契約を締結する必要があると考えます。

なぜならば，図書館が利用者に直接オンラインで文献の提供を開始するということは，一部分の定義次第ではありますが，これまでのコピーサービスとは異なり，複製物の提供というよりは一次著作物の提供にあたるともいえ，図書館が既存のドキュメントデリバリー市場に参入すると考えられるためです。

本件に係る検討においては，正規市場とは競合しないような要件設定を行うことを前提としていることは承知しておりますが，図書館資料のコピーサービスにおいては，少なくとも大学図書館では，ドキュメントデリバリーサービスで提供されているような学術論文を取り寄せることも可能です。図書館間相互貸借を通じた複写物の取り寄せについては，当協会では国公私立大学図書館協力委員会と「大学図書館間協力における資料複製に関する合意書」を締結し，中間複製物を破棄する等の一定の条件のもと，大学図書館間でインターネット送信することについて無償にて許諾していますが，当該送信資料を利用者に直接送信できるとなると，同じ著作物であっても，現在の著作権法 31 条 1 項 1 号によるコピーサービスであれば市場への影響が軽微であっても，単純に送信サービスへと範囲を拡大すれば，正規市場と競合することになるものが多く含まれており懸念を持っております。

正規市場と直接的に競合しうると考えるもう一つの理由としては，一般の書籍であれば書籍全体で販売しているため，一部分に限定した資料提供を行っている分には，市場との競合は回避できるかもしれませんが，学術雑誌は論文単位で，専門書についても最近では書籍全体ではなく一章単位で，販売することも多く，権利制限の対象範囲である"一部分"の要件と販売単位が合致するために，既存の市場との競合は避けられず，権利者の通常の利益を害する恐れがあるためです。

また，ドキュメントデリバリー事業や出版サービスは，当然ながらその利用のすべてが商用利用の購入によっているわけではなく，私的に書籍や文献を

購入するように私的な利用も含まれているため，仮に競合回避の要件を設けるのであれば，一部分の範囲をより限定したり（論文であればページ単位，書籍であれば 1 章の半分など），複数回の申請で結果全文が取得できてしまうことを回避する仕組みを設けるなどの設定を検討する必要があると考えます。

現在，既に，多くの出版社，学協会，ドキュメントデリバリー事業者が各事業者の Web サイト等から利用者が文献をオンラインで直接取得できるサービスを提供しており確固たる市場が形成されています。当協会の権利者である学協会に関して言えば，学協会の財務基盤の維持が課題となるなかで，文献提供サービスを展開するなどして著作権料を適切に徴収することも重要となってきているため，図書館資料の送信サービスについては正規市場とは競合しないような要件設定を慎重かつ十分に検討して頂きたく存じます。

上記は日本国外についても同様であり，諸外国では日本国とは異なる著作権法が適用されていることも考慮すれば，日本国外への文献提供については，私的・研究利用または商用利用に係らず著作権者あるいは著作権者が任命した代理人（著作権機構や代理人）が直接管理すべきであると考えます。実際に，英国の大英図書館による BL on Demand サービスでは，国外からの求めに応じる場合には著作権料が必要となることがウェブサイト上に明記されています。[3]

なお，先日 8/27 に行われた図書館関係の権利制限規定の在り方に関するワーキングチーム第 1 回会議における図書館関係者からの説明をお伺いしたところでも，既存のコピーサービスを送信サービスに置き換えたいという意向が示されていたように思われ，上記のようなコピーサービスと送信サービスの違いを認識していただく必要があろうかと存じます。

したがいまして，当方としましては，貴 WT において，すでに資料の送信サービスを行っている正規市場とは競合しないような要件設定を行うことを前提としていることは重々承知しておりますが，図書館が利用者に制限規定下で直接の文献提供を開始すれば，既存のドキュメントデリバリー市場と競合し，権利者ならびにドキュメントデリバリー事業者の正当な利益を害することとなると考えられること

から，「ドキュメントデリバリーサービスにより送信される資料は，検討課題（2）の送信対象資料から除外して頂きたい」ということをお願いしたく存じます。また，図書館資料のコピーサービスに係る権利制限規定に公衆送信権を含めることは慎重にすべきであるとも考えます。

③ 小部分や購入に代わる程度といった条件の定義づけの必要性について

米国法108条（g）項では，"著作物の購読または購入に代わる程度の多量の"複製はできないこととしていますが，購読または購入に代わる程度の多量の定義については，CONTU Guidelines on Photo-copying under Interlibrary Loan Arrangement において"いかなる刊行物についても，図書館や文書資料館のリクエストに基づいて作成された，リクエストした日から5年前以内にそのような刊行物で公表された一つの記事や文書の合計6部以内のコピー"と明確にされています。

特に公衆送信が権利制限下でできるようになるのであれば，小部分の定義を含め，条件を明確化することで権利者への不利益を予防するべきであると考えます。

④ 補償金制度導入にあたっての懸念点

補償金制度については，以前，日本においても議論となった公共貸与権の設置検討の際にも，その財源確保の問題などがあり頓挫した経緯があると思われるため，制度化をするのであれば財源をどのように確保するかといった観点についても十分に検討をしていただく必要があると考えます。

当協会では 3 −②で申し上げた通り，国公私立大学図書館協力委員会と合意書を締結し，大学図書館間でインターネット送信することについて無償にて許諾しています。文部科学省の「学術情報基盤実態調査結果報告」によれば，大学図書館の複写件数は 2000 年の約 1.5 億件をピークに 2015 年は約 3 割（4400 万件）まで減少していますが，急減の理由としては，「学術雑誌が電子子ジャーナルとなり，複写の必要が薄れたことや大学図書館へのコイン式複写機の導入と普及が進んだことをあげることができ，さらに，実態は明らかではないが，学生はモバイル機器による撮影を行うようになり，全体として

複写のニーズが低下していると考えられる。」とされているようです。[4]

しかしながら，図書館から直接的に利用者の求めに応じて，インターネット送信を可能にすることとなれば，電子子ジャーナルの購読に置き換える利用が増加し，複写サービスの利用者数を明らかに超える利用が生じる可能性があると考えられ，結果として権利者の利益を害する可能性が高くなると考えます。

したがって，当協会としては，図書館資料の送信サービスは原則としてライセンス契約により実施されるべきと考えますが，仮に補償金制度を設けるのであれば，利用条件の明確化及び表明保証の仕組みや技術的措置を講じ，財源確保に係る検討を十分にしていただいた上で，権利者への影響が軽微ではないことも鑑み，可能であれば 2017 年に改正施行されたドイツ著作権法等のように従来の権利制限もカバーする補償金制度を導入することが望ましいと考えます。

⑤ 送信形態およびデータ管理について

上記②，③，④で述べたように，公衆送信が権利制限下でできるようになることは，権利者への不利益が生ずるリスクが高まると考えられます。

また，利用者が私的・調査研究の目的で文献を取得するのか，あるいは，商用利用の目的で文献を取得するのかは必ずしも明確ではないため，例えば，ランダムなサンプリングによる確認など明確なデューディリジェンスの仕組みの構築が必要と考えられます。さらに言えば，研究利用の場合には利用者の支援者（どの研究組織）の研究のために利用するか等について明確にする表明保証の仕組が必要と考えます。更に，カバーページ等に利用の用途に関して営利目的での利用は認められない旨の明確な記述を記載するべきと考えます。

図書館間相互貸借による文献複写の仕組みは，基本的には紙形式の著作物を前提とした仕組みであり，現状，多くの文献がデジタル形式で広く入手可能となっている状況では，既存の仕組みが自動的にデジタル著作物に適用されるべきではないと考えます。デジタル文献を図書館間相互貸借の仕組みを利用して提供することの必要性はあるかとは思いますが，多くの著作物がデジタル形式で広く入手可能な

現状では非常に限定された場合にのみ適用するよう配慮を求めます。

したがって，仮に図書館等の利用者に直接的に複製物を提供するとしても，少なくとも ID・パスワードで管理されたサーバーへのアップロードや二次的な複製等を技術的に禁止する措置を講じた上でのメール送信など，セキュアな環境を整備することを条件付けるべきであり，システムおよびその運用についてのデータセキュリティ，プライバシーポリシー等は SOC 2 Type 2 audits and is ISO27001 等のグローバルスタンダードに準拠すべきと考えます。

4.2 (3) その他関連する課題
① 「一部分」要件の取扱いについて
3-③で述べた通りです。

② 適切な運用を担保するための著作権教育・研修等の充実について
特に，新型コロナウイルス感染症拡大以降，テレワークの導入などデジタルトランスフォーメーションの推進，オンライン教育の推進などに対応した各種の施策が進められてきていますが，それらに大きく関わる著作権教育の普及は遅れている印象があります。

当協会では，新型コロナウイルス感染症拡大以前より，民間企業，高等教育研究機関などを対象に著作権コンプライアンスの普及に努めていますが，国としても本格的に普及啓発に取り組んでいただき，著作権等管理事業者などとも協力して早期に展開を図っていただくことを望みます。

本件の権利制限規定に限らず，文化審議会の他の検討項目でも必ずといってよいほど，著作権教育の課題が挙げられていますが，さまざまな社会変革が起きている現状において，最重要課題の一つとして捉えて頂きたいと考えます。

以上

（注）

1 堀内夏紀「図書館送信の利用状況について」国立国会図書館のデジタル化資料送信サービスの可能性（説明会），2019 年 6 月 26 日，国立国会図書館 HP
<https://www.ndl.go.jp/jp/preservation/digitization/about_riyo.pdf>

2 資料デジタル化及び利用に係る関係者協議会「国立国会図書館のデジタル化資料の図書館等への限定送信に関する合意事項」,2019 年 1 月 24 日

3 "What are copyright fees?" Blitish Library website
<https://www.bl.uk/help/what-are-copyright-fees>

4 上田修一「「著作権法」の「図書館における複製は必要か」」『同志社図書館情報学』26 号，2016.12，pp.1-12

▌図書館関係の権利制限規定の見直しに関する検討について

一般社団法人日本写真著作権協会常務理事

（総論として）
コロナウイルス感染症の拡大によって，本年 3 月以来，社会機能の低下がみられ，特に 4 月以降，教育環境，研究環境について支障をきたす状況にあった，または支障をきたす状況にある，と認識している。

このことから停滞した機能を遠隔で行うための利用環境整備が各所で急務となっており，権利者への協力が求められてきた。特に教育環境については，権利者団体としても格別の配慮の要請に応え，社会機能の維持に協力してきたところである。

また同様に，社会的機能としての図書館運営の停止についても，研究，教育に関連して重大な問題点があらわとなり，今回の権利制限規定の見直しが提起されたと考える。

このような環境の中で，当協会としては，社会機能の維持について，肯定し，協力してゆくことを基本的な方向性としている。このため，本問題についても，前向きに対応することが基本方針となるが，細部については，写真著作権者の権利を不当に害さないよう，細やかな配慮が望まれる。以下に各論を述べる。

(1) 絶版資料へのアクセスの容易化について
まず絶版であるかどうかの判定について，一定のルーチンを決定することが必要である。絶版であれば，その出版物は流通から外れているために，著作者，出版社の流通ルートには影響を与えないため，権利制限についても否定されない。

ただし，これは本件の全部に共通して言えること

だが，写真はデジタル化された場合，特に現在の技術によれば，かなり精緻な複製が可能であり，その写真のみが再利用されるなど，独り歩きしかねない。また，このような写真を収集して，データベースを構成し，再提供や営利的に利用することが可能である。

このため，デジタルでの利用拡大の場合には，ストリーミングであっても，再利用など二次流通させることは不可であることなどの注意書きをフッタなどに記載したり，可視透かしを入れるなどして乱用防止措置をとることが必要である。

また，利用に関する責任を明確化するために，登録など利用者を特定した上で利用することもまた必要である。

(2) 図書館資料の送信サービスについて

デジタルデータでの利用は，例えば音声読み上げ機能を利用できるなど，社会的に大変有益であると考える。このため，前項と同様な措置の上で行われることを前提とすれば，権利制限は否定されない。

ただし，紙よりも汎用性の高いデジタルデータによって流通することによって，権利者の利益は大きく制限されることから，補償金制度などの手当てが必要である。補償金と有益性のバランスは難しいが，このサービスが実現することによる社会的な利益を考えると，補償金として有償となっても，実現の意味は大きいのではないか。

(3) その他関連する課題

その他の要件については，必要な事項とは認められるが，順次検討を進めることで十分ではないか。現時点では検討を促すのみとする。

以上

図書館関係の権利制限規定の見直しに関する意見

令和2年9月9日
一般社団法人日本書籍出版協会
一般社団法人日本雑誌協会

1 絶版等資料へのアクセスの容易化について

(1)「絶版等資料」の明確化

出版物に関する「絶版等資料」をどのように明確化するのか，またその決め方をどうするのかが極め

て重要です。

現行制度下では，国立国会図書館における「資料デジタル化及び利用に係る関係者協議会」における合意事項に基づいて，絶版等資料を確定する運用がなされています。すなわち，同館における①入手可能性調査，公表された送信対象候補リストに対しての②事前除外手続，必要に応じて③事後除外手続を行うことによって確定されたリスト記載の資料が送信対象となっています。

また，図書のうち，コミックスについては電子書籍市場に及ぼす影響に鑑み，送信対象外とされており，また，著作物の特性や著作者の要望等に鑑み絵本も除外されています。雑誌についても，商業出版として発行されたものは送信対象外とされています。

除外基準は，①オンデマンド出版及び電子書籍市場を含む市場において流通または流通予定である場合，②資料の著作権が著作権等管理事業者により管理されている場合，③資料の著作者から送信利用の停止要請があった場合，④資料の出版者から正当な理由による停止要請があった場合，のいずれかに該当する場合と定められています。①の市場については，様々なものがありますが，限定はされておりません。

以上の合意事項及び運用については，10年近く安定的に運用されており，内容としても妥当であると考えておりますので，今回のれらを変更する必要はないと考えます。

ただ，上記除外手続きにおいて，国会図書館と出版者との意見の相違が生じたときにどう処理していくのか，というところについては，必ずしも明確になっているとは言えないため，出版物発行状況，在庫状況等を管理している出版社の意見を優先して判断する仕組みを明確化することが望まれます。

(2) 送信の形態

上記の送信対象となる「絶版等資料」の範囲が現行の運用より拡大しない形で明確化されるのであれば，出版者としては送信の形態について特段の要請はありません。

2 図書館等でのコピーサービスの拡充

まず，本件については制度目的に合致しない，膨大な不法行為を誘引する可能性があることに注意す

べきであると考えます。

現行規定における「一部分」要件や，図書館における対面でのコピー申込といったところは，たしかに利便性を一定程度減ずるものであると言えますが，そのような要件や手続が事実上不正な利用を抑制していることを看過すべきではないと考えます。

また，このようなサービス自体が，文献サービス業者や出版者著作権管理機構（JCOPY）等の著作権等管理事業者の事業とも正面から競合し得るものです。簡便性によって利用が拡大すれば，出版物の購入に代えてこのようなサービスが急激に拡大する可能性も否めず，著作者，出版者のみならず，書店等，出版流通に現在携わっている事業者への影響も甚大であると考えます。

以上を踏まえて，各論点についての意見を述べます。

（1）送信の形態

遠隔地等で図書館の利用が難しいということであれば，FAX 利用で足りると考えます。メール等でのデータ送信では，送信先で容易にデータの共有や複製，再利用が行われることになり，制度趣旨を大きく逸脱する可能性があると考えます。仮に，図書館から書籍雑誌の電子データの提供を容易に受けられるようになった場合，そのデータを流用した海賊版の作成も容易になることが懸念されます。すなわち，図書館が結果として海賊版の「手助け」をすることにもなりかねません。

（2）補償金請求権この制度の対象が「絶版等資料」に限定されず現に書店等で流通しているものも含むものである以上，出版活動への影響は直接的かつ甚大なものになると考えられるところから，補償金制度の導入によって対応するとしたら，その補償金額は逸失利益を補填できるだけの額が必要です。仮にコピーサービスが拡大したとした場合，その対価は，出版物の販売額に準ずるものであるべきであり，また，その受益者として，著作権者のみならず明確に出版者を位置付けることが必要になると考えます。

（3）「一部分」要件について

法文上，「一部分」とは著作物の一部分とされていることについて，今後もそれに基づいた運用が厳格になされることが必要であります。なお，発行後相当期間を経過した定期刊行物に掲載された個々の著作物にあってはその全部の複製が認められていま

すが，専門雑誌では，バックナンバーが数年に亘って書店店頭で販売されていたり，電子配信によって創刊号から一記事単位で提供されています。図書館から著作物全文が電子送信されるようになると，こういった商品は市場を全て失ってしまいます。

（4）図書館等の範囲について

本件は，権利制限規定の拡大となるものであり，それが許容される趣旨は図書館が「公共」セクターに属するものであるという要素が大きいと考えます。そうすると，図書館等の範囲としては，現行の31条図書館から拡大することには慎重であるべきだと考えます。

（5）適切な運用を担保するための著作権教育等

出版界としても，著作権教育等に力を入れていくべきであると考えますが，冒頭で述べたように，本件は膨大な不法行為を誘引する危険性があるものであると考えますので，単に教育・研修を充実すれば足りるというものではなく，上記のような送信形態や図書館等の範囲について適切な制限を設けることは必須であると考えます。

以上

図書館関係の権利制限規定の見直し（デジタル・ネットワーク対応）に関する意見

文化審議会著作権分科会法制度小委員会図書館関係の
権利制限規定の在り方に関するワーキングチームあて
2020（令和2）年9月9日
一般社団法人日本新聞協会
編集委員会新聞著作権小委員会

全国の多くの図書館には，新聞を収蔵していただき，また記事データベースなどのデジタルサービスも数多くご契約いただいております。標記見直しに関して，多くのコンテンツの提供者として，今回ご提示いただいた論点に対しての意見など述べさせていただきます。

1. 新型コロナウイルスによる影響について

今般の新型コロナウイルス感染症の流行に伴う図書館の休館等により，インターネットを通じた図書館資料へのアクセスなどについてのニーズが顕在化していることは，理解しております。

知的財産推進計画 2020 で掲げられた「絶版等により入手困難な資料をはじめ，図書館等が保有する

資料へのアクセスを容易化するため，図書館等に関する権利制限規定をデジタル化・ネットワーク化に対応したものとすることについて，研究目的の権利制限規定の創設と併せて，権利者の利益保護に十分に配慮しつつ，検討を進め，結論を得て，必要な措置を講ずる」という趣旨について反対するものではありませんが，個別の施策については，特に権利者の利益保護の点に注意いただき，慎重に検討を進めていただきたいと考えます。

2. 絶版等資料へのアクセスの容易化について

図書館等への物理的なアクセスができない場合にも，絶版等資料を円滑に閲覧することができるよう，国立国会図書館が，一定の条件の下で，絶版等資料を各家庭等にインターネット送信することを可能とすることの検討については，以下の点を考慮していただきたいと考えます。

◇「絶版」の定義

新聞においては，各社で創刊号等からの紙面・記事データベースやマイクロフィルムを整備し，注文に応じて過去の新聞を読めるよう，データや紙など様々な形で販売している例が多数あります。

こうした場合は，その販売サービス上で紙面等の閲覧が可能なことから，過去の新聞を絶版と見なして送信可能な対象とすることには慎重であるべきだと考えます。

資料未整備のため古い新聞の閲覧が困難な場合も，安易に絶版と見なさず当該新聞社の意向を確認いただきたいと存じます。その上で，送信可能な対象とすることもあり得るものと考えます。

◇送信の形態

新聞社の意向を確認した上で送信可能とする場合には，閲覧者の制限方法などについても，該当新聞社の意向を尊重すべきと考えます。

3. 図書館資料の送信サービスについて

権利者の利益保護を前提に，図書館等が一定の要件の下で，図書館資料のコピーを利用者にFAXやメール等で送信可能とすることについては，コロナ禍の状況でのニーズがあること，デジタル・ネットワーク技術の発展を踏まえて課題となっていること，は理解しています。しかしながら，意見を聞いた新聞社からは，既存ビジネスに影響を及ぼしかねないという観点から慎重な検討を求める声が一部寄せられており，現段階では，時間をかけて慎重な検討を進めていただくよう要望いたします。

なお，制度の検討に当たっては，①紙の新聞からコピー・スキャンした記事を送信する場合，②新聞デジタル版（電子版）から印刷した記事を送信する場合，③有料契約されているデジタルサービスからプリント・保存した記事を送信する場合と，分けて検討すべきものと考えます。

① 紙の新聞からコピー・スキャンした記事を送信

送信後の流出防止策（電子形式での複製等を技術的に禁止する等）や，利用登録時の契約方法など万全の方策を講じることが制度スタート時に可能なのか，との観点から，現時点での送信サービスには慎重な意見が寄せられました。

具体的な利用方法については，連日申請してクリッピングのような使い方をする，連載記事をすべて入手する，といった方法への懸念があります。また，発行当日の新聞記事を送信されてしまうことには，より強い懸念が出されました。こうした使い方は，販売している新聞に代替してしまう恐れがあります。さらに，司書等による適否判断をきっちりと行っていただく体制作りも，検討の前提として必須と考えます。

② 新聞デジタル版（電子版）から印刷した記事を送信

紙の新聞からの送信と同じく，送信後の流出などへの懸念から，現時点での送信サービスには慎重な意見が寄せられています。特に写真については，紙の新聞より鮮明な画像が印刷されると予想され，流出防止の技術的措置が望まれます。

また，利用規約で公衆送信や譲渡を禁じている事例が相当数あると思われますので，サービス提供社との調整・合意を実施の前提とすべきだと考えます。

③ 有料契約されているデジタルサービスからプリント・保存した記事を送信

対象となるのは，各新聞社が有料で提供する記事データベースサービスやフォトサービス等ですが，基本的に送信提供の対象外としていただきたいと考えます。これらは新聞や図書といった個別の情報を体系的に蓄積し，検索可能とした商用サービスとして独立した市場を形成しています。

多くの記事データベースサービスは，顧客を図書館に限るものではなく，企業・団体・学校・個人など幅広いユーザーにご契約いただいています。「欲しい記事を希望すれば，図書館から送信してもらえる」システムが出来上がることで，新聞社から企業などへのデータベースの販路を阻害してしまう恐れがあります。一つ一つの記事が送信利用されるたびに補償金が支払われるとしても，企業などがデータベース契約により支払う金額よりも総額では低額になるであろうことは容易に予想できます。また，契約・利用規約上で出力物の公衆送信や譲渡を禁じているケースでは，図書館によるコピー代行・送信が契約違反となる可能性が濃厚であり，制度の対象に含めれば現場に混乱を招くことにつながると考えております。

◇補償金制度について

従来からの複製も対象にするかどうか，補償金の実質的な負担者，などについては，関係者から幅広い意見を聴取した上で検討していくべきものと考えます。

以上

図書館関係の権利制限規定の見直しについて（ヒアリング参考資料）

2020年9月9日
一般社団法人日本美術著作権連合

目次
Ⅰ．美著連について
Ⅱ．文化庁が示された「論点」への意見
　総論
　1．絶版等資料へのアクセスの容易化について
　　○「絶版等資料」の内容の明確化への意見
　2．図書館資料送信サービスについて
　　○概説－意見表明の前提として
　　○送信の形態
　　○データ流出防止策
　　○電子書籍等の市場との関係
　　○補償金請求権
　　○主体となる図書館等の範囲
　3．図書館資料送信サービスについて
　　○「一部分」要件の取り扱い
　　○図書館等の範囲
Ⅲ．権利制限と文化維持の両立について

Ⅰ．（一社）日本美術著作権連合（略称美著連）について

美著連は美術・出版美術・デザインに携わる作家団体の連合体であり，各構成団体の会員数を合計すると約1万名となる。

構成団体は以下の通りである：

（一社）日本美術家連盟

（一社）日本グラフィックデザイナー協会

（一社）日本児童出版美術家連盟

（一社）日本図書設計家協会

（一社）東京イラストレーターズ・ソサエティ

（一社）日本出版美術家連盟

（一社）日本理科美術協会

主な活動内容はHPをご参照ください。
https://www.jart.tokyo/

Ⅱ．文化庁が示された「論点」への我々の意見
総論

日本美術著作権連合としては，今般の権利制限規定の見直し（デジタルネットワーク対応）の「(1)絶版等資料へのアクセス容易化について」は，これからオンデマンド出版等による再販がなされることが増加することなどを踏まえ，絶版等資料の内容を見直し明確化するとともに，著作権者の同意なく送信利用されないようにすべきである。

一方「(2)図書館資料の送信サービスについて（法第31条第1項第1号関係）」は，現に販売されている書籍・雑誌も対象となるものであり，電子データによる送信等が実施されれば，作者・出版社に直接の大きな影響を与える問題となる。「経済優先・著作者軽視による，利用者への過剰サービス」といわざるをえず，実施について強く反対する。

電子データを提供することは，提供データに十分な複製防止処置を講ずることが難しいことに照らせば，実際には利用者から順次拡散されることが強く懸念される。一度そのような事態に至れば，書籍・雑誌販売に深刻な影響が生じることは必然であり，出版可能な著作物の減少，出版社の衰退により，出版文化に甚大な悪影響を生じることになる。このこ

とは，現に電子出版がなされていない書籍雑誌に対象を限定しても全く異なることはない。

さらには，電子データの提供が結果として違法な海賊版サイト構築の手助けになることすら懸念されるのである。

それでもなお，電子データの提供を行う制度導入をするのであれば，本来の制度趣旨に立ち返り，その対象著作物を研究目的のために利用されると想定される学術書掲載の著作物に限定し，通常は楽しみのための書籍である児童書や絵本掲載の著作物までもを対象としないとすべきである。

今までの，図書館資料の複製は，複製コストが相当かかるので，そのことが広汎に複製物が提供されることの抑止となり，権利者の利益に大きな影響を与えないようになっていた。

今般の権利制限規定の見直し（デジタルネットワーク対応）により電子データが提供されるようになると，出版部数の大幅な減少を招きかねず，結果として，作者・出版社に大打撃を与え，出版文化に取り返しがつかない悪影響を生じてしまうことを強く懸念する。

また，補償金は，権利者の利益が害される金額を全面的に補償するものでなければならない。

1. 絶版等資料へのアクセスの容易化について
○送信の形態

ストリーミングはともかくとして，電子データを利用者に保有させることは，図書館資料送信サービスにおいて詳述するとおり，データの拡散，悪用が危惧されるので行うべきではない。

○「絶版等資料」の内容の明確化
・現在は，書店流通しているかが基準となっている。しかしながら，ネットなどで継続して古本が入手可能なものも少なくない。それらまで入手困難な絶版等資料として，公費をもって提供すべき必要はない。
・現在，重版が見送られている書籍が再版されることが増えている。従来は一定部数の追加需要が見込めない限り重版が見送られていたが，印刷技術の進歩によって少部数の重版も行われるようになり，また，オンデマンド出版も広がっている。この傾向はこれからも顕著に進行すると考えられ

る。

「現在，書籍として流通していない」ということだけで著作権者の意思に反して，電子データを送信することは，そのような重版の芽を摘むものであり，著作権者の利益を大きく阻害することになる。

従って，著作権者の同意なく送信利用すべきではない。少なくとも，著作権者が送信利用の停止を求めた場合には停止されるべきである。（現在の運用は，著作者人格権の観点から著作者にのみ停止を求めることを認めているが，相続人などの著作権者の意思も尊重されるべきである。）
・除外手続きについては，「国立国会図書館に，個別に当該資料を指定する方式で，送信対象からの除外を申し出，調整を行う。」（事後除外も同様）としているが，著作者，著作権者の意に反してまで送信を継続すべきではなく，除外する義務を負うべきである。

なお，「絶版等資料へのアクセスの容易化」がなされ，多くの資料提供がなされるようになるのであれば，著作権者に対し，それに応じた補償金制度も導入すべきである。絶版であっても，著作権が消失していない以上，著作物の利用に対し対価を補償すべきである。

2. 図書館資料送信サービスについて
意見表明の前提として

文化庁が我々に示した「資料2－1」では，今般の権利制限見直しにおいて「対象となる書籍」が論点に含まれていない。「その調査研究の用に供するために」提供することが認められるものであるが，実際には，希望するものが調査研究目的と述べれば，児童書でも絵本でも提供されるのが実態である。本来，「研究のためか否かは『対象物によって判断』せざるを得ない」（逐条6訂新版257頁）のであり，通常，楽しみのための書籍である児童書でも絵本までも提供の対象としてはならないはずである。この重要事項について，権利者の意見を求めようとしないことに，まず大きな懸念を感じる。

美著連では，万一「(2) 図書館資料送信サービス」が実施されるのであれば，実施対象は研究のために利用される学術書に限定し，楽しみのために読まれることを目的とした一般書籍は除外すべきであると

考える。そうであれば当然，主体となる図書館の数も限られたものになる。

　下記は，それを前提としながらも，万一，一般書も対象となって実施された場合についての意見である。

検討に当たっての主な論点について

○送信の形態

(1) 電子データの送信は，当該利用者以外にデータが複製・拡散され，書籍・雑誌販売に深刻な影響を生じさせるものである。

　FAX送信による場合を除き，新しい送信の形態として，利用者に電子データが送信される(サーバー蓄積型も利用者に電子データが渡されることにおいては同じ)。電子データの複製には，労力も費用もほとんどかからない。「ユーザーによる不正拡散防止のための措置」が論点にあがっているが，現在，PDFファイル等にその都度有効な複製防止処置を講ずること自体，相当な手間と費用がかかり現実には困難である上，ユーザーが送付を受けたメールを転送する方法により拡散させる場合には，仮に電子データに何らかの複製防止処置が講じてあったとしても何ら有効な対策にならない。結局，「利用登録時に契約を締結する，著作権法上のルールを明示するなど」とするしかないのであろうが，単にユーザーが誠実に行動することを期待するにすぎない。さらには，仮に契約を締結したにせよ，拡散させたユーザーに法的対応をとることは現実には不可能である。また，私的複製の範囲で，拡散することは，著作権侵害にすらならない。

　電子データの転送などは，パソコンやスマホで極めて容易に一瞬で行うことが出来る。このことは，心理的にあまり後ろめたさを感じずに著作権法違反の行為を行うことにつながる。

　このように，図書館から提供される電子データが，当該利用者以外に複数複製され拡散されることが強く懸念される(複数複製され拡散されることを防止する法的，現実的対処手段は存在しない)。新刊も含めた現に販売されている書籍雑誌の電子データが複製され拡散されれば，書籍・雑誌販売に深刻な影響が生じることは必然である。

　電子データの送信が行われた場合に，現実社会において実際にどのような影響を生じる危険性がある

かを慎重に検討しなければならないのである。

(2) 現行法第31条第1項第1号の要件の実効性について

　現行法第31条第1項第1号においては，「その調査研究の用に供するため」，「公表された著作物」「その一部分(発行後相当期間を経過した定期刊行物に掲載された個々の著作物にあつては，その全部。第三項において同じ。)」「一人につき一部」などの制限が付されている。

　しかしながら，これらの要件は実際にはほとんど機能しないと考えられる。

① 「その調査研究の用に供するため」

　調査研究の用に供するためか否かを申込時に確認することは現実には不可能であろう。例えば，絵本であっても，「絵本の文化研究etc.」として申請されたときに，図書館がそれを否定して資料提供を拒むことは出来ないと考えられる。

② 「その一部分」

　脱法的な方法になるが(著作権法上は違法と断じることは困難)，「複数回に分けて複製依頼をする」か「複数人で分担して複製依頼をする」ことにより，容易に回避することが出来る。そして何より重要なことは，インターネット等を通じて申請する場合には，直接図書館職員に対面で複製申請を行う場合に比して，脱法行為をすることの心理的ハードルが大きく下がることである。(ここで議論されるべきは，実際に書籍雑誌の販売にどのような影響を生じるかであるから，「法律上，その一部分に限定されているから，そのような懸念は生じない」等の観念的問題ではなく，現実に容易に行われるようになるか，という事実問題である。)

　さらに定期刊行物掲載の著作物については，翌月号が発行された以降は全部複製可能である。その週内，月内に読むまで急がない限り，購読者の定期刊行物購入の必要性は大きく減少する。

③ 「一人につき一部」

　前述の通り，電子データにおいては，その複製には，労力も費用もほとんどかからないことから，拡散されることが強く予想されるところである。

　以上のことから，第31条第1項第1号に「図書館資料の複製の要件」がいくつかあるとしても，書籍雑誌の電子データが複数複製され拡散され，結果，

販売に深刻な影響が生じることは必然なのである。

（3）海賊版サイトの幇助についての懸念

　いわゆる海賊版サイトは、漫画を中心にして行われ、漫画出版に甚大な悪影響を及ぼしていること、その刑事・民事の法的対応が極めて困難であることは周知の事実である。

　今回の権利制限規定の見直し（デジタルネットワーク対応）の実施により、仮に図書館に低廉な費用を支払うことにより、広く書籍雑誌の電子データの提供が行われるようになった場合、これを悪用すれば、漫画以外の書籍雑誌掲載の著作物を極めて容易に海賊出版することができるようにもなる。結果として、意図せずに図書館が書籍雑誌の海賊版サイトの「手助け」をすることになりかねないことを指摘しておく。

　脱法的であるが合法な手段として、複数人により書籍雑誌全体の電子データを図書館から入手することができる。複数回に分けて申請しても、同様に書籍雑誌全体の電子データが入手できる。その送信されたメールを海外に送信すれば、その電子データを海外所在のサーバーに集積して海賊版サイトを構築することは容易である。結果、広く出版物の電子データを公費をもって（実費のみで）作成して送信し、海賊版サイト構築の手助けをすることになる。

　このような結果を招来しないためにも、書籍雑誌の電子データの提供を行うべきではないのである。

（4）サーバーに蓄積しておくことは違法である。

　サーバーにアップロードしてデータ送信する場合には、受信は1回に限定し、利用者により受信された後は、直ちに（自動的に）削除されることが前提となる。

　サーバーに蓄積して他の利用者にも提供することなどが許されないことは、現行法第31条第1項第1号の文言が「利用者の求めに応じ」となっていることに照らし違法である（「需要を予測してコピーを予め準備しておいて利用者に販売するという形態」は許されない（逐条6訂新版256頁）。すぐに削除されることによりデータの流出防止の実効性も高まると考えられるところである。

○データの流出防止策

　図書館等における送信後のデータ破棄は当然の責務である。

　前述の通り、「利用者の求めに応じ」てその都度行わなければならないのであるが、種々の個人情報、機密情報がハッキングによって流出している事例を考えれば、データ流出防止の観点からも、絶対的に求められる処置である。

ユーザーによる不正拡散防止のための措置

　前述の通り、PDFファイル等に有効な複製防止処置を講ずることは現実には困難である上、ユーザーが送付を受けたメールを転送する手法により拡散させることも考えると実効性のある複製防止処置を講ずることは困難であると考えている。

○電子出版等の市場との関係

　今般の権利制限規定の見直し（デジタルネットワーク対応）が実施されると、紙の出版物に対しても、出版部数の大幅な減少を招くものであると考える。

　電子データの提供であるから、「電子出版等の市場には影響を与えるが紙の出版物に対して影響を与えない（与えることが少ない）」というのは、全くの誤りである。著作物の本質は情報であり、その情報提供手段が紙か電子かというにすぎないので、電子媒体で提供された情報（著作物）が拡散すれば影響は必至である。

　従って、そもそも、「電子出版がなされていない場合に限定する」などは無意味である。

　なお、児童書においては、電子出版の予定が立たず、そのため、電子出版についての契約がなされていないものが少なくない。しかしながら、近年、電子書籍が急速に拡大し、電子書籍閲覧ツールも広く普及するに至っている。そのような状況に照らせば、現在、電子出版されていない児童書や絵本についても、数年のうちには電子書籍化が進行することになることが強く予想される。従って、現在電子書籍化されていない、電子書籍化の予定がないことをもって、電子データの提供が許容されるとする取り扱いをすることは許されない。

○補償金請求権

(1) 金額

　何らかの対応を実施し一方で補償金請求権を与えることによって「権利者の利益保護」を計るのであれば，その補償金額は，権利者の利益が害される金額を全面的に補償するものでなければならない。具体的には，紙での複写であっても，「全頁を複写したと仮定した場合，その複写料金が，紙の本を購入した時より高額」でなければ，書籍購入の代替として複写サービスが用いられ書籍・雑誌の販売に大きな影響を与えることを念頭に置いた検討がなされなければならない。更に，複製権センターでの紙とデジタルの契約料金の対比に準じれば，その複写がデジタルで行われた場合，料金は紙の3倍とすべきである。

(2) 補償金分配の制度設計

　補償金を創作者個人へ分配するためには，「利用報告（デジタルデータ化して送信し，利用に供した著作物の作品名と作者と出版社とページ数量）」が必須となる。権利制限に伴う補償金制度については，現在サートラスが収受分配の実施準備を始めているが，利用者から「利用報告」を集めることは容易ではなく，制度を運営する上で，権利者側の大きな負担となっている。もしこの権利制限が実施されるのであれば，図書館に100％の利用報告の提出を義務づけることが前提条件となる。補償金を正しく権利者の手に届けるにあたり，権利者だけでなく，利用者にも責任があると定め，利用者も協力する義務を負うことを補償金制度の前提とすべきである。

(3) 出版権者への配慮

　出版美術家としての立場から言えば，出版社の利益保護についても，十分な補償を行うことが必要である。出版契約を締結して著作物を出版している出版社は，万一，制度が導入された場合には，甚大な出版物の販売数量の減少を受けることになる。その補償がなされないとすると，出版社が投じた費用（企画，編集，校正，校閲，出版データの作成等）の回収が困難になる。結果，出版可能な著作物の減少，出版社の衰退により，出版文化に甚大な悪影響を生じることになる。

　出版者には著作者隣接権が認められていないため，「権利者」として補償金などの対象とし難いところがあるが，出版物の電子データが配布（さらに拡散）されることは，出版部数の減少に直結する問題である。著作者としては，出版者の存在なくして書籍雑誌における著作物の頒布は考えられないところ，出版者に対しても適切な補償処置が執られるべきことを著作者としても強く求める次第である。

○主体となる図書館等の範囲

(1)「主体となる図書館」の設定は，「対象となる著作物」の検討から始めるべし。

　前述の通り，万一，実施するのであれば，調査・研究の目的要件の観点から，実施対象は「研究のために提供を求めると考えられる学術書籍雑誌」に限定し，楽しみのために読まれることを目的とした一般書籍は除外されるである。楽しみのために読まれることを目的とした一般書籍は除外すべきであると考える。

　であれば当然，学術資料を持たない図書館は主体とはなり得ない。

(2) 図書館の本来の役割と，有意義なニーズから「主体となる図書館」を設定すべし。

　本来的には，図書館は「知の殿堂」であり，たとえ利用者のニーズがあっても，口さがない人々から「無料の貸本屋」呼ばわりされるような役割を積極的に担うべきではない。その見地に立てば，「推理小説や絵本であっても，50％（一部分）だけデジタル化して利用に供する」とするこのサービスの必要性と意義を見いだすことは出来ない。

　「新型コロナ感染関係での休館でネットでの閲覧や資料コピーの送信渡しの要望が顕著になった」と文化庁からの資料にはあったが，そもそも地方の図書館では平時の午前などは利用者もすくなく，図書館関係者からの実態調査として，各図書館の延べ人数などの報告がなされていたが，延べ人数では，同じ人が1ヶ月の30日間を毎日来館すると，来館者数は増えていく。例えば，人口10000人の町でその中の熱心な利用者100人だけが，30日間毎日図書館にいくと1ヶ月で3000人が図書館を利用したことになる。一方，利用しなかった人の数は9900人となり，かなりの大差がうまれる。このような調査をすると「閲覧や資料コピーのネット利用の要望が

顕著」の意味が変わってくる。町の熱心な利用者1%の中の何人かの要望ということもできる。いろいろな問題をかかえているネット利用で，これをどう考えるか。

　実際に「一般書籍を50%だけデジタルで読みたいニーズ」が，法改正が必要なほど，たくさんの図書館に寄せられているのだとしたら，創作者として困惑するばかりである。（一般書籍においては何らかの形で残りの50%に読むことを前提としたニーズのはずである。）

　また，文科省では，すでに4月に「休館中の図書館の取組事例」を示しており，この取組事例に従えば，多くの図書館では，新型コロナ感染での休館等に充分対応できるのではないか。「全ての図書館においてネット利用のサービスありき」という考え方を，権利者が直ちに受け入れるのは不可能である。今後の図書館のサービスや役割について，著作者をまじえての議論がおこなわれる事のないままに，権利者は図書館に公衆送信権の権利をゆだねる事は出来ない。

　以上，図書館の本来の役割りに照らせば，全ての図書館が主体となるべきではないと考える。

3. 図書館資料送信サービスについて
○「一部分」用件の取り扱い

　児童書では，一冊の中に，複数の作家による複数の作品が収録されているアンソロジーが多く見受けられる。その場合，ひとつずつの作品は，書籍の総ページ数の「一部」であるが，作品全体を複製して良い事にはならない。見かけ上，一冊の本の体裁をしていても，実際には作品の数分の「著作物の束」であるからだ。また，現在では，短編集に収録されている作品の一作品毎に対価を定めて，ほしいだけ購入出来る電子書籍サービスも多く見受けられるようになった。従って，現行著作権法の「著作物の一部」を「書籍の一部」とするような改正は絶対に行われてはならない。

○図書館等の範囲

・美著連では，この権利制限改訂は学術書のみを対象とし，一般書は対象から外すべきであると考えているが，特に小・中学校の学校図書館については「図書館等」に含めるべきではない，と考える。

物語性のある作品の場合，初めから最後まで読了することによって作者の意図を伝え，こどもたちの心の豊かな成長を期するものである。50パーセントのみデジタル化して利用に供するのはそもそも意味がない。

・美術館から，カタログを対象にした公衆送信の話が出ているが，紙の複製に比べてはるかに精緻な絵画のデジタルデータが提供され，拡散する危険が生じることから，慎重な議論が必要と考える。

Ⅲ．権利制限と文化維持の両立について

　図書館の利用者の中には未来の著作者になる可能性を秘めた人材が多くいると考えられる。その人材は，今般の権利制限見直しによって無償で多くの本のデータを手にすることで，今はその恩恵に浴するだろう。しかし一方で将来，多くの権利制限を受ける「著作者」という商売を選択しなくなる可能性も大きい。つまり，今利便性を追い求めることで，未来の著作者を失うことにつながるのである。今，利用者のためだけを考えて対応することが，将来的には図書館へ提供される著作本が減る結果に繋がって行く。

　著作者の利益保護が未来の文化を育むことについて，利用者組織にも，是非お考え頂きたい。「実施されてから考える」では，何も考えていないのと同じだからである。

　図書館での著作物利用については，日本には公共貸与権もなく，今でもすでに，権利者は経済的損失を甘んじて受け入れている。また，日本における権利制限規定は，本来発生するはずの著作権使用料について，行政が肩代わりすることなく，創作者自身に請求させないことで成立させている「著作者我慢」の制度である。そんな中にあっても，今般の権利制限見直しにおける「著作者軽視」は度を超えていると感じる。その経済的損失を考えると，創作サイクルに支障をきたす可能性が高い。

　このような権利制限は，近年増え続け，我々創作者の権利が及ぶ範囲は，狭まるばかりである。

　図書館における著作物の利用の在り方について検討するのであれば，それを良い機会として，是非「公共貸与権」についてもご検討頂きたい。利用者や図書館の立場に立って「権利制限」を検討するのと同時に，権利者の立場にも立って「公共貸与権」など

の権利者の利益擁護についても論じるのが真の公平というものである。

日本の文化維持のためにも，この権利制限が「利用者への行きすぎた配慮」になっていないかどうか，WT が慎重な検討をしてくださることを希望して止まない。

以上

図書館関係の権利制限見直しについて

2020 年 9 月 9 日
公益社団法人日本文藝家協会著作権管理部

入手困難な書籍

「入手困難な書籍」を拡大解釈される恐れを危惧します。内容を明確化することが必須です。

もともと発行部数のわずかな地誌などを除き，最近の文藝出版物の多くは，紙の本と同時，またはわずかなタイムラグで電子書籍としても出版されています。過去作品についても多くが電子化されています。現在，電子化されていない文庫なども大手版元での「読めない本をなくす」ことを目途とした電子化が複数社で進んでいます。出版界では，在庫をかかえることのリスクが意識されるようになり，紙の本が絶版になることは多くなっていますが，電子書籍はそのまま販売されることがほとんどで，厳密な意味で「絶版」という概念が成立しない状況となっています。

また，Amazon などのサイト，各古書店でもネット販売を実施しており，古書店を回って探すという手間を省いて，入手することが容易です。つまり，文藝分野では紙の本が絶版となっていても流通市場では簡単に入手できるようになっており，「入手困難」という状況も生じにくくなっています［。］

複製

現在，可能となっている図書館でのコピーを，快く思わない著作権者も多く，配信されたデータが，転送，プリントアウトされる可能性がある送信形態でないことを担保しなければ，著作権者に不利益になることは自明の理です。また，文藝書の場合，1 作品が 1 冊ではなく，短編集，アンソロジーなどがあり，これらを 1 冊の一部分とみなして送信した場合，1 作品全文ダウンロード可能であると，利用者の下で短編集，アンソロジーが容易に作られます。

結論

現在のコロナ禍による図書館の閉館，遠距離，病気等の理由により当該書籍資料を利用するために図書館に赴くことが困難な利用者に，ID 等を付与して限定的に送信するなどの方法をとるべきと思われます。

また，著作権者の中には電子化を認めない方もいらっしゃることから，オプトアウトの意思表明ができない権利制限は望ましくないと考えます。

上記の状況をかんがみ，国立国会図書館での出版社や権利者をまじえて定期協議の活用で，緊急事態には対応が十分可能と考えます。

図書館関係の権利制限規定の見直しに関する意見

令和 2 年 9 月 9 日
公益社団法人日本漫画家協会

現状のコロナ禍により，図書館などの利用が極端に制限される中，限定的な運用で知る権利の保障を図ることは喫緊の課題であり，著作者団体としても可能な限りの協力をすべき局面である。ただ，以後の運用全般にかかる権利制限規定については「著作者の利益を不当に害さない範囲」など最低限の要件は慎重に設定していただく必要がある。

【検討課題及び論点】

1. 絶版等資料へのアクセスの容易化　漫画という分野では近年電子化された商業利用が充実してきており，相当程度の作品は利用者が入手できるという環境が整いつつある。とは言え絶版状態の作品などが皆無というわけではなく，入手困難な作品も依然として現存している。こういった状況は改善されることが望ましい。また，知る権利の保障は文化的にとても大切な課題ではあるが，デジタルデータの簡便さにより公衆送信利用や複製が過度に行われ，現行制度で保たれてきた著作物利用の健全なバランスを大きく毀損することはあってはならない。単なる無償使用の対象としないためにも，アーカイブ作品

をはじめとするあらゆる漫画作品の電子化と流通は，著作者団体としても積極的に取り組む必要がある。

2. 送信の形態　補償制度や要件など今後の内情によるが，漫画という分野が研究目的で大量にかつ全体として複製や公衆送信が必要であるケースが想起しにくく，必要最小限の範囲で設定すべきとしたい。国会図書館デジタル化資料限定送信に関する合意事項など踏まえて判断する。

3. 図書館資料の送信サービスについて　先に挙げた補償金請求権や要件などで検討可能かどうか判断する。従来図書館という施設で保証してきた知る権利への施策は「現物を特定の場所に出向いて利用する」という物理的な制限がかかっており，そのことによって著作物の市場に対する影響を適度に保ってきた。それだけに単にデジタル化を理由として権利制限を拡大すれば良いものではなく，まして家庭などでの利用までを視野に入れた極端に利便に傾いた議論は，それに見合った補償金制度などと並行してなされなければならないし，複製や保存の技術的制限など課題も多い。そもそも図書館がそこまでのサービスをする必要があるのかも含め慎重に議論を進めてほしい。

4. 電子出版等の市場との関係　基本的に電子配信されている著作物に関してはそれを利用することを原則に，絶版，オーファンワークスなど著作者として利用可能にした方が望ましい事象に関しても，市場利用が可能になるよう整備を心掛ける。欠品なく利用しやすい環境の構築は，著作物の利用には相応の対価を，としている我々著作者の責務である。

【絶版の定義について】

　一般的な漫画単行本の場合，漫画家や編集者の間で使われている「絶版」という言葉は，「独占的な出版契約の期間を終えた後，著作者か出版社のどちらかが出版契約を打ち切る宣言をすることによって，それ以上出版されなくなること」を指している。これは多くの出版契約書に「自動更新」の条項があるからで，すなわち法律用語とは若干異なっている。

　SNSでも同様の認識であって，今回の見直し案がこのままネットで公開されれば，著作者や読者を中心にネガティブな反応が出て無駄に炎上する可能性がある。そこで例えば，「流通外作品（アウトオブコマース）」と改称し，そこから新たな議論を始めることによって，現場との認識の差異を減らしていくことを提言する。

⟨https://www.bunka.go.jp/seisaku/bunkashingikai/chosakuken/toshokan_working_team/r02_02/⟩

文化審議会著作権分科会法制度小委員会「図書館関係の権利制限規定の見直し（デジタル・ネットワーク対応）に関する中間まとめ」に関する意見募集に対する意見

文化審議会著作権分科会法制度小委員会「図書館関係の権利制限規定の見直し（デジタル・ネットワーク対応）に関する中間まとめ」への意見提出について

2020 年 12 月 18 日
公益社団法人日本図書館協会理事長

(1) 総論（第 1 章 問題の所在および検討経緯を含む）

※意見なし

(2) 第 2 章第 1 節 入手困難資料へのアクセスの容易化（法第 31 条第 3 項関係）

①対応の方向性

ヒアリングにあたり提出した資料にもあるように，デジタル化資料の利用を希望する利用者が増加しており，また，レファレンス調査に利用するケースも増えています。閲覧に加えて複写の件数も伸びています。新型コロナウイルス感染症の流行拡大に伴い，図書館の休館が全国的に行われたことを背景に，デジタル化資料の有用性が改めて認識されたものと思います。よって特に入手困難資料へのアクセスの容易化に向けた議論，制度整備は必要と考えます。

②制度設計等

（ア）補償金の取扱いを含めた全体の方向性

図書館資料の送信サービスを実現するために法を見直すことについては，図書館サービスの可能性を拡げるものと考えられます。ただし，補償金請求権については，様々なやり方が考えられるため，議論を続けることが必要と考えます。「個々の利用者への送信の実施状況等を踏まえ，幅広い関係者の意見を丁寧に聴きながら，継続的に議論することが望まれる。」(5 頁)とされていますが，議論の工程を想定，明示することで制度運用が進むと考えます。

（イ）「絶版等資料」について（中古本の市場との関係を含む）

絶版等資料とは，絶版等の理由により一般に入手困難な資料であると認識しております。ヒアリングにあたり提出した資料においても述べたとおり，市場で入手が困難になったものだけでなく，もともと出版部数が少ない地域資料，郷土資料，行政資料等が，図書館のデジタルアーカイブの対象として重要です。

（ウ）送信の形態

ID とパスワードによって利用ができるようにすることは一般に普及している手順であり，利用促進に適当な方法と考えます。送信を受けたものを手元で利用するためには，受信者の管理するデバイス内に保存されることが望ましく，プリントアウトを可能にし，フットプリントなどを施すなど流出防止の配慮も必要と考えます。

（エ）受信者側での複製の取扱い

調査研究を目的とすることが前提であり，その限りにおいての複製を認める措置が必要と考えます。

（オ）国立国会図書館から送信される入手困難資料に係る公の伝達権の制限

※意見なし

（カ）大学図書館・公共図書等が保有する入手困難資料の取扱い

※意見なし

(3) 第 2 章第 2 節：図書館資料の送信サービスの実施（法第 31 条第 1 項第 1 号関係）

①対応の方向性

※ここでは意見なし。以下具体的項目へ。

②制度設計等

（ア）正規の電子出版等をはじめとする市場との関係（一部分要件の取扱いを含む）

　一部要件を外す対象資料を明確にし，保護期間が終了したものは無償，保護期間があるものについては，著作権者（この場合，出版社などをみなす，難しい場合は何らかの基金を設定し，供託のような形で）にいわゆる著作権料が還元される仕組みを考えてはどうかと考えます。

　ガイドラインの作成に当たっては，「文化庁の関与の下」（15頁）とあるとおり，実効性のある制度の実現に向けて，当事者間の自主的な協議を尊重しつつも，オブザーバー参加などの方法により，報告書の提言の方向での議論が適切に進むよう，文化庁にも適切に関与していただきたい。その一環として，一部では，電子書籍の代替サービスのような報道があります。そうではなく，これまで図書館が担ってきた複写サービスの延長上にあることを関係者に説明するなど，正確な認識の元で議論が進むような環境整備をお願いしたい。

（イ）送信の形態・データの流出防止措置

　システムによってデータの流失防止措置を取る場合であっても，煩雑な手順によって実際に利用する場合に使い勝手が悪くなることがないよう，また，視覚障害者など暗号化されることで事実上アクセスが難しくなることがないよう設計上の留意点を明記していただきたい。

（ウ）主体となる図書館等の範囲

　資料が集積されている専門的な図書館・資料館・博物館なども対象とする方向を検討していただきたい。

（エ）補償金請求権の付与

　補償金の支払義務者を，事実上利用者とするようにしていただきたい。

　現在の国や自治体の会計制度の下では，利用者に転嫁するということが難しいため，結局，図書館の運営費から，この補償金を支払うということになり，ただでさえ厳しい図書館予算がさらに削られる懸念があります。また，この報告書でも，利用者への転嫁は図書館側の裁量，とされていることから，利用

者が補償金分の支払いを拒む動きも懸念されます。

　このため，あくまで補償金は利用者が支払うという構成にするか，制度設計が困難であるならば，形式的には図書館を支払い主体とするものの，補償金は実際には利用者に転嫁することとし，利用者から直接指定団体に支払うようにする，という制度設計にしていただきたい。補償金支払い義務者と事実上の支払者が異なる事例は，私的録音録画補償金制度にもすでにみられるところであり，このような制度設計も可能ではないかと考えます。

（オ）その他
（ⅰ）サービス利用者の登録
　　※妥当　意見なし
（ⅱ）脱法行為の防止
　　※妥当　意見なし
（ⅲ）契約上の義務との関係
　　※妥当　意見なし

（4）第3章：まとめ（関連する諸課題の取扱いを含む）

　小・中・高の学校図書館を第31条の対象となる「図書館等」に追加することを求めます。学校図書館では，第35条の「授業の過程における使用」にあたらない調査研究のための複製を求められることが，多々あります。児童生徒，教職員個人の興味・関心・必要に応じた複製ができるようになることは，授業の枠にとらわれない主体的な学習の支援につながります。また，学校図書館を経由して，公共図書館や大学図書館の所蔵資料の複製依頼を行っても，学校図書館が第31条の「図書館等」にあたらないことを理由に断られるという現状があります。さらに絶版等資料の複製物の提供が可能になります。学校図書館が第31条の「図書館等」に含められれば，学校図書館が行うサービス・活動の幅が広がります。

　また，ヒアリングにあたり提出した資料にあるように，31条図書館に，病院図書館（地域医療支援病院，特定機能病院，臨床研究中核病院は医療法で図書室の設置が義務づけられており，病院内の調査研究の支援を行っている。）等を含めることは，強く要望されています。また，専門図書館（官公庁の設置する図書館，民間団体，企業の図書館，地方自治体の議会に設けられる議会図書館，各種研究機関

等をいう。）において，公共のための複製が認められることは強く要望されています。

(5) その他の事項
※意見なし

以上

（参考）
図書館関係の権利制限規定の在り方に関するワーキングチーム（第1回）ヒアリングに提出した資料
https://www.bunka.go.jp/seisaku/bunkashingikai/chosakuken/toshokan_working_team/r02_01/pdf/92478101_06.pdf

著作権法における図書館関係の権利制限規定の見直しに関するパブリック・コメントへの意見の提出について

2020 年 12 月 16 日
国立国会図書館

令和 2（2020）年 12 月 4 日、文化審議会著作権分科会法制度小委員会は、著作権法における図書館関係の権利制限規定の見直しに関して「図書館関係の権利制限規定の見直し（デジタル・ネットワーク対応）に関する中間まとめ」をとりまとめ、同「中間まとめ」はパブリック・コメントに付されました。国立国会図書館は、同「中間まとめ」について、文化庁に以下の意見を提出いたしました。

「図書館関係の権利制限規定の見直し（デジタル・ネットワーク対応）に関する中間まとめ」に対する意見

> (2) 第 2 章第 1 節：入手困難資料へのアクセスの容易化（31 条 3 項関係）
> 　②制度設計等
> 　　（イ）「絶版等資料」について（中古本の市場との関係を含む）

○送信対象である入手困難資料の範囲について、「法整備に当たっては，対象資料の範囲が過度に拡大することのないよう，法令において一定の担保を行うことも含め，検討を行う必要がある。」（中間まとめ p.9）とされているが，入手困難資料の範囲が法令上明確化される場合には，柔軟な運用が損なわれて送信対象が現状よりも狭まってしまう

ことを懸念する。

> (2) 第 2 章第 1 節：入手困難資料へのアクセスの容易化（31 条 3 項関係）
> 　②制度設計等
> 　　（ウ）送信の形態

○送信先の利用者（個人）による紙媒体でのプリントアウトが可能な形で送信するのではなく，当面はストリーミング（画面上での閲覧）のみとするのが妥当であると考える。理由は次のとおりである。

・図書館関係の権利制限規定の在り方に関するワーキングチーム（以下単に「ワーキングチーム」という。）における議論の段階から指摘してきたとおり，当館のシステムにおける技術的な制約上，プリントアウトを実現するためには送信先のパソコン等に印刷用の電子ファイルをダウンロードする必要があり，利用者（個人）による当該電子ファイルの違法な利用（転々流通など）を実効的に制御することができない。

・現行の図書館等への送信ではプリントアウトが可能となっているものの，権利者団体との間の合意事項に基づき，送信先の図書館等におけるデータの利用については，職員の関与やシステム面での厳格な要件を課すなど[*1]，違法な利用を可及的に抑止するための運用を行っている。このような権利者団体との協議の積み重ねは今後も尊重すべきと考えるが，利用者（個人）に対して同じ要件を課すことは現実的でないにもかかわらず，利用者（個人）によるプリントアウトまで認めることには懸念が残る。

・ストリーミングのみであっても，エンドユーザーである個人は，自宅等からいつでも入手困難資料にアクセス可能なため，プリントアウトができなくても必要な情報の参照等に大きな支障は生じないと思われる。

○利用者（個人）によるプリントアウトを可能とする場合，その範囲を著作物の一部分までとすることは，実効性が担保できないと思われる。仮に当館から送信された入手困難資料について全部のプリントアウトを許容するのであれば，著作権法第 31 条第 1 項第 1 号の複写サービスについても，入手困難資料の場合には全部の複写を可能としな

131

ければ，当館のサービス上の均衡を著しく欠くことになり，混乱が生じる懸念がある。利用者（個人）によるプリントアウトを可能とすることは，これまで関係者間での協議に基づく各種のガイドライン等に沿って解釈・運用されてきた同号の「一部分」要件が，同条3項に引きずられる形で崩れる結果となりかねず，関係者間の信頼関係に影響が及びかねないことを懸念する。

以上

1.「国立国会図書館のデジタル化資料の図書館等への限定送信に関する合意事項」（平成24年12月10日）3（3）（4）<https://www.ndl.go.jp/jp/preservation/digitization/digitization_agreement02.pdf>

「図書館関係の権利制限規定の見直し（デジタル・ネットワーク対応）に関する中間まとめ」に対する意見書

2020年（令和2年）12月17日
日本弁護士連合会

文化庁著作権課が，令和2年12月4日付けで意見募集を実施した「図書館関係の権利制限規定の見直し（デジタル・ネットワーク対応）に関する中間まとめ」（以下「中間まとめ」という。）に関して，当連合会は以下のとおり意見を述べる。

第1　意見の趣旨

1　著作権法第31条第3項の改正に関する「入手困難資料へのアクセスの容易化」について，「送信対象資料の範囲等について現行の厳格な運用を尊重しつつ，利用者に直接インターネット送信することを可能とし，補償金制度は導入しないこと」とする中間まとめの結論に賛成する。

ただし，補償金制度の導入をせずに送信先拡大をする以上，将来の電子出版市場（潜在的市場）や権利者の利益等に悪影響を与えない形での厳格な運用が維持されることが必要である。また，送信サービスの対象となる著作物については，著作権者の申出による除外手続が認められるべきである。

2　著作権法第31条第1項第1号の改正（図書館資料の送信サービスの実施）については，個別

の送信がなされるごとに権利者の逸失利益が補填できる水準の補償金が徴収される補償金制度を導入することを条件として賛成する。

中間まとめは，対象となる図書の範囲，送信サービスする著作物の一部要件の解釈について，「文化庁の関与の下，幅広い関係者（中略）及び中立的な第三者を交えて，ただし書に関する具体的な解釈・運用を示すガイドラインを作成する必要がある」としているところ，ガイドラインの作成においては，市場に与える影響が軽微となるよう十分な配慮が必要である。また，紙の出版物の市場についても電子出版物の市場と同様に配慮されるべきである。

また，同様に，第1項第1号データの流出防止処置として，単に「利用者に対して著作権法の規定やデータの利用条件等を明示する」だけでは不十分であり，さらに不正な拡散を技術的に防止する措置を講ずることが望まれる。

第2　意見の理由

1　今般の新型コロナウイルス感染症の流行に伴う図書館の休館等により，インターネットを通じた図書館資料へのアクセスについてのニーズが高まっていることから，情報伝達技術の発達に応じて，図書館資料への利用者からのアクセスをデジタル化・ネットワーク化に対応したものとすることについて，基本的に賛成する。

2　著作権法第31条第3項の改正（入手困難資料へのアクセスの容易化）に関し，商業出版され流通していない状態の絶版等資料については，補償金制度を導入せずに国立国会図書館による送信等の対象とすることにも一定の合理性が認められる。

ただし，現在，国立国会図書館による「図書館向けデジタル化資料送信サービス」における対象資料の特定は，入手可能性の調査と，事前・事後の除外手続によって厳格に運営されている。補償金を導入せずに，著作権法第31条第3項を改正して利用者に直接インターネット送信することを可能とするに当たっては，権利者の利益を損なわないよう，対象資料の特定は，現行と同様の厳格な手続によって行われるべきである。

また，近時，絶版等資料がオンデマンド出版や電子出版により復刊されることも少なくない。したがって，著作権者の申出に基づく，事前・事後の送信サービスの対象からの除外手続が必要である[1]。

3 著作権法第31条第1項第1号の改正（図書館資料の送信サービスの実施）については，現に商業出版され流通している書籍・雑誌をサービスの対象とするのであるから，既にある市場及び将来生まれる市場に与える影響が軽微となるよう十分な配慮が必要である。著作権法第31条第1項第1号の改正は，正規の電子出版等をはじめとする市場，権利者の利益に大きな影響を与え得ることから，脱法行為により著作物の一部を越えた提供を受けることができないような厳格な仕組みを講じることが必要である。

著作物の一部分とはいえ，現に市場に流通し販売されているものが利用者に提供される以上，補償金制度の導入は不可欠であり，そのような性質の補償金である以上，補償金の額は，権利者の逸失利益相当の額とすることが必要である。

4 著作権法第31条第1項第1号の改正（図書館資料の送信サービスの実施）において，中間まとめは，脱法行為の防止として「図書館等においては，同一の者から同一の資料について送信の請求があった場合には，送信の可否を慎重に精査することとすべきであると考えられる。」とする。しかしながら，そのような処置を講じただけであれば，複数人で申し込んだり，複数の図書館に申し込んだりすることによる脱法行為を防ぐことができない。より実効性のある仕組みを検討する必要がある。

5 著作権法第31条第1項第1号の改正（図書館資料の送信サービスの実施）においては，メール送信されたデータが紙の複製に比して極めて容易に複製可能であること，及び現に市場に流通し販売されている著作物の一部分についての流出防止処置であることに照らせば，単に「利用者に対して著作権法の規定やデータの利用条件等を明示する」だけでは十分とはいえない。違法な拡散行為を行おうとしている者に対しこのような「明示」で拡散を防止できるとは考え

にくいことから，さらに不正な拡散を確実に防止できる高い技術的防止措置を講ずることが望まれる。

以上

[1] 欧州デジタル単一市場における著作権指令第8条4項を参照。

■ 著作権法における図書館関係の権利制限規定の見直しに関するパブリック・コメントへの意見の提出について

令和2年12月16日
日本病院ライブラリー協会

令和2年12月4日の文化審議会著作権分科会法制度小委員会において，「図書館関係の権利制限規定の見直し（デジタル・ネットワーク対応）に関する中間まとめ」が取りまとめられ，12月21日までパブリックコメントを募集していました。日本病院ライブラリー協会は「図書館関係の権利制限規定の見直し（デジタル・ネットワーク対応）に関する中間まとめ」について，以下のように文化庁に意見を提出いたしました。

----

(4) 第3章：まとめ（関連する諸課題の取扱いを含む）

① 医療法（昭和23年法律第205号）第4条第1項，第4条の2第1項及び第4条の3第1項の病院に設置された図書室を著作権法施行令第1条の3の「図書館資料の複製が認められる図書館等」に含めること。

② 医師法第16条の2第1項に規定する臨床研修に関する省令（平成14年厚生労働省令第158号）第3条第1号の病院に設置された図書室を著作権法施行令第1条の3の「図書館資料の複製が認められる図書館等」に含めること。

以上2点を要望します。詳細な理由につきましては，令和2年9月15日に近畿病院図書室協議会，日本図書館協会および日本病院ライブラリー協会の3団体連名で「病院図書館をいわゆる著作権法第31条に該当する図書館に含めること」を求める要望書

を提出しておりましたが，今回検討していただく時間がなかったようですので，今後も引き続きご検討をお願い申し上げます。

-

文化審議会著作権分科会法制度小委員会「図書館関係の権利制限規定の見直し（デジタル・ネットワーク対応）に関する中間まとめ」に関するパブリック・コメントへの意見提出について

「図書館休館対策プロジェクト」発起人

「図書館休館対策プロジェクト」は，文化審議会著作権分科会法制度小委員会「図書館関係の権利制限規定の見直し（デジタル・ネットワーク対応）に関する中間まとめ」についてのパブリック・コメントとして，文化庁に以下の意見を提出致しました。

(2) 第2章第1節：入手困難資料へのアクセスの容易化（法第31条第3項関係）
　②制度設計等
　　（ア）補償金の取扱いを含めた全体の方向性
・入手困難資料について，早急な対応として「送信対象資料の範囲等について現行の厳格な運用を尊重しつつ，利用者に直接インターネット送信することを可能とし，補償金制度は導入しないこと」（p.5）という方向性がまとまり，デジタル化資料の公開範囲拡大という本プロジェクトの要望が反映されたことに感謝致します。
・今後の議論において「幅広い関係者の意見」（p.5）の聴取を行う際には，利用者側として本プロジェクトのような有志のグループだけでなく，様々な研究者コミュニティ（特に図書館を重要な研究基盤とする，人文・社会科学系の各種学会・学協会・研究会等）もその対象に含めることをご検討頂きたいと考えます。
　　（ウ）送信の形態
　②複製の可否（p.10）
・利用者の利便性確保のため，送信された入手困難資料のプリントアウトを認めるという方向性に賛同します。
・プリントアウトを認める分量は，「一部分」ではなく「全部」とすることを要望します。理由は次の2点です。
　（1）研究目的での利用においては，当該資料の全

部を必要とする場合が多々あり，一部分のみしかプリントアウトできないことは利用者の研究活動等にとって大きな制約となることが予想されます。
　（2）p.10（ア）にある通り，入手困難資料の場合は権利者の利益への影響も軽微だと考えられます。

(3) 第2章第2節：図書館資料の送信サービスの実施（法第31条第1項第1号関係）
　②制度設計等
　　（エ）補償金請求権の付与
②制度設計等（p.19）
（ⅰ）対象範囲
・公衆送信を補償金請求権の対象とする際に，「補償金の対象から除外する著作物（例えば，国の広報資料・報告書や入手困難資料）」の設定（p.19）を実現することを要望します。
・上記例示にあるような資料の公衆送信は，研究目的での利用希望が多数あることが予想されます。これらに対しても補償金が課されることは，権利者の不利益補償という補償金請求権の目的にそぐわないだけでなく，研究活動等への大きな支障になると考えられます。
・「補償金の対象から除外する著作物」の設定に際しては，研究者を含む利用者の意見を広く聴取して頂きたいと思います。
（ⅳ）補償金額の料金体系・水準
・補償金額について，特に学生（大学生・大学院生・研究生等）の費用負担に配慮した料金体系の設定を行うことを要望します。
・例示にあるように，「大学図書館の場合に学生に係る補償金額を一般と比べて低廉な額とする」（p.20）などの措置はきわめて重要だと考えます。

「図書館関係の権利制限規定の見直し（デジタル・ネットワーク対応）に関する中間まとめ」に関する意見

2020年12月21日
一般社団法人日本経済団体連合会
知的財産委員会企画部会

1. デジタル化・ネットワーク化が急速に進展するなか，またコロナウイルス感染症の収束が見通せ

ないなか，オンライン配信に焦点を当てた「図書館関係の権利制限規定の見直し」を検討することは，誠に時機を得たものである。

2. 「第1節　入手困難資料へのアクセスの容易化」に関する対応の方向性や制度設計の内容については，概ね賛成する。但し，運用にあたり，不正・不当な利用がされないよう一定レベルの措置を講じることは必須である。また，送信対象資料の範囲や送信データの利用方法等については，「国立国会図書館のデジタル化資料の図書館等への限定送信に関する合意事項」の考え方が維持されるべきである。

3. 「第2節　図書館資料等の送信サービス」については，報告書に縷々記載されているように，図書館利用者の利便性を確保しながら，権利者のみならず出版関連事業者の利益を不当に害しない制度設計を行うことが強く求められる。その実現のためには，法律及び政省令の規定内容のみならず，文化庁関与のもと作成されるガイドラインの内容が重要であり，ステークホルダーから出される様々な意見を十分に反映すべきである。

　特に，補償金の仕組み，対象出版物の範囲，技術的措置など，より具体化すべき課題は多岐にわたる一方で，新しい制度の速やかな施行が期待される。文化庁においては，難しい舵取りが予想されるが，制度の詳細設計やガイドラインの作成に向け，引き続き尽力されたい。

以上

文化審議会著作権分科会法制度小委員会「図書館関係の権利制限規定の見直し（デジタル・ネットワーク対応）に関する中間まとめ」に関する意見

2020年12月21日提出
一般社団法人日本映像ソフト協会

(1) 総論（第1章：問題の所在及び検討経緯を含む）
「本中間まとめ」で用いられている「複製」は，「複写」「デジタル複写」であることを明記していただくよう要望いたします。

「本中間まとめ」では「(1) 入手困難資料へのアクセスの容易化（法第31条第3項関係），(2) 図書館資料の送信サービスの実施（法第31条第1項第1号関係）という2つの課題について，幅広い関係者（図書館等関係者，研究者（図書館等の利用者），権利者）からのヒアリングを行った上で，集中的に議論を進めてきた」と記されています。

(1) 法31条3項については，文化庁長官官房著作権課の「解説著作権法の一部を改正する法律（平成24年改正）について」（コピライトNo.618　2012年10月号）25頁で以下のように解説しています。

「同項は対象となる著作物の種類を限定していないため，条文上は，書籍だけでなく映像や音楽も電子化の対象となるが，国立国会図書館と関係団体間の合意により，実務上は，書籍等の出版物のみが電子化の対象とされている。」

また，法31条3項は，図書館間の資料貸出しをデジタル・ネットワーク化に対応して行うことができるようにする趣旨だと思われますが，国立国会図書館資料貸出規則45条2号，19条1項で映像資料は図書館間の資料貸出しの対象とされていません。

(2) 法31条1項1号については，国立国会図書館資料貸出規則第4章のタイトルは「複写」とされております。

著作権法2条1項15号柱書では，複製を「印刷，写真，複写，録音，録画その他の方法により有形的に再製することをいい，次に掲げるものについては，それぞれ次に掲げる行為を含むものとする。」と定めており，「複製」には「録画」が含まれるわけですが，「本中間まとめ」は「複製」のうち「複写」についてまとめられたものと拝察いたします。

(3)「本中間まとめ」は，図書館関係者，図書館利用者，権利者からヒアリングを実施しておまとめになられたもので，短期間の集中審議でおまとめになられた関係者各位に深く敬意を表するものです。

権利者側では，「複写」の対象となる著作物の権利者団体である，学術著作権協会，日本写真著作権協会，日本書籍出版協会・日本雑誌協会，日本新聞協会，日本美術著作権連合，日本文藝家協会及び日本漫画家協会からヒアリングを行い，おまとめになられたものと承知をしております。

　以上の理由から本報告書の「複製」には「録画」は対象ではないことを明記していただきますようお

願いいたします。

(2) 第2章第1節：入手困難資料へのアクセスの容易化（31条3項関係）

②制度設計等

（オ）国立国会図書館から送信される入手困難資料に係る公の伝達権の制限

「本中間まとめ」11頁・12頁では，国立国会図書館からの送信を受信して行う公衆伝達について明示的に公の伝達権を制限する規定を設けるべきとしています。

現行法上の公衆伝達権の明示的制限規定は法38条3項がありますが，この規定は，現行法制定当時から「条約との関係等からかなり苦しい条文」（伊藤正己ほか「新著作権法セミナー〔第7回〕－著作権の制限（つづき）－」ジュリスト474号131頁〔佐野文一郎発言〕(1971)）との指摘がありました。

国立国会図書館からの送信を受信して行う公衆伝達について，新たに公衆伝達権の明示的規定を設ける場合には，法38条3項とは別個の規定としていただくよう要望いたします。

(3) 第2章第2節：図書館資料の送信サービスの実施（31条1項1号関係）

①対応の方向性

「本中間まとめ」14頁では，「権利者の利益保護の観点から厳格な要件を設定すること及び補償金請求権を付与することを前提とした上で，図書館等が図書館資料のコピーを利用者にFAXやメール等で送信することを可能とすることとする。」としています。

その立法事実は，「本中間まとめ」13頁で述べられている国立国会図書館の「複写サービス」や公共図書館・大学図書館の「複写サービス」の運用実態とこのサービスをFAXやメールでも行ってほしいとの要望の存在だと思われます。

「図書館休館対策プロジェクト」の要望先を拝見しても，そのご要望は「複写サービス」に関わるものだと拝察されます。

現行30条1項3号は，複製のうち「デジタル方式の録音又は録画」だけを規定した立法例であり，複製のうち「複写」だけを規定することは可能だと思われます。

したがって，現行の法30条1項1号は，「複製」と規定していますが，少なくとも改正する条文では「複製」のうちの「複写」であることを明示していただくよう要望いたします。

以上

「図書館デジタル送信についての日本ペンクラブの基本的な考え方」を発表

2020年12月22日
日本ペンクラブ

一般社団法人日本ペンクラブ（会長：吉岡忍）は2020年12月21日，図書館デジタル送信についての日本ペンクラブの基本的な考え方を発表し，文化審議会著作権分科会法制度小委員会「図書館関係の権利制限規定の見直し（デジタル・ネットワーク対応）に関する中間まとめ」についてのパブリック・コメントを提出しました。

★図書館デジタル送信についての日本ペンクラブの基本的な考え方★

1. デジタル・ネットワーク社会において，市民・読者の知のアクセス向上，なかでも障碍や地域間格差などの読書アクセシビリティの課題を解決する点において，図書館所蔵資料のデジタル送信は基本的な考え方として望ましい。

2. 著作権者，出版者の懸念が生じることなく，人類の財産としての＜知＞の共有と創作・創造の循環に好影響となる実効的な制度設計が求められ，こうした社会基盤の整備こそが，市民社会の表現の自由の拡張に寄与すると考える。

3. 補償金制度のシステム構築（徴収や分配）ならびに図書館における利用者管理においては，表現の自由や個人情報の取扱いに最大限の注意を払い，情報漏洩なく安全であることを最優先したうえで，利便性のあるシステムを設計することが求められる。

4. こうした制度構築にあたっては，関係当事者間の自主的努力のみならず，公的な補助が適切になされることが必要である。

5. コロナ禍を理由にした法改正ではなく，本来のデジタル化の必要性を理解した，充実した制度構築を迅速に進めるべきである。

文化審議会著作権分科会法制度小委員会「図書館関係の権利制限規定の見直し（デジタル・ネットワーク対応）に関する中間まとめ」についてのパブリック・コメント（2020年12月21日提出済）

(1) 総論（第1章　問題の所在および検討経緯を含む）

1. デジタル・ネットワーク社会において，市民・読者の知のアクセス向上，なかでも障碍や地域間格差などの読書アクセシビリティの課題を解決する点において，図書館所蔵資料のデジタル送信は基本的な考え方として望ましい。

2. 著作権者，出版者の懸念が生じることなく，人類の財産としての＜知＞の共有と創作・創造の循環に好影響となる実効的な制度設計が求められ，こうした社会基盤の整備こそが，市民社会の表現の自由の拡張に寄与すると考える。

3. 補償金制度のシステム構築（徴収や分配）ならびに図書館における利用者管理においては，表現の自由や個人情報の取扱いに最大限の注意を払い，情報漏洩なく安全であることを最優先したうえで，利便性のあるシステムを設計することが求められる。

4. こうした制度構築にあたっては，関係当事者間の自主的努力のみならず，公的な補助が適切になされることが必要である。

5. コロナ禍を理由にした法改正ではなく，本来のデジタル化の必要性を理解した，充実した制度構築を迅速に進めるべきである。

(2) 第2章第1節　入手困難資料へのアクセスの容易化（法第31条第3項関係）

①対応の方向性
（再掲）
・デジタル・ネットワーク社会において，市民・読者の知のアクセス向上，なかでも障碍や地域間格差などの読書アクセシビリティの課題を解決する点において，図書館所蔵資料のデジタル送信は基本的な考え方として望ましい。
・著作権者，出版者の懸念が生じることなく，人類の財産としての＜知＞の共有と創作・創造の循環に好影響となる実効的な制度設計が求められ，こうした社会基盤の整備こそが，市民社会の表現の

自由の拡張に寄与すると考える。

②制度設計等

（ア）補償金の取扱いを含めた全体の方向性
　絶版等資料の定義次第では，補償金の有無も含め，さらなる慎重な議論が求められる。

（イ）「絶版等資料」について（中古本の市場との関係を含む）
　絶版等資料の定義次第では，補償金の有無も含め，さらなる慎重な議論が求められる。

(3) 第2章第2節：図書館資料の送信サービスの実施（法第31条第1項第1号関係）

①対応の方向性
（再掲）
・デジタル・ネットワーク社会において，市民・読者の知のアクセス向上，なかでも障碍や地域間格差などの読書アクセシビリティの課題を解決する点において，図書館所蔵資料のデジタル送信は基本的な考え方として望ましい。
・著作権者，出版者の懸念が生じることなく，人類の財産としての＜知＞の共有と創作・創造の循環に好影響となる実効的な制度設計が求められ，こうした社会基盤の整備こそが，市民社会の表現の自由の拡張に寄与すると考える。

②制度設計等

（ア）正規の電子出版等をはじめとする市場との関係（一部分要件の取扱いを含む）
（再掲）
・補償金制度のシステム構築（徴収や分配）ならびに図書館における利用者管理においては，表現の自由や個人情報の取扱いに最大限の注意を払い，情報漏洩なく安全であることを最優先したうえで，利便性のあるシステムを設計することが求められる。こうした制度構築にあたっては，関係当事者間の自主的努力のみならず，公的な補助が適切になされることが必要である。

（エ）補償金請求権の付与
（再掲）
・補償金制度のシステム構築（徴収や分配）ならびに図書館における利用者管理においては，表現の自由や個人情報の取扱いに最大限の注意を払い，情報漏洩なく安全であることを最優先したうえで，利便性のあるシステムを設計することが求め

られる。こうした制度構築にあたっては，関係当事者間の自主的努力のみならず，公的な補助が適切になされることが必要である。

（オ）その他
（ⅰ）サービス利用者の登録
（再掲）
・補償金制度のシステム構築（徴収や分配）ならびに図書館における利用者管理においては，表現の自由や個人情報の取扱いに最大限の注意を払い，情報漏洩なく安全であることを最優先したうえで，利便性のあるシステムを設計することが求められる。こうした制度構築にあたっては，関係当事者間の自主的努力のみならず，公的な補助が適切になされることが必要である。

文化審議会著作権分科会法制度小委員会「図書館関係の権利制限規定の見直し（デジタル・ネットワーク対応）に関する中間まとめ」に対する意見

図書館問題研究会

2020年12月21日に，図書館問題研究会常任委員会として，下記のパブリック・コメントを提出しました。

（1）総論　（第1章　問題の所在および検討経緯を含む）

総論として，「入手困難資料へのアクセスの容易化」及び「図書館資料の送信サービスの実施」について，利用者(以下，国民及び国外の住民を含む)の情報アクセスを確保する観点より賛同する。ただし，「図書館資料の送信サービスの実施」にあたって，補償金を設けることについては反対する。もし，補償金が導入される場合には，現状の複写料金及び郵送料金に比して同等以下となるような低廉な料金体系とすること，補償金の徴収にあたっては，送信主体である図書館等の事務的負担の軽減に配慮した制度設計が必要である。

補償金制度を含め，制度設計に起因する実務的なハードルにより，新たなサービスを導入する図書館が限定され，権利制限規定の見直しの目的を達成できないといったことがないよう，図書館等関係者と十分な協議の上，制度設計がなされることを要望する。

（2）第2章第1節　入手困難資料へのアクセスの容易化（法第31条第3項関係）
①対応の方向性
「国立国会図書館が，一定の条件の下で，絶版等資料のデータを各家庭等にインターネット送信することを可能とすることとする」という対応の方向性については，利用者の情報アクセスを確保する観点より強く賛同する。

②制度設計等
（ア）補償金の取扱いを含めた全体の方向性
入手困難資料を各家庭等にインターネット送信するにあたって，補償金制度は導入しないことについては妥当であり，賛同する。

現在，入手困難資料の送信については図書館等で厳格に運用されている。しかし，入手困難資料は国立国会図書館が既にデジタル化した資料のうちの一部であり，多くの資料が「国立国会図書館内限定」に位置づけられ，送信の対象外となっている。「物理的に図書館等に足を運べる者（無償で閲覧可能）と，そうでない者（病気や障害等の事情を有する者を含む。）とのイコールフッティング」が当該報告書で触れられているが，「国立国会図書館内限定」資料は国立国会図書館に足を運べる者に利用が限定されている。図書館等での送信資料の閲覧は，利用者にとって家庭での閲覧に比べるとかなりのコストを要するものであり，またその運用も現在厳格になされていることから，入手困難資料の各家庭への送信にともない，図書館等への送信資料を入手困難資料から「国立国会図書館内限定」資料に拡大していくことは，利用者の情報アクセス及びイコールフィッティング^{ママ}の確保に大きく寄与するものである。このため，権利者と調整しながら，図書館等への送信資料を現在の「国立国会図書館内限定」資料にも段階的に拡大していくことを検討するよう要望する。

（カ）大学図書館・公共図書等が保有する入手困難資料の取扱い
「（ア）大学図書館・公共図書館等においてデジタル化した上で，（イ）大学図書館・公共図書館等から国立国会図書館に提供し，（ウ）国立国会図書館において専用サーバーにデータを蓄積するとともに

に，（エ）国立国会図書館から全国の図書館等や各家庭等に向けた送信を行うこと（いわば，国立国会図書館をハブとして資料の全国的な共有を図ること）」については，賛同する。

ただし，国立国会図書館が保有していない入手困難資料を所蔵する中小規模の大学図書館・公共図書館等において，自館でデジタル化することが困難である場合も多く，その点が入手困難資料の全国的な共有にあたっての障害となることが予想される。こうした入手困難資料のデジタル化及び共有のために，国立国会図書館が自らが所蔵していない資料もデジタル化することを可能とすることで，国立国会図書館がデジタル化の代行を行なえるよう法制度の整備を要望する。

第2章第2節：図書館資料の送信サービスの実施（法第31条第1項第1号関係）

①対応の方向性

「図書館等が図書館資料のコピーを利用者にFAXやメール等で送信することを可能とする」ことについては，強く賛同する。しかし，逸失利益への対応として補償金を設けることについては反対する。

本報告書では，「他方，入手困難資料以外の資料（市場で流通している資料。新刊本を含む。）について，簡便な手続により大量のコピーが電子媒体等で送信されるようになれば，たとえそれが著作物の一部分であっても，正規の電子出版等をはじめとする市場，権利者の利益に大きな影響を与え得ることとなる」「図書館等からのメール送信等によって国民が迅速かつ簡易にパソコンやスマートフォンで必要なデータを入手・閲覧することができるようになれば，権利者の利益に相当程度の影響を与えることが想定される」としている。

しかし，現在郵送で行なわれている複写資料の送付が，メールに送信手段が変更されることで，権利者の利益に大きな影響を与えるとは考えにくい。実際にメールで複写物を受け取るとしても，ほとんどの場合では図書館が複写を受け付け，複写を実施し，それを利用者に送信するまでには現状と同じ時間とコストがかかることが予想される。短縮されるのは郵送期間だけである。利用者が当該送信サービスにつきWeb等から申し込んだ際に，電子書籍の購入のように瞬時に複写資料を手にできるということは

なく，相応の時間と複写料金が必要となる。今後，国立国会図書館等であらかじめ電子化されている著作物につき，利用者からの申込から人の手を介することなくほとんど瞬時に複写データが送信され，かつその著作物が市場で販売されており，複写料金が無料に近いなどの限られた条件でのみ「権利者の利益に相当程度の影響を与える」ことになると予想される。このような限定的な条件においてのみ逸失利益が想定されるところ，個人の出版物や官庁による出版物も多く含まれる送信サービス全体について補償金請求権を付与することは妥当でない。

また，本報告書では，メールでの送信サービスが「相当額の支払いをしてでも高度なサービスを受けたい利用者を対象としたものである」とする意見も掲載されているが，現在の社会環境にあって複写サービスを郵送でなくメールで送信することが，相当額の支払いに妥当する「高度なサービス」と位置づけることについては相当ではないと考える。

②制度設計等

（ア）正規の電子出版等をはじめとする市場との関係（一部分要件の取扱いを含む

①対応の方向性と同様の意見である。

「一部分要件の取扱い」については，当該送信サービスにとどまらず，本報告書で言及されるように「発行後相当期間を経過している書籍（定期刊行物ではない）に掲載された個々の著作物（論文集の1論文や百科事典の1項目など）であっても一部分の利用しかできないなど」図書館の複写サービスの現場では「不合理な事態」への対応及び利用者への説明につき長年苦慮してきた。このため本報告書で触れられている「「著作物の一部分」という要件について，著作物単位ではなく，市場での販売単位・商業流通単位を基準として，その一部分とすることも考えられる」といった意見は，図書館現場における複写実務とも整合するものであり，一部分要件の取扱いにつき早急な法改正を希望するところである。

（イ）送信の形態・データの流出防止措置

「（ア）図書館等においてデータの流出防止のための適切な管理を行うとともに，（イ）データを受信した利用者による不正な拡散を防止するための措置を講ずることが必要」とされているが，実施する図

書館等において負担が少なく，技術的に可能な方法で行なわれることが必要である。ハードルが高くなると実施できる図書館等がほとんどなくなり，改正の目的が達成されなくなる可能性がある。

（エ）補償金請求権の付与
①対応の方向性と同様の意見である。
（i）対象範囲
　もし，補償金を設けることとなった場合には，「補償金の対象から除外する著作物（例えば，国の広報資料・報告書や入手困難資料）を設ける」ことは必要である。
（ii）補償金の徴収・分配スキーム
　補償金の徴収にあたっては，実施する図書館等の会計処理の負担が増すことを避けるための合理的なシステムが必要である。例えば Web 上で指定管理団体が徴収システムを運用し，利用者が直接徴収システムに納付を行ない，図書館等は未払いなど限定的な場合のみ会計的な手続きを行なうなどである。
（iv）補償金額の料金体系・水準
　これまで述べたように補償金を課すことには反対だが，もし導入するとすれば郵送料金と同額またはそれ以下の低廉な額とすることが適当である。また，著作物の種類等によって補償金額を変えるなど複雑な料金算定が想定されているが，前述したように図書館等の事務的負担の軽減という観点での配慮を要望する。

（オ）その他
（ii）脱法行為の防止
　「図書館等においては，同一の者から同一の資料について送信の請求があった場合には，送信の可否を慎重に精査することとすべきであると考えられる」としているが，図書館においては利用者の利用の秘密を守るため利用履歴は速やかに破棄することとなっており，可能な範囲で同一の請求については避けるよう対応するものの困難な場合も多く，精査することに限界があることも理解されたい。

（4）第3章：まとめ（関連する諸課題の取扱いを含む）
　「法第31条の対象となる「図書館等」の範囲など多岐にわたる課題が残されている」との指摘はその

通りである。「とりわけ，小・中・高の学校図書館を法第31条の対象となる「図書館等」に追加することについては，昨今，アクティブラーニングなど従来の授業の枠にとらわれない児童生徒等の主体的な学習が重視されるとともに，オンラインでの教育・指導等が普及する中で，図書館における各種サービスへのニーズも高まっていると考えられるところ，本ワーキングチームの議論においても追加すべきとの意見が大勢であった」とされるが，この見解には強く同意するところである。学校図書館現場の職員からも「小・中・高の学校図書館を法第31条の対象となる「図書館等」に追加する」ことへの強い要望が多数聞かれるところであり，学校図書館を法第31条の対象となる「図書館等」とするよう改正することが妥当と考える。

**専門図書館協議会
2020年12月21日提出意見**

（2）第2章第1節　2（ア）補償金の取扱いを含めた全体の方向性
　送信先について，国内のみならず，海外での研究機関等に対象が拡大することを要望する。平成30年著作権法改正によって，国立国会図書館が，国内の図書館等に類する外国の施設で政令が定めるものに対して，絶版等により入手困難な資料を送信することができる旨が規定されたが，国や地域により対象図書館にアクセスできず，またロックダウン時のような図書館休館や物流の滞りなどには対応できていない。今回のアクセスの容易化により，海外においても受信することができれば，日本研究を行う海外在住の研究者にとって，情報入手のスピードを含め利便性の向上に繋がる。送信の形態が国内と同等でよいか等，制度の再検討が必要になるが，対象の拡大が学術研究に資するとともに日本の文化を世界に発信できる契機となるものと考えられる。

（2）第2章第1節　2（イ）「絶版等資料」について（中古本の市場との関係を含む）
　対象資料について，入手困難資料でも非商業出版物（ネバー・イン・コマース，例えば年史等の記念

出版物，無料配布小冊子，いわゆる灰色文献など）と商業出版物と分け，さらに商業出版物の中で入手困難資料を区別しての検討を要望する。

(2) 第2章第1節　2（カ）大学図書館・公共図書館等の送信サービスの実施（31条1項1号関係）

国立国会図書館が保有していない，大学図書館・公立図書館等が保有する入手困難資料への国民のアクセスについて，「（イ）国会図書館に提供し」とあるが，国立国会図書館に相談しても要求される条件が高過ぎて断念するケースが多いと聞いている。利用者の依頼から資料の送信について，制度はできたものの利用の不便さから実質利用ができないことにならぬよう，円滑に提供できる仕組みづくりを要望する。

(3) 第2章第2節　2（ア）正規の電子出版等をはじめとする市場との関係（一部要件の取扱いを含む）

入手困難資料（（2）第2章第1節　2「絶版等資料」について（中古本の市場との関係を含む））で記述した非商業出版物，商業出版物における入手困難資料，及び学術論文）の複製について，全部のプリントアウトを要望する。非商業出版物は権利者団体の管理対象にもなっていないことが多く，商業出版物における入手困難資料については全文複製・送信しても権利者への影響は軽微と考えられる。また，学術論文は広く引用されることが著作権者の利益となると考えられるので，同様に全文複製・送信が望まれる。本要望のうち学術論文以外は，権利者への影響はない又は軽微と考えられるので，補償金の対象としないことも併せて要望する。

(4) 第3章　まとめ（関連する諸問題の取扱いを含む）

公開型の専門図書館のうち，図書館運営事業の目的が非営利で公益性が認められるものについて，設置主体が営利・非営利にかかわらず著作権法施行令第1条の3第1項第6号指定の施設として認めることを要望する。

専門図書館の設置主体としては様々な組織が運営しているが，公開型で専門性を生かして公益性を有

していても，設置主体が非営利の法人格を有する施設のみが著作権法施行令第1条の3第1項第6号に該当しているため，非該当の専門図書館は適用外となっている。専門図書館が保有している資料の特徴は，特定の分野に特化していているため一般に入手困難な資料が多いこと，また分野によっては明治期の資料等，著作権者が不明な場合や保護期間が断定できない孤児資料が多いことである。非該当の専門図書館は利用者の求めに応じて複製することができないだけでなく，資料保存のための複製もできないため，入手困難な資料が劣化しても著作権者の許諾が得られなければ複製することができない。

著作権法施行令第1条の3第1項第6号指定の施設としての認定に際しては，具体的な要件を整備し認定基準を明確にすることにより，認定を必要とする専門図書館においては条件整備に努めることができる。公益性が高い情報を提供する幅が広がることで，利用者の調査研究における利便性の向上が期待できる。

今回のワーキングチームでは，「図書館等」の範囲に関する検討はなされていないが，検討を継続することを併せて要望する。

以上

（提出団体：専門図書館協議会　著作権委員会）

文化審議会著作権分科会法制度小委員会「図書館関係の権利制限規定の見直し（デジタル・ネットワーク対応）に関する中間まとめ」に関する意見

2020年12月21日
学校図書館問題研究会

学校図書館問題研究会では，第31条の「図書館等」に学校図書館を加えることについて，9月26日に要望書を提出し，また10月20日には，想定される具体的事例についてもお送りしたところです。

それらにも書きましたとおり，学校図書館では第35条に該当しない利用も多くあり，そうした場面では，学校図書館が著作権法第31条の「図書館等」に含まれていないため，複写の要求に応えることができない状況にあります。それゆえ私たちは，第31条の「図書館等」に学校図書館を追加していただくことを要望します。

理由は以下のとおりです。

・授業には該当しない，児童生徒自身の興味関心による読書や調査も，子どもたちの成長と発達に必要不可欠な活動である。学校図書館がその活動を支援し，児童生徒の知る自由を保障するために，複製物の提供は欠かせないサービスの一つである。

・学校図書館は，児童生徒にとって一日の大半を過ごす学校にある身近な図書館である。公共図書館が近くになく行くことができない児童生徒もおり，学校図書館が第31条にもとづく複製ができる意義は大きい。

・教職員は，授業に該当しない児童生徒の活動を指導することも少なくない。また，教育活動を豊かなものにするためには，さまざまな研究が必要である。教職員のこうした活動に対しても，学校図書館が複製物を提供することができる。

・学校図書館も絶版等で入手困難な資料や貴重な資料を所蔵しており，それらを保存したり，他の図書館等へ提供したりするために複製することができる。

・学校図書館においても，国立国会図書館により自動公衆送信されたデジタル資料を印刷して提供することができるようになり，児童生徒の学びや教職員の研究を深めることに資することができる。

・児童生徒や教職員にとって，学校図書館で法律に沿い著作権に配慮した複写サービスが受けられることは，著作権に対する意識の向上や，生涯学習における著作物の倫理的な活用につながる。

なお本会では，今後もこの件に関して文化庁に学校図書館現場の情報を提供し，意見をお伝えしたいと考えています。

以上

■ (一社) 情報科学技術協会　著作権委員会

2020年12月21日

(1) 総論　(第1章　問題の所在および検討経緯を含む)

主にわが国の科学技術情報の流通・利用にかかわる立場から意見を申し上げます。

中間報告に引用の「知的財産推進計画2020」中に記載されている「研究目的の権利制限規定の創設」に関する検討，結論，必要な措置，については是非，ご検討をお願い致します。日本の科学研究がグローバルな動きから取り残されて行く事を懸念します。

法制度小委員会の名簿によれば委員は法学者・法学専門家のみで構成されている様に見受けられます。著作権の問題は権利者と利用者との連携協力無しでは何の対策も講じられない事になりかねません。また著作権者かつ利用者でもある研究者や，利用を仲介する立場が中心となる図書館等の実務に対する配慮と認識も必要だと思います。ヒヤリングでは利用者側の声も積極的に取り込んで頂く様に，お願いしたいと思います。

本中間報告で，個々の利用者（研究者自身も含む）への送信可能化は評価すべきとしても，現況の対権利者財政的保護を優先させている感が強く感じられ，諸外国に対して遅れがちの電子化・デジタル化の推進やネットワーク対応として必ずしも十分とは言えない様に思えます。

法制度小委員会として制度設計を急ぐ事の大切さは理解できなくもありませんが，新たな補償金の額も試算し，現在の運用実態をどの様に変える効果が期待できるものか，そして改善後の運用に伴い増大するであろうコストが何処で発生するのかなど，先の見通しをシミュレーションする事によってのみ，社会全体から受け入れ可能で適切に運用出来かつ，現権利者に期待される学術情報流通促進への改善改革努力との，バランスある利害調整が図られる事と考えます。

「絶版等資料」を「入手困難資料」と呼び代える事はそれなりに評価出来ると思います。他方，研究目的の学術情報（中でも自然科学情報）がスピーディーかつタイムリーに入手出来ない事は学術発展の致命傷にもなりかねません。研究目的「入手困難資料」は，「個々の研究者が何処（家庭でも，研究室でも）にいようとも，必要に応じてタイムリーな入手可能状態には無い資料」と呼び変えでもした方が，逆説的には正しいのでは無いかとすら感じています。電子化・デジタル化されてこそ，現代の科学研究情報源とすら言えると考えられます。ニーズに応えられる流通が図られず，補償金支払いが必要な入手困難資料は流通されず，科学研究の成果を発表

する場とはならなくなる事も考えられます。

(2) 第2章第1節　入手困難資料へのアクセスの容易化（法第31条第3項関係）

1　対応の方向性

入手困難資料へのアクセス容易化には、厳格な運用と、提供先でのプリントアウトやDRMの実装は対立しないと考えられ、通常の複写サービスのように、違法複製の注意をすれば良いと思います。提供先については、調査研究目的であれば限定しないと考えるべきだと思います。

2　制度設計等

（ア）補償金の取扱いを含めた全体の方向性

入手困難資料に関するものであり、補償金の対象とならないことを希望します。

（イ）「絶版等資料」について（中古本の市場との関係を含む）

入手困難資料に関して中古本市場を考慮する必要はないと思います。

（ウ）送信の形態

メール添付またはダウンロード用のURLメールで送付を希望する。

（エ）受信者側での複製の取扱い

調査研究目的の利用ですからダウンロードと1部のみのプリントアウトは許容すべきと希望します。

（オ）国立国会図書館から送信される入手困難資料に係る公の伝達権の制限

入手困難資料で国立国会図書館から送信されるものの伝達権に制限を設ける必要はないと思います。

（カ）大学図書館・公共図書等が保有する入手困難資料の取扱い

図書館等においては国立国会図書館に準じた対応を期待します。

(3) 第2章第2節：図書館資料の送信サービスの実施（法第31条第1項第1号関係）

1　対応の方向性

科学技術分野では電子化が前提で、電子媒体での流通はグローバルに進んでいる事から、この流れに障害となりかねない事は避けて欲しいと思います。

2　制度設計等

（ア）正規の電子出版等をはじめとする市場との関係（一部分要件の取扱いを含む）

正規の電子出版物はすでに流通しており、法人及び個人での購入が可能なので今回の対象外にすべきと考えます。

（イ）送信の形態・データの流出防止措置

メール添付またはダウンロード用のURLをメールで送付で行って頂きたい。

流出防止のためにDRMを実装することが望ましいと思います。

（ウ）主体となる図書館等の範囲

法律及び政令で定める図書館、美術館、博物館も範囲に含めるが、一定の基準の下、各図書館の運用状況（人手など）を考慮して、各図書館が自主的に決めるべきと考えます。

（エ）補償金請求権の付与

どうしても補償金設定しか選択肢が残らない場合には、フラットで定額の様な分かりやすく、利用側で入手に関する意思決定が容易である事が必要です。また、送信可能な著作物がすぐに分かり除外対象をも明らかになる様データの整備を行う事は前提条件になろうと思います。そして利用が調査研究目的であれば対象は限定されるべきでは無いと考えます。

（オ）その他

（ｉ）サービス利用者の登録

あらかじめ登録しておく事は、図書館等の公益性との矛盾とも受け止められず、無理があると思います。

(4) 第3章：まとめ（関連する諸課題の取扱いを含む）

「図書館資料の複製が認められる図書館等」として政令で定めている現状に必ずしも一貫性があるとは思えません。営利企業が組織内に設置して組織内の利用しか認めていない図書館が除外されるのは当然のことであるとしても、専門性の高いコレクションと機能を持つ専門図書館であれば度重なるく公衆の頻繁な利用こそ無いものの、利用希望者の期待に応じている事は多いと思います。誰でもが利用可能でそれなりのコレクションを所蔵し、専門スタッフによる適切な著作権管理体制も整っている（いわゆる）図書館を著作権法上の「図書館等」に含めない理由は無いと思います。現状の著作権施行令に基づく指定施設には一貫した基準や指定結果の明確性に

疑問を感じます。

　根本的な見直しを希望するものの，今回要望がある小・中・高の学校図書館や病院図書館を著作権法上の「図書館等」に含める早急の対応を期待しています。但し，コレクションの所蔵や著作権管理体制等に関する一定の基準設定と基準への合致を確認する事は必要だと思います。

（5）その他の事項

　学校図書館で早くから著作権の重要性を知り，著作物の大切さとおもしろさに馴染んでもらう事は，将来（想定も含め）ユーザーにも繋がるものではないでしょうか。研究には学術情報の迅速な流通がエッセンシャルである事は今更述べるまでの事は無いと思います。図書館はコレクションを購入する立場でもあり，学術情報流通を支えつつ不適切な利用に対抗する協力者でもあります。公正な利用と権利の保護を両立させ，もって文化（と学術研究）の発展に寄与したいと考えつつ，意見を述べさせて頂きました。

■ 文化審議会著作権分科会法制度小委員会「図書館関係の権利制限規定の見直し（デジタル・ネットワーク対応）に関する中間まとめ」への意見について

2全公図第22号　令和3年1月7日
全国公共図書館協議会

　時下ますますご清祥のこととお喜び申し上げます。

　日頃より，当協議会の事業に御支援，御協力をいただき，誠にありがとうございます。

　さて，標記の件につきまして，別紙のとおり提出させていただきます。

　ご査収のほど，よろしくお願い申し上げます。

（別紙）
第2章
　第1節　入手困難資料へのアクセスの容易化（法第31条第3項関係）
　2．対応の方向性（p.4）
●絶版等で入手困難となった資料について，国立国会図書館が一定の条件の下で，データを利用者に接インターネット送信するため，制度整備を図る

ことは必要と考える。その際は，利用の範囲や手続き，利用条件，費用等について，現行の「図書館向けデジタル化資料送信サービス」との整合性に十分配慮することが必要と考える。
●著作権の保護期間内にある「入手困難資料」について，従来の複写サービス等における取扱いとの整合性に十分配慮することが必要と考える。

3．制度設計等（p.5）
（1）補償金の取扱いを含めた全体の方向性（p.5〜7）
●著作権者の権利が保護されるよう，補償金に関しては，多方面の意見を踏まえ，議論を深める必要があると考える。

（2）「絶版等資料」について（中古本の市場との関係を含む）（p.7〜10）
●「絶版等資料」を「入手困難資料」と呼称を変更するに当たり，入手困難資料を判断する基準を明確にしていただきたい。

（3）送信の形態（p.10〜11）
●国民の利便性を高める工夫をしつつ，技術的な不正防止措置を講じることや著作権法の周知徹底を行うことが必要である。
●国立国会図書館や文化庁長官が指定する指定管理団体等にID・パスワードを管理していただき，その際の個人情報の取り扱いについて慎重に検討する必要がある。

（4）受信者側での複製の取扱い（p.11）
●調査研究や，私的使用目的等の判断は難しく，権利制限の対象や基準を慎重に検討する必要がある。

（5）国立国会図書館から送信される入手困難資料に係る公の伝達権の制限（p.11）
●著作者の権利を不当に害しないことを要件に，公の伝達権の制限を設けるべきである。

（6）大学図書館・公共図書等が保有する入手困難資料の取扱い（p.12）
●国立国会図書館が保有する資料については，入手困難資料を特定し，公立図書館に周知していただ

きたい。<u>国立国会図書館が保有していない資料の中で，公立図書館が保有するものについては，「入手困難資料」か否かを判断するため，基準を明確にしていただきたい。</u>

● 予算や人員，技術等については，自治体による差があることから，それぞれの公共図書館でデジタル化に対応することは難しい。

国立国会図書館が保有していない資料を公共図書館がデジタル化する場合，国立国会図書館がデジタル化を代行する仕組みの検討が必要である。

● 公共図書館が提供するデータを国立国会図書館がデータ送信する場合には，各図書館が定める利用条件等との整合性を図られたい。

第2節　図書館資料の送信サービスの実施（法第31条第1項第1号関係）

2. 対応の方向性（p.14）

● 著作権者の権利を保護するため，要件の設定や補償金請求権を付与する必要はあるが，図書館にとって予算的・事務的負担の増大が懸念される。より多くの図書館が本サービスを実施できるよう，実効性のあるきめ細かな制度設計を要望する。

● 公共図書館間の相互協力事業（図書館間でのレファレンスサービス等）においても，本送信サービスが実施できるよう，仕組みの検討が必要である。

3. 制度設計等（p.15）

(1) 正規の電子出版等をはじめとする市場との関係（一部分要件の取扱いを含む）（p.15 ～ 17）

● 電子出版やオンデマンド出版など，絶版だった書籍資料が出版できるなど出版の形態が多様化している中，図書館が権利者の利益を不当に侵害することを避けるため，一定の厳格なルールに基づく統一的な判断が必要だと考える。

● 送信される著作物の分量等について，著作権者・利用者等の十分な理解を得ることができるよう，簡潔でわかりやすいガイドライン等を作成することを要望する。

● 現行の複写サービスと新たな送信サービスの間に齟齬のない整合の取れた基準となるよう検討していただきたい。

(2) 送信の形態・データの流出防止措置（p.17 ～ 18）

● 各公立図書館がデータの流出防止措置，送信実績の記録，補償金制度の運用に当たっての事務等を適切に実施できる人的・物的管理体制を，それぞれ構築することは非効率的，非現実的である。そのため，国において統一的なシステム等を整備していただきたい。

(3) 主体となる図書館等の範囲（p.18）

● 人的，物的管理体制の構築が困難な図書館もあることから，具体的な基準を政省令やガイドラインで規定し，適切な運用が担保できる図書館等での実施を検討する必要がある。

● 各図書館で送信サービスを担当する職員に対して，研修を実施できるよう，国においてデータの流出防止措置，送信実績の記録，補償制度の運用統一的なガイドラインやテキストを作成・提示していただきたい。

(4) 補償金請求権の付与（p.18 ～ 21）

● 「実費」は，利用者負担であり，権利者へ還元されるものではない。また，個々の図書館で実費は異なる。補償金は，コピー・郵送サービスにおける印刷代・郵送代，人件費を超えた「図書等を購入する代わりに自宅等で読むことができる」価値に対して負担することであるため，「実費」とは異なることを認識した上で法体系を整備するなどの議論を進めるべきである。

● 法律上の補償金の支払い主体を図書館等の設置者とし，利用者に転嫁するか否かを各図書館等において判断する場合，図書館等の設置者によって対応が分かれることは好ましくない。公立図書館は無料の原則があるが，補償金については，利用者が受益者として負担することが相当であるから，利用者が直接支払う仕組みにしていただきたい。国で体制とシステムを整備し，サービス利用者が直接指定管理団体へ支払う仕組みにしていただきたい。

● 補償金額及び料金体系の決定については，「中間まとめ」の通り指定管理団体が行っていただきたい。利用者の十分な理解を得ることができるよう，簡潔でわかりやすい内容とすることを要望する。

●補償金負担を利用者に求めることについて，公立図書館の無料公開の原則に反しないものとして，サービス利用者が納得できる理由を示すとともに，法的根拠を整備するなどの措置を要望する。

(5) その他（サービス利用者の登録，脱法行為の防止）（p.21）
●「不適切な行為」や「脱法行為」を各図書館で完全に防止する仕組みを整備することは，非効率的，非現実的である。国において安全性の高いシステムを開発することとし，ID の一本化等で脱法行為を防止する仕組みを統一的に構築していただきたい。なお，利用者のプライバシー保護の観点から，情報管理のあり方については慎重に議論するべきである。

第3章
まとめ（関連する諸課題の取扱いを含む）（p.22）
●第2章第2節については様々な検討課題（システム構築や詳細なガイドライン作成，補償金等）があるため，本件制度設計においては，サービス提供者である公立図書館や関係機関と連携し，丁寧な意見聴取を要望する。

「図書館関係の権利制限規定の見直し（デジタル・ネットワーク対応）に関する中間まとめ」に関する意見提出について

2021 年 1 月 22 日
国公私立大学図書館協力委員会

2020（令和2）年 12 月 4 日，文化審議会著作権分科会法制度小委員会において「図書館関係の権利制限規定の見直し（デジタル・ネットワーク対応）に関する中間まとめ」が取りまとめられ意見公募に付されました。当委員会では下記のとおり 2020 年 12 月 21 日付で文化庁へ意見提出を行いました。

記
1. 個人／団体の別
   団体
2. 氏名／団体名
   国公私立大学図書館協力委員会
3. 電話番号
   ［略］
4. メールアドレス
   ［略］
5. 御意見について
(1) 総論（第 1 章問題の所在および検討経緯を含む）
コメントなし

(2) 第 2 章第 1 節入手困難資料へのアクセスの容易化（法第 31 条第 3 項関係）
①対応の方向性
コメントなし

②制度設計等
（ア）補償金の取扱いを含めた全体の方向性
　中間まとめの各所に，利便性の向上に対して補償金を設けるべきと読み取れる部分がありますが，特に「(iii) サービスの利便性を高める観点からの補償金の積極的活用の可能性」は，見出し，本文ともに不適切と考えます。利便性が向上することは，かならずしも著作権者の利益を害することと同義ではなく，また，著作権者も向上したサービスを享受することがありうることを考えれば，あくまで補償金は逸失利益を補償する目的で設けられるべきで，このような記述が，利便性の向上の否定や技術の発展の支障となりかねないことを危惧します。
　また，注 6 に「フルの補償金」という表現がありますが，金額が十分か不十分かということはあるにしても，制度として「フルでない補償金」というものがあるように誤解が生じないように記述が修正されるべきと考えます。

（イ）「絶版等資料」について（中古本の市場との関係を含む）
　「絶版等資料」の呼称を改めることに反対するものではありませんが，内容や外延に影響が及ぶような改正をするまでの議論がされたとは思われませんので，その点，明記されるべきと考えます。
　「絶版等資料」の範囲については，電子出版の有無も含めて，「資料デジタル化及び利用に関する関係者協議会」で既に一定のルールが定められており，そのルールに問題なしとはしませんが，変更を加えるには，かなりの時間を要することが予想されますので，法制化においては，その点の配慮が必要と考

えます。

（ウ）送信の形態

　現在の情報通信技術において，データを通信経路やパソコンのメモリ上で捕捉することは理論上可能であり，公衆送信によるデータのダウンロードを技術的に防止することは困難です。法制化にあたり，プリントアウトの一時的ダウンロードも不可となるようなことがないよう，念のため注記等があるべきと考えます。

（エ）受信者側での複製の取扱い
　　コメントなし

（オ）国立国会図書館から送信される入手困難資料に係る公の伝達権の制限
　　コメントなし

（カ）大学図書館・公共図書等が保有する入手困難資料の取扱い

　「国会図書館がハブとして機能することには限界がある」との認識に賛同しますが，単に「検討が必要となる」と記述するにとどめず，スケジュール等が併せて記述されるべきと考えます。

（3）第2章第2節：図書館資料の送信サービスの実施（法第31条第1項第1号関係）
①対応の方向性

　第2段落の「正規の電子出版等をはじめとする市場，権利者の利益に大きな影響を与え得ることとなる。」は，あくまで可能性として理解できなくはありませんが，図書館が発行部数の多くない冊子体を買い支えてきた側面があることや，同一の著作物において，電子出版では図書館向けと個人向けとで別の商品となっていることが少なくなく，価格や利用条件が異なることが一般的であることを考慮すれば，やや印象論に過ぎると思われます。文末を「…影響を与える可能性を否定できない。」となるような表現が適当と考えます。また，当委員会へのヒアリングの際，「利用者に直接電送できる制度が必要」との説明をしているところですが，注29で触れられている図書館間の電送も重要であり，注記ではなく本文での記述としていただきたいと考えます。

②制度設計等
（ア）正規の電子出版等をはじめとする市場との関係（一部分要件の取扱いを含む）

　「①基本的な考え方」の第2段落「電子配信サービスにおいては，書籍をチャプターごとなど部分単位で販売することや，過去の雑誌に掲載された論文等の記事を一記事単位で販売することなどが行われている場合もある」は，かなり一般的に行われている印象を受ける記述となっていますが，特に国内の出版物においては例外的であり，「権利者の利益を不当に害することとなる場合が相当程度生じ得る」状況にはないと認識しています。現状に則した記述としていただきたいと考えます。なお，「①基本的な考え方」の第1段落「正規の電子出版等の市場との競合が生じ得る」については，前項「対応の方向性」で述べたことと同様であるものの，著作権者等「懸念される」という意見があることは承知しているところです。

　また，注31に「ガイドラインの策定はソフトローという広い意味での立法に当たるため，（中略）政府がリーダーシップを発揮し…」とあるが，むしろ一種の契約であり，全ての契約に政府がリーダーシップを発揮することは不可能であるばかりではなく，政府が介入すべきではないケースの方が多いものと考えます。委員の意見として否定するものではありませんが，記述は控えるべきと考えます。

　さらに，注36の指摘は，本文中で例示すべきと考えられるような，非常に重要な問題と認識しています。「（一部分要件の取扱い）」の末尾で「検討・措置を行う必要がある」とされていますが，法制化において，適切な対応がとられるよう強調した記述としていただきたいと考えます。

（イ）送信の形態・データの流出防止措置
　　コメントなし

（ウ）主体となる図書館等の範囲
　　コメントなし

（エ）補償金請求権の付与

　「①基本的な考え方」において，何ら根拠もなく「図書館等によるメール送信等を可能とすることに伴って権利者が受ける不利益を補償するため」とありま

すが，不利益の根拠を明示することなく，このような記述をすることは不適切と考えます。なお，当委員会へのヒアリングの際にも述べたように，館内での受け渡し，郵送，電送，いずれの場合でも，利用者に一部のコピーが届くことに違いはなく，当委員会としては，補償金請求権を付与する理由は十分ではないという立場であることを改めて表明します。

また，「(ⅳ) 補償金額の料金体系・水準」の中で，補償金請求権が付与されることを前提に，「大学図書館の場合に学生に係る補償金額を一般と比べて低廉な額とする」といった例示がされていますが，法制化にあたり，補償金請求権が付与された場合でも，この例示に限らず，一定の柔軟性を担保されている必要があると考えます。加えて，注47で「権利者の逸失利益を補填するという前提の下で，包括的な料金体系とする場合には，かなり高額な補償金額となる可能性がある」とありますが，根拠も示されておらず，印象操作の感を拭えない，不適切な記述と考えます。

（オ）その他
（ⅰ）サービス利用者の登録
　　コメントなし
（ⅱ）脱法行為の防止
　　コメントなし
（ⅲ）契約上の義務との関係
　　「③契約上の義務との関係」に「当該契約において公衆送信不可などの利用条件が定められている場合には，（中略）その利用条件等に従う必要があると考えられる」とありますが，第31条関係の送信だけではなく，第35条関係の送信にも影響しかねません。また，当委員会へのヒアリングの際に申し上げた，契約後に利用可能な条件が縮小される事例についての全く考慮されていないと言わざるをえません。「基本的に」以下は「法の趣旨を尊重した，提供者側，利用者側ともに納得できる契約内容の模索が求められる」などといった記述であるべきと考えます。

(4) 第3章：まとめ（関連する諸課題の取扱いを含む）
　　コメントなし

(5) その他の事項
　当委員会へのヒアリングにおいて，映像資料の貸与（法38条5項）が認められる施設に大学図書館の追加をお願いしているところです。実習ビデオなど大学においても映像資料を使用する機会は多く，在宅における学習や研究に対応するために著作権処理されていない映像資料を貸出できる環境が必要であり，引き続きの検討をお願いします。

　　　　　　　　　　　　　　　　　　　以上

日本図書館協会
〈https://www.jla.or.jp/demand/tabid/78/Default.aspx?itemid=5567〉
国立国会図書館
〈https://www.ndl.go.jp/jp/news/fy2020/201216_01.html〉
日本弁護士連合会
〈https://www.nichibenren.or.jp/library/pdf/document/opinion/2020/opinion_201217_3.pdf〉
日本病院ライブラリー協会
〈https://jhla.jp/katudo/chosakuken/topics/〉
図書館休館対策プロジェクト
〈https://7a64ccfc-4343-4e56-831b-78b6fa3c99c3.filesusr.com/ugd/f24217_cab1afc8024144d28b6c239610d151b8.pdf〉
日本経済団体連合会
〈https://www.keidanren.or.jp/policy/2020/131.html〉
日本映像ソフト協会
〈https://www.jva-net.or.jp/news/news_201221/opinion.pdf〉
日本ペンクラブ　　　〈https://japanpen.or.jp/statement20201221/〉
図書館問題研究会　　〈https://tomonken.org/statement/copyright〉
専門図書館協議会
〈https://jsla.or.jp/jsla/wp-content/uploads/pc_2020.12.pdf〉
学校図書館問題研究会
〈http://gakutoken.net/jok7n2wai-870/#_870〉
情報科学技術協会
〈https://www.infosta.or.jp/posts/copyright2021-1/〉
全国公共図書館協議会
〈https://www.library.metro.tokyo.lg.jp/uploads/R2_ikensho.pdf〉
国公私立大学図書館協力委員会
〈https://julib.jp/wordpress/wp-content/uploads/2021/01/copyright31-public-comments-.pdf〉

その他の日本図書館協会の意見等

図書館関係の権利制限規定の見直し（デジタル・ネットワーク対応）について

令和 3 年 2 月 9 日
［自民党］著作権法改正ヒアリング資料（図書館関係）
公益社団法人日本図書館協会

1 図書館資料の送信サービスの実施について【著作権法第 31 条第 1 項第 1 号関係】

○ 図書館では，図書館が所蔵する資料（図書，雑誌など）を，調査研究のために必要とする利用者の求めに応じて，一部分を複製して提供することができることとなっています。（著作権法第 31 条第 1 項第 1 号他）

参考：文献複写枚数（『日本の図書館統計と名簿 2019』（日本図書館協会）から）

公共図書館等 20,280,843 枚
大学図書館等 31,739,731 枚

○ 県立図書館などでは複製物を郵送で提供するサービスを行っていますが，原則は図書館に来館していただいて，提供しています。

紙に複製したものを郵送することは，来館して受け取ることと複製物としては変わらないという考え方です。

従来から，紙の複製ではなく，電子ファイルでの提供を希望されることはありました。複製を電子ファイルにすることは法解釈上可能ですが，写真として撮ることでの提供があるくらいにとどまっていると思われます。

○ ファクシミリや電子メールなどで送ることは，複製を公衆送信することにあたるため，できません。

新型コロナウイルス感染症拡大を受けて，図書館が閉館やサービス内容の制限を行い，複製物を来館で提供することができなくなった現状はあります。

このため，図書館からの送信サービス実施のニーズが顕在化したと言えます。

なお，決済等の都合を考慮すれば，図書館から利用者に直接送信するだけでなく，図書館間で送信できる制度とすることが必要です。

○ 送信サービスに対応するためには，送信の形態によって手順が次のようになります。

□ 複製申請の受付
・調査研究の目的であることを確認します。
・複製の範囲が資料の一部分であることを確認します。

□ 郵送による複製
・複製を作成します。
・複製物を郵送します。
※複製物と振込み用伝票など一緒に送り，料金の支払いを受ける方法や，支払い確認後複製物を郵送する図書館もあります。

□ ファクシミリ・電子メールによる送信
・複製する資料の当該箇所を確認し，複製が可能であるかの判断をします。
・複製物（電子メール用には PDF 形式ファイル）を作ります。
・料金（複写にかかる実費，紙の場合は 10 ～ 30 円程度）を計算します。
・ファクシミリで送る，あるいは電子メールに添付して送ります。
・図書館に残る複製を廃棄します。
※支払いを確認してから送信するか，受信を確認後支払いを受けるかが課題です。

○ 補償金についての課題
□ 支払い主体
報告書では，図書館設置者が支払い主体とあります。複製し，送信する主体が図書館であるので，理論上は正しいのですが，複製を実際に入手し，利用するのは利用者であり，補償金の支払いを受益者である利用者に求めることが一般的と考えます。

その場合，利用者が負担するものであることを，法律で明確にしておく必要があると考えます。

149

国民の知る自由を保障する，学問の自由を保障することからすれば，公費負担とすることも理屈としてありえます。しかし，権利者の逸失利益を補填する意義からすれば，その金額は大きなものとなることが予想され，公費負担とするには，利用しない人との不均衡が生じることとなり，また，経費確保が困難となることが大いに予想されます。

また，大学図書館では，利用者を大学図書館の構成員のみとするのか，学外者も含めるのかも検討しなければなりません。学外者も含むとした場合，「知る権利」を尊重するにしても学外者を公費（校費）負担にする理屈はなりたちにくいと考えます。

そのため利用者に転嫁する規定が必要であると考えます。

事務を効率的に行う視点からすれば，利用者が直接指定管理団体に支払う仕組みとすることが妥当と考えます。

□ システム

個々の図書館が支払いのシステムを用意することは，システム間の連携や，利用者の利便性の観点から避けるべきと考えます。そのため，大学図書館などを含め全国共通で利用できるシステムを用意するなど体制整備が必要です。

□ 補償金の料金体系等

報告書にもあるように，権利者の逸失利益の補填する意義から大きな額となることが予想されます。一方，権利者が不明であるものや，著作権法で権利の目的とならないとされる法令等も複製していることから一律に負担を求めることはできません。

指定管理団体においての分配等の仕組みも含め，権利者，利用者，図書館など利害関係者による検討と調整が充分に行われる必要があります。

2 著作権法第 31 条が適用される図書館等の範囲について

○ 現在，複製権の権利制限が認められる図書館等については，国立国会図書館，公共図書館（図書館法第 2 条第 1 項），大学，高等専門学校などとされ，学校図書館，専門図書館が含まれていません。

○ 著作権法第 35 条によって教育を行うものによって行われる教育目的の複製が認められるケースがありますが，児童生徒の自発的調査研究を目的とする複製については認められていません。

○ 病院図書館（地域医療支援病院，特定機能病院，臨床研究中核病院は医療法で図書室の設置が義務づけられており，病院内の調査研究の支援を行っている）を含めることが要望されています。

○ 公開型の専門図書館のうち，図書館運営事業の目的が非営利で公益性が認められるものについて，設置主体が営利・非営利にかかわらず著作権法施行令第 1 条の 3 第 1 項第 6 号指定の施設として認めることが要望されています。

〈https://www.jla.or.jp/Portals/0/data/iinkai/%E8%91%97%E4%BD%9C%E6%A8%A9%E5%A7%94%E5%93%A1%E4%BC%9A/JLA_jiminto_0210.pdf〉

改正著作権法第 104 条の 10 の 4 第 1 項の規定に基づく「図書館等公衆送信補償金」の額の認可に係る審査基準及び標準処理期間（案）に関する意見提出について

2022 年 4 月 12 日
公益社団法人日本図書館協会

「3. 補償金の額が「適正な額」であると認められること（新法第 104 条の 10 の 4 第 4 項関係）（2）各考慮要素を踏まえた適正性の審査 ②額の水準について」について

（意見）

補償金が高額になる場合利用を控えることが予想され，国民の情報アクセスの充実の視点から，実際に補償金を負担する利用者が利用しやすい金額であることが望まれる。

※改正著作権法第 104 条の 10 の 4 第 1 項の規定に基づく「図書館等公衆送信補償金」の額の認可に係る審査基準及び標準処理期間（案）に関する意見募集の実施について
https://public-comment.e-gov.go.jp/servlet/Public?CLASSNAME=PCMMSTDETAIL&id=185001220&Mode=0

〈https://www.jla.or.jp/demand/tabid/78/Default.aspx?itemid=6316〉

「著作権法施行令の一部を改正する政令（案）」及び「著作権法施行規則の一部を改正する省令（案）」に関する意見提出について

2022 年 11 月 4 日
公益社団法人日本図書館協会

［1 ～ 4　略］

5．項目名：1 全部の複製・公衆送信を行うことができる著作物

6．意見

○新法第 31 条第 1 項第 1 号の「政令で定めるもの」として，掲げられたもののうち，「①国等の周知目的資料」については改正著作権法において規定される内容であり，賛成します。

　「②図書館資料を用いた著作物の複製に当たって，その対象とする著作物に付随して複製される美術，図形及び写真の著作物」については，付随する著作物には，著作権法第 10 条第 1 項 6 号の「図形の著作物」に含まれないものもあるため，「美術，図形及び写真の著作物」に限定せず，「その対象とする著作物に図版として掲載される著作物」とすることを要望します。

　「③発行後相当期間を経過した定期刊行物に掲載された個々の著作物」については，現行の著作権法の規定により，長く図書館資料の複写（複製）の運用が行われていることから賛成します。

○新法第 31 条第 2 項の「政令で定めるもの」についても①及び③については賛成し，②については，前述の新法第 31 条第 1 項第 1 号と同様に，付随する著作物には，著作権法第 10 条第 1 項 6 号の「図形の著作物」に含まれないものもあるため，「美術，図形及び写真の著作物」に限定せず，「その対象とする著作物に図版として掲載される著作物」とすることを要望します。

○また，俳句や短歌など全体の分量が極めて少ない著作物については，②の図版等には含まれない言語の著作物であり，別に規定いただくよう要望します。現状，図書館等では「複製物の写り込みに関するガイドライン」（公益社団法人日本図書館協会，国公私立大学図書館協力委員会，全国公共図書館協議会，2006）により，複写が行われています。全国公共図書館協議会がまとめた「公立図書館における複写サービスガイドライン」（全国公共図書館協議会，2012）には，「全体の分量が極めて少ない著作物（楽譜，地図，写真集・画集，雑誌の最新号を除く。）であって，その一部の複写を行うと，同一紙面に複写対象以外の部分が不可避的に複写されてしまう場合には，「複製物の写り込みに関するガイドライン」に基づき，複写対象以外の部分にマスキングを施すことなく複写することができる。」としており，政令においても，全体の分量が極めて少ない著作物について，新法第 31 条第 1 項第 1 号及び新法第 31 条第 2 項の「政令で定めるもの」に追加することを要望します。このことについては，現在行われている図書館等公衆送信サービスに関する関係者協議会における関係者間の協議を尊重していただきたいと思います。

〈https://www.jla.or.jp/demand/tabid/78/Default.aspx?itemid=6995〉

その他の諸団体の意見等

著作権法の一部を改正する法律案について

知調三発第 160 号　令和 3 年 3 月 12 日
文部科学大臣あて
全国知事会会長（徳島県知事）
文教・スポーツ常任委員会委員長（香川県知事）

令和 3 年 3 月 4 日付け事務連絡で，地方自治法（昭和 22 年法律第 67 号）第 263 条の 3 第 5 項の規定に基づき情報提供のあった標記法律案について，下記のことを申し入れます。

記

1　補償金をサービス利用者が負担するよう，国における環境整備を着実に行うこと。

2　現場に過度な負担が生じない合理的な制度・運

用，簡素な事務処理スキームの構築，統一的なシステム構築について，都道府県をはじめとして図書館関係者の意見を十分に聴取し，具体的に制度設計を行うこと。

3　公共図書館が特定図書館としての要件を備えるために行う人的，物的管理体制の整備に対して，必要な財政措置を行うこと。

　なお，当該法案については，これまで地方公共団体に十分な情報の提供がなされていないほか，改正案文の情報提供が閣議決定の直前となるなど，法案に地方公共団体の意見を反映することは困難な状況にあると言わざるを得ない。

　ついては，地方自治法第 263 条の 3 第 5 項の趣旨に鑑み，以後の情報提供にあたっては，時宜にかなった資料の提供や説明を行い，地方公共団体が意見を述べる機会を十分確保できるよう配慮するとともに，当該法律の施行にあたっては，地方公共団体の意見が十分に反映されたものとなるよう適切な措置を取られることを強く要望する。

〈https://www.nga.gr.jp/item/material/files/group/2/20210312_bs_shiryo01.pdf〉

第 204 回国会提出「著作権法の一部を改正する法律案」に対する見解

2021 年 4 月 28 日
一般社団法人 日本出版者協議会

　今国会に「著作権法の一部を改正する法律案」（改正案）が提出されている。

　日本出版者協議会は，文化庁の文化審議会著作権分科会が公表した「図書館関係の権利制限規定の見直し（デジタル・ネットワーク対応）に関する中間まとめ」に対する意見（2020 年 12 月 21 日提出）で述べたように，改正は著作権者とその著作物を世の中に送り出す役割を担っている出版社の経済的利益に大きな影響を及ぼすものであるので，改正の必要性やその制度設計に関して，国会での慎重な審議を要望するとともに，主要な点について見解を表明する。

　改正理由は，「著作物等の公正な利用を図るとともに著作権等の適切な保護に資するため，図書館等が著作物等の公衆送信等を行うことができるようにするための規定を整備する」ことにある（今回の改

正には，「放送番組のインターネット同時配信等に係る権利処理の円滑化」に関する項目もあるが，ここでは，出版に係る項目に絞る）。

　果たして，早急に改正する必要はあるのだろうか。この点は，改正案提出にいたった経過と大きく関係する。

　同著作権分科会は，コロナ禍による図書館休館などで利用者の図書館資料へのアクセス障害が発生したことと，2020 年 5 月 27 日の知的財産戦略本部（内閣府）の決定に後押しされて改正の具体的な検討に入ったものである。そして，同分科会は，その下に設置された法制度小委員会に，「規定の整備」（著作権法改正）の検討を委ねた。同年 12 月に，同分科会は「中間まとめ」に対する意見（パブリックコメント）を求めた後，2021 年に入って「図書館関係の権利制限規定の見直し（デジタル・ネットワーク対応）に関する報告書」を公表し，3 月には最終報告をまとめたものである。

　同分科会は 3 回あったが，実質的には 1 回程度の検討であった。上記の意見募集には，出版業界からこのような権利制限は出版業を圧迫するとの強い懸念の意見が多数寄せられたが，それを踏まえて出版業界との意見交換もなく法案提出に至った。

　このような拙速な改正作業には，図書館資料のデジタル化・送信による出版業への影響を十分検討している姿勢をうかがうことができない。このため立法事実（改正を必要とする事実）が十分明らかになっているとは到底思えない。

　国会審議では，出版業界など関係者を参考人として招聘し，出版業にどのような影響があるのか具体的事例やエビデンス（根拠）を収集して，それに基づいて十分審議を尽くしていただきたい。

　つぎに，改正項目の主要 5 点について検討する。
【改正項目①】　国立国会図書館による絶版等資料（絶版等により一般に入手困難な資料）のインターネット送信（ウェブサイト掲載）を可能とすること。

　改正案では，上記「絶版等資料」とは「一般に入手することが困難」であるかどうかで判断されるが，入手困難状態は出版物の性格や出版社の業務形態によりさまざまである。この点について出版業界の実態を調査するべきである。また，「絶版等資料」のうち 3 月以内に復刻などの予定があるものを除くことになっているが，3 月は，出版の実情を考慮する

と，あまりにも短期間である。「絶版等資料」になる場合として，「最初からごく小部数しか発行されていない」として郷土資料等が挙げられているが，これらは出版の可能性が十分あるものとして，除くべきである。このような例は相当あると思われるので，出版業界の意見を聴取すべきである。

【改正項目②】　図書館等が利用者に対して，図書館資料（一般に入手可能な資料）を調査研究目的でその一部分をデジタル化しメール等で送信可能にすること。

上記意見募集では，メール送信等は従来の複写サービスの延長線上にあるもので，利用者の利便性の向上のためには賛成であるという意見が見られる。しかし，周知のとおり紙の複写物に変わる電子データは，その質において天と地の差がある。電子データはその複写が簡便にかつ無制限にすることが可能である。改正にあたっては，つぎの点にしばりをかけるべきである。

・「調査研究」を厳密に審査すること。

・複写可能範囲について，「著作物の一部分」の解釈として著作物の半分といわれている従来の解釈を改めて，その範囲を絞り込むこと。

【改正項目③】　上記②について，補償金制度が設けられること。

補償金の額や支払い方法については，出版社の意見を十分聴取して，出版社がこうむる損害を補償するに価するものにすべきである。

【改正項目④】　上記②について，正規の電子出版等の市場との競合防止のために，著作物の種類や電子出版等の実施状況などに照らし，「著作権者の利益を不当に害することとなる場合」には，公衆送信を行うことができない旨のただし書を設けるが，具体的な解釈・運用は，文化庁の関与の下で幅広い関係者によって作成するガイドラインによること。

改正案は，その解釈・運用にあたって，この点にかぎらず，多くの点でガイドラインに委ねているが，国会審議では，その内容をできるかぎり明らかにし，精査するべきである。やむを得ずガイドラインに委ねるとしても，その策定にあたっては，出版業界が関与できるようにすべきである。

【改正項目⑤】上記①②の実施にあたっては，利用者によるデータの不正拡散等の防止のために利用者の氏名・連絡先等の登録制度を設けること。

この措置は著作権制限とは直接関連するものではないが，そこでは図書館によって利用者の氏名・住所や利用情報が収集される。こうした情報は，個人の思想信条の自由などにかかわるもので，保護されなければならない個人情報である。現在，国会でデジタル関連法案が審議中であるが，その関連法案では行政機関が収集・保管する個人情報について民間での利活用促進のために，個人情報保護を緩和しようとしている。制度設計にあたっては，自己情報コントロール権に基づいた個人情報保護を徹底すべきである。

最後に，すべての人の知の創造に寄与するために，図書館サービスの発展と利用者の利便性を確保する上で，これまで図書館と出版社は協力関係を築き上げてきたが，今回の改正がその健全な関係を損なうことがないよう切に願うものである。

以上

〈https://www.shuppankyo.or.jp/post/seimei20210428〉

図書館資料の公衆送信サービス実施に係る諸施策について（要望）

4全公図第13号　令和4年6月22日
文部科学省総合教育政策局地域学習推進課長あて
全国公共図書館協議会

時下ますます御清祥のこととお喜び申し上げます。

日頃より，当協議会の事業に御支援，御協力をいただき，誠にありがとうございます。

さて，標記の件につきまして，各公共図書館が特定図書館として参加するにあたって下記のことを要望いたします。

記

1　令和5年度概算要求で「システム構築検討のための調査研究」を要望する。併せて，令和4年度でシステム構築検討のための「予備調査」の実施を要望する。

（理由）公共図書館が，サービス実施のためのシステムを各館で個別に構築・導入するのは困難であり，事務処理軽減のためには統一的なシステムの構築等が望まれる。

2　事務処理軽減に実効性あるツールの作成・配布を要望する。

（理由）早期に，公共図書館がサービス実施に向けて検討できる標準的な事務処理スキームを必要

としている。

3　機器の導入支援や財政的支援など，公共図書館がサービス実施するための必要な支援を要望する。

4　今後，サービス需要を左右する補償金額の認可や，サービス実施後のツール活用状況を踏まえ，改めて標準的な事務処理スキームを基に構築すべきシステム要件を精査し，将来的なシステム構築に向けた検討を要望する。

〈https://www.library.metro.tokyo.lg.jp/uploads/zenkouto_yobosho.pdf〉

図書館等公衆送信サービスの実施予定等に関する調査結果

2022 年 9 月 9 日
［文部科学省，文化庁］

■調査概要

・調査対象：各都道府県図書館担当課及び各国公私立大学図書館担当課
・調査期間：令和 4 年 6 月 14 日～6 月 28 日
・調査方法：調査回答フォーム (web)
・調査担当：文部科学省総合教育政策局地域学習推進課
　　　　　　文部科学省研究振興局参事官(情報担当)
　　　　　　文化庁著作権課

※都道府県図書館担当課を対象とし，域内の市区町村図書館担当課については対象としていない。

■調査回答状況

	調査依頼先	調査回答数	回答率
都道府県	47	46	97.9%
国公私立大学	809 ※	659	81.5%

※令和 3 年度学術情報基盤実態調査の対象大学数

［編集部注：以下，円グラフを箇条書きに変更］
・図書館等公衆送信サービスの実施予定について
- 令和 5 年度の実施
【都道府県】
　実施する方向で検討中　　3（6.5%）
　未定　　　　　　　　　36（78.2%）
　予定はない　　　　　　　7（15.2%）
【国公私立大学】
　実施する方向で検討中　45（6.8%）
　未定　　　　　　　　　418（63.4%）

　予定はない　　　　　　196（29.7%）
- 令和 6 年度の実施
【都道府県】
　実施する方向で検討中　　4（8.7%）
　未定　　　　　　　　　42（91.3%）
【国公私立大学】
　実施する方向で検討中　55（8.3%）
　未定　　　　　　　　　441（66.9%）
　予定はない　　　　　　163（24.7%）

・現行サービスの利用状況について
　図書館資料の複写物の郵送サービス※の実施状況
※　図書館相互協力による複写物の他の図書館への郵送は含まない。
【都道府県】
　実施している　　　　　46（100%）
【国公私立大学】
　実施している　　　　184（27.9%）
　実施していない　　　475（72.1%）

図書館等公衆送信サービスの実施予定別のサービス利用件数（令和 3 年度）
- 令和 5 年度の実施

	都道府県	国公私立大学
実施する方向で検討中	810	3,131
未定	5,989	12,790
予定はない	6,955	1,505

- 令和 6 年度の実施

	都道府県	国公私立大学
実施する方向で検討中	1,713	4,471
未定	12,041	12,039
予定はない	0	916

複写物の郵送サービスの対象者・対象範囲の例 (都道府県のみ)
・制限を設けていない。
・域内の居住者のみを対象としている。
・域内の来館が難しい者のみを対象としている。
・域内の居住者のほか，域外利用者は地域資料のみ対象としている。

〈https://www.jla.or.jp/Portals/0/data/iinkai/%E8%91%97%E4%BD%9C%E6%A8%A9%E5%A7%94%E5%93%A1%E4%BC%9A/20220909_04-1_kyogikai02_bunkacyo_cyosa01.pdf〉

3

「関係者協議会」の成果と補償金関係の資料

「図書館等公衆送信サービスに関する関係者協議会」関係資料

2021.10.28　第 1 回会議資料

■（資料 2）
図書館等公衆送信サービスに関する関係者協議会　設置要綱（案）

（設置）

第 1 条「著作権法の一部を改正する法律」（令和 3 年法律第 52 号。以下「改正著作権法」という。）による図書館資料の公衆送信に関する新たな補償金（図書館等公衆送信補償金。以下単に「補償金」という。）の創設に伴い，権利者・出版関係者と図書館等関係者が，補償金の在り方の検討や，図書館資料の公衆送信に係る改正著作権法第 31 条の解釈・運用に関するガイドラインの策定など，図書館等における著作物の適切な利用の促進等に資するための情報交換や意見交換を行うことを目的として「図書館等公衆送信サービスに関する関係者協議会」（以下「本協議会」という。）を設置する。

2　次条第 2 項第 1 号に定める補償金に関しては，補償金額の最終的な合意に至るまで議論・調整を行う「協議」を目的とするものではなく，あくまで，改正法に基づく図書館設置者ならびに図書館を代表する者に対する「意見聴取」（指定管理団体が指定された後に行われるもの）を円滑に進めるために，その参考となる情報交換や意見交換を行うための場として設置されるものである。なお，「意見聴取」は，指定管理団体が主体となって行うものであり，その実施方法については，指定管理団体において別途検討されるものである。

（本協議会の構成）

第 2 条　本協議会は総合的な見地から意見交換を行う「全体会」及び個別の検討事項に関する意見交換を行う「分科会」で構成する。

2　分科会の検討事項は次に掲げるとおりとし，検討の進捗状況に応じて，適宜，全体会への報告を行う。

一　補償金について

二　改正著作権法第 31 条の解釈・運用に関するガイドラインの策定について

三　図書館等公衆送信サービスに当たって特定図書館等及び当該図書館等の利用者に求められる具体的な要件の整備について

四　図書館等公衆送信サービスにおける事務処理（補償金の徴収を含む）の円滑かつ適切な実施について

（構成員）

第 3 条　本協議会は，別紙［略］のとおり，権利者・出版関係者（補償金の対象となる権利を有する団体が中心）の代表者・推薦者，図書館等関係者（図書館種別ごとの関係団体が中心）の代表者・推薦者及び著作権法又は図書館に関する専門的知見を有する有識者をもって構成する。

2　分科会に属する具体的な構成員は，全体会において定める。

155

（代理・陪席・オブザーバー等）

第4条　構成員のうち権利者・出版関係者の代表者・推薦者及び図書館等関係者の代表者・推薦者については，代理による出席を可能とする。

2　陪席は，前条第1項の各団体のうち1団体につき原則2名以内とし，事前に申し込みを要することとする。なお，これとは別途，全体会・分科会の構成員は，自らが属しない分科会に陪席することができる。ただし，陪席者は，原則として会議中に発言することはできない。

3　前条第1項の権利者・出版関係者及び図書館等関係者以外の団体であって本協議会で認められた団体については，オブザーバーとして出席することができる。ただし，オブザーバーは，原則として会議中に発言することはできない。

4　本協議会では，必要に応じて，オブザーバーを含む関係団体や有識者等からヒアリングを行うことができる。

5　本協議会には，文部科学省及び文化庁等の各省庁等の職員が出席することができる。

（定足数）

第5条　全体会及び分科会は，権利者・出版関係者の代表者・推薦者と図書館等関係者の代表者・推薦者それぞれの半数以上の出席（代理出席を含む。）をもって成立する。

（座長）

第6条　全体会については，権利者・出版関係者の代表者・推薦者と図書館等関係者の代表者・推薦者から各1名の座長を選出し，共同座長とする。

2　分科会については，全体会において定めた者を座長とする。

（検討スケジュール）

第7条　全体会については，少なくとも年間1回程度，分科会については，月1回程度を目安に開催する。

2　初年度は，補償金及び改正著作権法第31条の解釈・運用に関するガイドラインに関する事項を優先して検討し，その他の事項についても，必要性・緊急性に応じて並行して検討を行う。

（議事概要等の作成・公開）

第8条　本協議会の記録は議事概要とする。

2　議事概要（構成員の発言を要約して記載したもの）は，会議終了後速やかに作成して構成員に送付する。

3　議事概要は無記名とし，各構成員の確認の後，最終版を構成員，構成員の所属・推薦団体，オブザーバー及び各省庁等に共有するものとする（ホームページ等で一般に公開することは想定していない）。なお，構成員が所属・推薦団体の関係者に対して，議事概要やそれに詳細を補足等した資料を共有することは差し支えない。

4　議事概要に代えて，議事のポイント（議事の主な内容や委員の主な意見の概略をまとめたもの）を作成してホームページ等で公開する。また，あわせて会議の配付資料についても原則としてホームページ等で公開する。

（事務局・費用負担）

第9条　本協議会の庶務は，図書館等公衆送信補償金の指定管理団体又は同団体が設立されるまではその設立準備委員会の事務局（日本書籍出版協会及び日本雑誌協会）において行う。

2　本協議会の開催等に係る費用（会場費や設備費，有識者の旅費等）は，図書館等公衆送信補償金の指定管理団体又は同団体が設立されるまではその設立準備委員会が負担することを基本とし，構成員の参加に係る費用，日当等については，各構成員の所属団体等の負担とする。

（その他）

第10条　この要綱に定めるもののほか，本協議会に関し必要な事項は，構成員に諮って定める。

（適用）

第11条　この要綱は，令和3年10月28日から適用する。

編者注

(1)　第3条に関して，2023年5月25日現在の委員・オブザーバー名簿を付録（p.186）に掲載した。

(2)　第6条に関して，第1回協議会において，権利者側の座長として村瀬拓男氏（日本書籍出版協会），図書館側の座長として小池信彦氏（日本図書館協会）が選出された。

(資料 3-2)
図書館等公衆送信サービスに関する関係
者協議会の構成について

```
┌─────────────────────┐
│     全　体　会       │
└─────────────────────┘
     共同座長 ＿＿＿＿＿（図書館側）
           村瀬拓男（日本書籍出版協会）
  ┌────────────────────┐
  │  ガイドライン分科会  │
  └────────────────────┘
      座長　（権利者側）
      副座長（図書館側）
  ┌────────────────────┐
  │    補償金分科会      │
  └────────────────────┘
      座長　（権利者側）
      副座長（図書館側）
  ┌────────────────────┐
  │  特定図書館等分科会  │
  └────────────────────┘
      座長　（図書館側）
      副座長（権利者側）
  ┌────────────────────┐
  │ 事務処理スキーム等分科会 │
  └────────────────────┘
      座長　（図書館側）
      副座長（権利者側）
```

(資料 4)
図書館等公衆送信サービスに関する関係
者協議会　主な検討事項（案）

※以下は図書館資料公衆送信サービスの開始までに
最低限関係者間において検討が必要と思われる主
な事項を列挙したものであり，今後の議論状況に
よって追加変更の可能性がある。

1．送信対象資料に関する事項
　(1) 送信することができる著作物の分量（第 31
　　条第 2 項）
　　①送信分量が限定される場合
　　・全部の送信が認められる著作物（下記（3）)
　　　であっても全部の送信が認められない場合
　　・現行解釈の「著作物の一部分」よりも狭い
　　　範囲での送信とすべき場合
　　　※現行の複写サービス（第 31 条第 1 項）に

おける利用者への複製物の提供では，「著作
物の一部分」とは「少なくとも半分を超えな
いもの」と解釈されている。
　　②図書館等において，①に該当するか否かを識
　　　別する方法

　(2)「著作権者の利益を不当に害することとなる
　　場合」に関する具体的な解釈・運用（第 31 条
　　第 2 項ただし書)
　　①ただし書に該当するか否かの判断基準
　　・送信対象から除外する資料の特定
　　　→　分野・発行形態（電子配信の実施状況
　　　　　等）・用途・価格等で類型化するのか，
　　　　　除外手続を設けて個別に除外する資料を
　　　　　特定していくのか。
　　・送信することができる著作物の分量（上記
　　　(1))
　　・送信する際のデータの精度（画質等)
　　②図書館等において，ただし書に該当するか否
　　　かを識別する方法

　(3) 全部の複製・公衆送信が認められる著作物の
　　範囲（第 31 条第 1 項・第 2 項)
　　※今回の改正では国等の周知目的資料など，全
　　　部利用を認めても「著作権者の利益を不当に
　　　害しないと認められる特別な事情」がある著
　　　作物を政令で定めることとしている。
　　①複写サービスと公衆送信サービスで，全部利
　　　用が認められる著作物の範囲を別々に定める
　　　か（具体的には，下記②の著作物の範囲をど
　　　う考えるか。)。
　　②検討対象となる著作物
　　・国等の周知目的資料
　　・短詩型，イラスト，写真，地図，辞書の 1
　　　項目等，著作物全体の分量が比較的少ない著
　　　作物（これらの著作物が写り込んで複製され
　　　る場合については，従来は，「複製物の写り
　　　込みに関するガイドライン」で対応)
　　・発行後相当期間を経過している書籍（定期
　　　刊行物ではないもの）に掲載された個々の著
　　　作物（論文集の 1 論文など）についても全部
　　　利用のニーズが指摘されているが，これをど
　　　う考えるか。

・発行後相当期間を経過した定期刊行物に掲載された個々の著作物の取扱い
③図書館等において，全部利用可能な著作物か否かを識別する方法

(4) 保護期間が満了している著作物（許諾不要・補償金支払不要）の取扱い
①保護期間が満了しているか否かの確認方法
②保護期間が満了しているかどうかがわからない場合の取扱い

2. 補償金に関する事項
(1) 補償金額案の料金体系・水準に関する検討
①料金体系・水準の算定方法
・権利者の逸失利益を補填できるだけの水準の額の算定
・個別の送信ごとに課金する料金体系の策定
・著作物の種類・性質や，送信する分量等に応じたきめ細かな設定の方法
②図書館等における算定手順

(2) 補償金の徴収・分配スキームに関する検討
①利用者からの徴収方法（支払手段，支払先等）
②権利情報の集約・データベースの構築
③送信実績として記録・提出すべき情報，記録・提出方法

3. 図書館等及び図書館等の利用者に求められる要件に関する事項
(1)「特定図書館等」が満たすべき具体的な要件・基準（第31条第3項）
①責任者の配置（第1号）
②特定図書館等が職員向けに行う研修項目，実施方法等（第2号）
③利用者情報の適切な管理（第3号），データ

の目的外利用を防止し，又は抑止するための措置の内容（第4号）等，内部規則で最低限定めるべき事項
④業務を適正に実施するために必要な措置の内容（第5号）

(2) 特定図書館等に利用者が登録すべき情報（第31条第2項）
①登録させるべき情報
②登録することが可能な利用者の範囲

(3) データの不正拡散を防止し，又は抑止するための措置の内容（第31条第2項第2号）
①電子ファイルへ利用者情報を埋め込む措置や，利用規約で不正拡散等の禁止を定め，違反した場合に利用停止等の措置を講ずることなど，講ずべき措置の内容

4. 事務処理スキームに関する事項
(1) 事務処理スキームに関する検討
①申請受付から送信・補償金支払までの具体的な手順
②図書館等における事務負担軽減の方策
③調査研究目的等の各要件の確認方法

(2) システム・データベースに関する検討
①必要なシステム・データベースの内容
②上記①を準備・管理する主体，費用負担

以上

〈https://www.jla.or.jp/committees/chosaku//tabid/946/Default.aspx〉

補償金管理団体に関する資料

■図書館等公衆送信サービスに係る著作物や著作権者等の判別のための著作権法第30条の4による利用ついて（第1回事務処理等スキーム分科会（2022年4月28日）での説明に関する補足資料）

令和4年7月19日
文化庁著作権課

　著作権法第30条の4は，いわゆる「柔軟な権利制限規定」として，著作物に表現された思想又は感情の享受[1]を目的としない行為を広く権利制限の対象としたものです[2]。

　本条の活用が想定される場面としては，例えば，「書籍や資料などの全文をキーワード検索してキーワードが用いられている書籍や資料のタイトルや著者名・作成者名などの検索結果を表示するために書籍や資料などを複製する行為」が挙げられています[3]。

　これを踏まえると，図書館等公衆送信に関して行われることが想定される，著作物の種類，権利者，出版社，保護期間の継続・満了の別等の権利に関する情報を著作物の視認により判別するために必要な複製，公衆送信等の利用行為（以下「複製等」といいます。）を行うような場合は，当該複製等が専ら上記の判別の目的に限って，その必要と認められる限度において行われるものであれば，担当者による著作物の内容の知覚は，担当者の知的・精神的欲求を満たすという効用を得ることに向けられた行為ではないと考えられることから，同条の活用が可能な事例に該当するものと考えられます。その際，具体の行為の第30条の4の該当性の判断に当たっては，当該複製等が行われる目的や範囲が重要となりますので，複製等を行う図書館側と送信される管理団体側で，その方法等についてあらかじめ取り決めをしておくことが望ましいと考えます。

　なお，本条ただし書きにおいて「当該著作物の種類及び用途並びに当該利用の態様に照らし著作権者の利益を不当に害することとなる場合は，この限りでない。」とされていますが，これは，想定される利用行為が著作権者の著作物の利用市場と衝突する場合や，将来における著作物の潜在的販路を阻害する場合が想定されます[4]。

【参考条文】
（著作物に表現された思想又は感情の享受を目的としない利用）
第三十条の四　［略］

1　「著作物等の視聴等を通じて，視聴者等の知的・精神的欲求を満たすという効用を得ることに向けられた行為」（加戸守行『著作権法逐条講義七訂新版』（公益社団法人著作権情報センター，2021年）281頁

2　これは「著作物の表現の知覚を伴わない利用行為（情報通信設備のバックエンドで行われる著作物の蓄積等）や，著作物の表現の知覚を伴うが，利用目的・態様に照らせば当該著作物に表現された思想又は感情の享受に向けられたものとは評価できない行為（技術開発の試験の用に供するための著作物の利用等）については，著作物に表現された思想又は感情を享受しようとする者からの対価回収の機会を損なうものではなく，著作権法が保護しようとしている権利者の利益を通常害するものではない」ことが理由とされています。前掲加戸280頁

3　文化庁著作権課「デジタル化・ネットワーク化の進展に対応した柔軟な権利制限規定に関する基本的な考え方（著作権法第30条の4，第47条の4及び第47条の5関係）」（2018問164前掲加戸284頁参照。

4　前掲加戸284頁参照。

〈https://www.jla.or.jp/Portals/0/data/iinkai/%E8%91%97%E4%BD%9C%E6%A8%A9%E5%A7%94%E5%93%A1%E4%BC%9A/20220909_02-6_kyogikai02_jimusyori_hosoku.pdf〉

一般社団法人図書館等公衆送信補償金管理協会定款 [抄]

［2022年9月5日設立］

第1章 総則

（名称）

第1条 当法人は，一般社団法人図書館等公衆送信補償金管理協会（以下「当法人」という。）と称する。英文では，Society for Administration of Remuneration for Public Transmission by Libraries or Similar Facilities と表示する。

（目的）

第2条 当法人は，著作権者及び第二号出版権者（以下，総称して「権利者」という。）のために，図書館等公衆送信補償金を受ける権利又は複製権等の許諾権を行使し権利者に分配することによって，図書館等における著作物等の利用の円滑化を図ることを目的とし，その目的達成のために下記の事業を行う。

(1) 著作権法第104条の10の4第1項に基づき文化庁長官に認可を求める補償金の額の決定，徴収及び分配その他補償金を受ける権利の行使に関すること

(2) 著作権又は著作隣接権の管理業務に関すること

(3) 著作権制度の普及啓発及び調査研究

(4) 著作物の創作の振興及び普及

(5) 著作権及び著作隣接権の保護に関する国際協力

(6) 図書館等における著作物等の利用に関する調査研究

(7) 上記各項に掲げるもののほか，当法人の目的を達成するために必要な事業

（事務所）

第3条 当法人は，主たる事務所を東京都千代田区におく。

（公告の方法）

第4条 当法人の公告は，官報に掲載する方法により行う。

第2章 社員

（社員資格）

第5条 当法人の社員は，当法人の目的に賛同して入社した団体とする。

（入社）

第6条 当法人の社員となろうとするものは，別に定める入社申込書を当法人に提出し，理事会の承認を得なければならない。

2 社員は，その代表として当法人に対しその権利を行使する者1名（以下「社員代表者」という。法人登記上の代表者たることは要しない。）を定め，当法人に届け出なければならない。

3 社員代表者を変更した場合は，速やかに別に定める変更届を当法人に提出しなければならない。

（会費）

第7条 社員は，社員総会において別に定める会費を納入しなければならない。

2 既納の会費は，いかなる事由があっても返還しない。

（退社）

第8条 社員は，別に定める退会届を当法人に提出することにより，いつでも退社することができる。

2 社員は，解散したとき又は破産手続開始の決定を受けたときに，退社する。

（除名）

第9条 社員が次の各号のいずれかに該当するときは，社員総会において，総社員の半数以上であって社員の議決権の総数の3分の2以上の議決を得て，これを除名することができる。

(1) 当法人の定款又は規則に違反したとき。

(2) 当法人の名誉を毀損し，又は当法人の目的に反する行為をしたとき。

2 前項の規定により社員を除名する場合は，当該社員に当該社員総会の日から一週間前までにその旨を通知し，かつ，社員総会において弁明する機会を与えなければならない。

（社員名簿）

第10条 当法人は，社員の名称及び住所を記載した社員名簿を作成し，当法人の主たる事務所に備え置くものとする。

2 当法人の社員に対する通知又は催告は，社員名簿に記載した住所又は社員が当法人に通知した場所又は連絡先に宛てて行なうものとする。

第3章 社員総会

（権能）

第11条 社員総会は，次条第6項の書面に記載さ

れた当該社員総会の目的である事項以外の事項については，決議することができない。

2　社員総会は，次の事項について決議する。

(1)　役員（以下「理事及び監事」をいう。）の選任又は解任

(2)　役員の報酬の額の決定又は変更

(3)　定款の変更

(4)　会費の額の決定又は変更

(5)　貸借対照表及び損益計算書（正味財産増減計算書）の承認

(6)　社員の除名

(7)　解散及び残余財産の帰属

(8)　前各号に掲げるもののほか，社員総会で決議するものとして法令又はこの定款で定める事項

（招集）

第12条　定時社員総会は，毎年事業年度終了後3か月以内に招集する。

2　臨時社員総会は，必要がある場合には，いつでも招集することができる。

3　社員総会は，法令に別段の定めがある場合を除き，理事会の決議に基づき代表理事が招集する。

4　総社員の議決権の5分の1以上の議決権を有する社員は，代表理事に対し，総会の目的である事項及び招集の理由を書面により示して，総会の招集を請求することができる。

5　法令に別段の定めがある場合を除き，社員総会を開催するときは，次に掲げる事項を定めなければならない。

(1)　社員総会の日時及び場所

(2)　社員総会の目的である事項

(3)　社員総会に出席しない社員が書面又は電磁的方法によって議決権を行使することができることとするときは，その旨

(4)　前各号に掲げるもののほか，法令で定める事項

6　社員総会を招集するには，代表理事は，社員総会の日の1週間前までに，社員に対して必要な事項を記載した書面により通知を発しなければならない。

7　社員総会の開催にあたり，理事会が第5項第3号の議決権を行使することができることを決議したときは，社員に対し，2週間前までに，前項に記載の書面により，通知を発しなければならない。

（議長）

第13条　社員総会の議長は，代表理事がこれにあたる。ただし，前条第4項の規定により請求があった場合において，臨時社員総会を開催したときは，出席社員のうちから議長を選出する。

（定足数）

第14条　社員総会は，総社員の議決権の過半数を有する社員の出席をもって成立する。

（決議）

第15条　社員総会の決議は，一般社団法人及び一般財団法人に関する法律（以下「法律」という。）及びこの定款に別に定める場合を除くほか，出席社員の議決権の過半数をもって行う。

2　前項の規定にかかわらず，次の各号に掲げる事項の決議は，総社員の半数以上であって，総社員の議決権の3分の2以上に当たる多数をもって行わなければならない。

(1)　定款の変更

(2)　監事の解任

(3)　社員の除名

(4)　解散

(5)　前各号に掲げるもののほか，総社員の議決権の3分の2以上にあたる多数をもって決議すべきものとして法令で定める事項

3　役員を選任するに際しては，候補者ごとに第1項の決議を行わなければならない。役員の候補者の合計数が第17条第2項に定める定数を上回る場合には，過半数の賛成を得た候補者の中から得票数の多い順に定数に達するまでの者を選任することとする。

（書面等による議決権の行使）

第16条　社員は書面，電磁的方法又は代理人によって議決権を行使することができる。

2　前項の代理人は，代理権を証する書面を社員総会ごとに当法人に提出しなければならない。

第4章　役員及び理事会

（役員の選任）

第17条　役員は，社員総会の決議によって選任する。

2　理事の人数は，3人以上17人以下とする。

3　監事の人数は，3人以下とする。

（役員の任期）

第18条　理事の任期は，選任後2年以内に終了す

る事業年度のうち最終のものに関する定時社員総会の終結のときまでとする。

2 監事の任期は，選任後4年以内に終了する事業年度のうち最終のものに関する定時社員総会の終結のときまでとする。

3 補欠又は増員によって選任された理事の任期は，前任者又は他の在任理事の残任期間とする。

4 補欠によって選任された監事の任期は，前任者の残任期間とする。

5 役員が欠けた場合又は法律若しくはこの定款で定めた役員の員数が欠けた場合には，任期の満了又は辞任により退任した役員は，新たに選任された役員が就任するまで，なお役員としての権利義務を有する。

（理事会）
第19条 当法人には理事会を設置する。

2 理事会は，すべての理事で構成される。

（理事会の権限）
第20条 理事会は，この定款に別に定めるもののほか，次に掲げる職務を行う。

(1) 当法人の業務執行の決定

(2) 理事の職務の執行の監督

(3) 代表理事の選定及び解職

(4) 常務理事その他当法人の業務を執行する理事（これらの理事を法律第91条第1項第2号に規定する業務執行理事とする）の選定及び解職

（代表理事）
第21条 代表理事は，理事の中から理事会の決議によって選定される。

2 当法人の代表理事は複数名選定できるものとし，各自当法人を代表する。

（常務理事等）
第22条 当法人の業務を執行する理事として常務理事を置く。

2 前項の規定にかかわらず，理事会の決議によって業務執行理事を選定することができる。

（理事会の開催）
第23条 理事会は，毎事業年度に2回以上開催されなければならない。

2 代表理事及び業務執行理事は，理事会において，自己の職務の執行の状況を報告しなければならない。この報告は毎事業年度に4か月を超える間隔で2回以上行わなければならない。

（理事会の招集）
第24条 理事会を招集する代表理事は，理事会の日の1週間前までに，各理事及び各監事に対してその通知を発しなければならない。

2 前項の規定にかかわらず，理事会は，理事及び監事の全員の同意があるときは，招集の手続を経ることなく開催することができる。

（理事会の決議等）
第25条 理事会の決議は，議決に加わることができる理事の過半数が出席し，その過半数をもって行う。

2 前項の決議について特別の利害関係を有する理事は，議決に加わることができない。

3 理事会の議事録は，書面又は電磁的記録をもって作成しなければならない。

4 前項の議事録が書面をもって作成されているときは，出席した代表理事及び監事は，これに記名押印する。前項の議事録が電磁的記録をもって作成されている場合における当該電磁的記録に記録された事項については，法務省令で定める署名又は記名押印に代わる措置をとる。

5 理事会の決議に参加した理事であって，前項の議事録に異議をとどめないものは，その決議に賛成したものと推定する。

6 理事が理事会の決議の目的である事項について提案をした場合において，当該提案につき理事の全員が書面又は電磁的記録により同意の意思表示をし，かつ監事が異議を述べなかったときは，当該提案を可決する旨の理事会の決議があったものとみなす。

（競業及び利益相反取引の制限）
第26条 理事は，次に掲げる場合には，理事会において，当該取引につき重要な事項を開示し，その承認を受けなければならない。

(1) 理事が自己又は第三者のために当法人の事業の部類に属する取引をしようとするとき。

(2) 理事が自己又は第三者のために当法人と取引をしようとするとき。

(3) 当法人が理事の債務を保証することその他理事以外の者との間において，当法人と当該理事との利益が相反する取引をしようとするとき。

2 前項の取引をした理事は，その取引後，遅滞なく，その取引についての重要な事実を理事会に報告し

なければならない。

（理事の報酬等）

第27条　理事は無報酬とする。ただし，業務を執行する理事については，社員総会の決議を得て報酬を支給することができる。

（監事の権限）

第28条　監事は理事の職務を監査する。監事はいつでも理事及び当法人の使用人に対して事業の報告を求め，当法人の業務及び財産の状況の調査をすることができる。

2　監事は，理事が当法人の目的の範囲外の行為その他法令若しくは定款に違反する行為をし，又はこれらの行為をするおそれがある場合において，当該行為によって当法人に著しい損害が生ずるおそれがあるときは，当該理事に対し，当該行為をやめることを請求することができる。

（監事の義務）

第29条　監事は，理事が不正の行為をし，若しくは当該行為をするおそれがあると認めるとき，又は法令若しくは定款に違反する事実若しくは著しく不当な事実があると認めるときは，遅滞なく，その旨を理事会に報告しなければならない。

2　監事は，理事会に出席し，必要があると認めるときは，意見を述べなければならない。

3　監事は，第1項に規定する場合において，必要があると認めるときは，代表理事に対して，理事会の招集を請求することができる。

4　監事は，理事が社員総会に提出しようとする議案等を調査しなければならない。この場合において，法令若しくは定款に違反し，又は著しく不当な事項があると認めるときは，その調査の結果を社員総会に報告しなければならない。

（監事の報酬等）

第30条　監事の報酬等は，社員総会の決議によって定める。

（役員の責任の免除等）

第31条　当法人は，法律第114条第1の規定により，任務を怠ったことによる役員（役員であったものを含む。）の損害賠償責任を，法令の限度において，理事会の決議によって免除することができる。

2　当法人は，法律第115条第1項の規定により，理事（業務執行理事又は当法人の使用人でないも

のに限る。）及び監事との間で，任務を怠ったことによる損害賠償責任を限定する契約を締結することができる。ただし，当該契約に基づく責任の限度額は，法令で定める最低責任限度額とする。

第5章　計算

（事業年度）

第32条　当法人の事業年度は，毎年4月1日に始まり，翌年3月31日に終わる。

（事業計画及び収支予算）

第33条　当法人の事業計画及びこれに伴う収支予算は理事会が編成する。

（会計帳簿及び計算書類等）

第34条　当法人は適時に正確な会計帳簿を作成しなければならない。

2　当法人は，各事業年度に係る計算書類及び事業報告並びにこれらの附属明細書を作成しなければならない。

3　前項の書類等は，監事の監査を受けなければならない。

4　監事の監査を受けた書類等は，理事会の承認を受けなければならない。

5　代表理事は，前項の承認を受けた計算書類及び事業報告を定時社員総会に提出し又は提供し，計算書類については，承認を受け，事業報告については，その内容を報告しなければならない。

6　当法人は，定時社員総会の終結後遅滞なく，貸借対照表を公告しなければならない。

（剰余金の分配の禁止）

第35条　当法人は剰余金の分配は行わない。

第6章　定款の変更，解散等

（定款の変更）

第36条　この定款の変更は，社員総会において，総社員の半数以上であって，総社員の議決権の3分の2以上に当たる多数をもって行う。

（解散）

第37条　当法人は，法律第148条の規定に基づき解散する。

（残余財産の帰属）

第38条　当法人が解散（合併又は破産による解散を除く。）したときに残存する財産は，第11条第2項第7号に規定する社員総会の決議を経て，国に譲渡するものとする。

第7章　附則

（最初の事業年度）

第39条　当法人の最初の事業年度は，当法人設立の日から令和5年3月31日までとする。

（設立時社員の名称及び住所）

第40条　当法人の設立時社員の名称及び住所は，次のとおりである。[以下略]

（設立時役員）

第41条　当法人の設立時役員は，次のとおりである。

（設立時理事）

　上野達弘　　村瀬拓男　　平井彰司　　新井宏

　壹貫田剛史

（設立時代理事）

　上野達弘

（設立時業務執行理事）

　村瀬拓男

（設立時監事）

　宇佐美和男

[以下略]

〈https://www.jla.or.jp/Portals/0/data/iinkai/%E8%91%97%E4%BD%9C%E6%A8%A9%E5%A7%94%E5%93%A1%E4%BC%9A/20220909_03_kyogikai02_kanridantai_teikan.pdf〉

改正著作権法第104条の10の2第1項の図書館等公衆送信補償金を受ける権利を行使する団体の指定について

令和4年11月7日

[文化庁著作権課]

　著作権法の一部を改正する法律（令和3年法律第52号。以下「改正法」という。）により，各図書館等による図書館資料の公衆送信を可能とする規定の整備がなされました。（改正規定は，令和5年6月1日から施行することを予定しています。）

　著作権法（昭和45年法律第48号）は，一定の条件のもと，図書館等での著作物等の複製について，著作権者等の許諾を要しないものとしてきましたが，改正法では，国民の情報アクセスの充実等を図る観点から，権利制限の対象として各図書館等による図書館資料の公衆送信を追加するとともに，著作権者等の正当な利益の保護とのバランスを図る観点から，新たに権利制限の対象となる公衆送信について，著作権者等に補償金（「図書館等公衆送信補償金」）を受ける権利を付与することとしたところです。

　改正法による改正後の著作権法第104条の10の2第1項において，図書館等公衆送信補償金を受ける権利は，図書館等公衆送信補償金を受ける権利を有する者のためにその権利を行使することを目的とする団体であって，全国を通じて一個に限りその同意を得て文化庁長官が指定するもの（以下「指定管理団体」という。）があるときは当該指定管理団体によってのみ行使することができるとされています。

　このたび，下記の団体について，令和4年11月7日に，指定管理団体としての指定を行いましたので，お知らせします。

【団体概要】

名称

　一般社団法人図書館等公衆送信補償金管理協会（SARLIB）

目的・事業

　著作権者及び第二号出版権者（以下，総称して「権利者」という。）のために，図書館等公衆送信補償金を受ける権利又は複製権等の許諾権を行使し権利者に分配することによって，図書館等における著作物等の利用の円滑化を図ることを目的とし，その目的達成のために下記の事業を行う。

(1) 著作権法第104条の10の4第1項に基づき文化庁長官に認可を求める補償金の額の決定，徴収及び分配その他補償金を受ける権利の行使に関すること

(2) 著作権又は著作隣接権の管理業務に関すること

(3) 著作権制度の普及啓発及び調査研究

(4) 著作物の創作の振興及び普及

(5) 著作権及び著作隣接権の保護に関する国際協力

(6) 図書館等における著作物等の利用に関する調査研究

(7) 上記各項に掲げるもののほか，当法人の目的を達成するために必要な事業

構成（加盟団体一覧）

一般社団法人　新聞著作権管理協会

一般社団法人　学術著作権協会

一般社団法人　日本音楽著作権協会

公益社団法人　日本文藝家協会

公益社団法人　日本漫画家協会

一般社団法人　日本美術著作権連合

一般社団法人　日本書籍出版協会

一般社団法人　日本雑誌協会

一般社団法人　自然科学書協会

一般社団法人　出版梓会

一般社団法人　デジタル出版者連盟

一般社団法人　日本医書出版協会

一般社団法人　日本楽譜出版協会

一般社団法人　日本写真著作権協会

〈https://www.bunka.go.jp/seisaku/chosakuken/93789301.html〉

図書館等公衆送信補償金の額の認可申請理由書［抄］

令和 5 年 3 月 20 日

一般社団法人図書館等公衆送信補償金管理協会

1. 本理由書について

　令和 2 年，新型コロナウイルスの急速な感染拡大の影響により，多くの施設が営業の自粛を余儀なくされた。図書館も例に漏れず，多くの地域において休館が相次いだ。著作権法（以下「法」という。）第 31 条に規定する図書館関係の権利制限規定については，従来から，デジタル化・ネットワーク化に対応できていない部分があるとの指摘がなされてきたところ，新型コロナウイルスの感染拡大により，図らずもインターネットを通じた図書館資料へのアクセスについてのニーズが顕在化した。

　こうした状況を踏まえ，「著作権法の一部を改正する法律」が，令和 3 年 5 月 26 日に成立し，同年 6 月 2 日に公布された（以下「改正法」という。）。図書館関係に関する規定は①国立国会図書館による絶版等資料のインターネット送信に関する措置及び②各図書館等による図書館資料の公衆送信に関する措置の二点である。

　国立国会図書館による絶版等資料のインターネット送信に関する措置については，市場で流通していないという入手困難資料の性質上，送信に伴う権利者への影響が軽微であると評価できること，また国民の情報アクセスを早急に確保する必要性が高いことから，補償金制度の導入なしに国立国会図書館によるインターネット送信（ウェブサイトでの閲覧）を可能にすることとした。

　一方で，各図書館等による図書館資料の公衆送信については事情が異なり，多くの図書館資料が市場

で現に流通していることから，正規の出版及び電子出版等の市場との競合防止や利用者によるデータの不正拡散等の防止等，権利者保護のための配慮が必要である。そのため，本改正では，補償金の支払を前提にするとともに，データの不正拡散を防止・抑止するための措置を講じた上で，一定の図書館等で著作物の一部分のメール送信等を可能とすることとした。

　今般認可申請する図書館等公衆送信補償金規程（案）（以下「規程案」という。）は，改正法に基づく補償金について定めるものである。去る令和 4 年 11 月 14 日からは，図書館関係の各団体に規程案を添付した上で，補償金額についての意見聴取を行った。

　一般社団法人図書館等公衆送信補償金管理協会（以下「本協会」という。）は，本理由書をもって，本協会が考える図書館等公衆送信補償金額の根拠や規程の趣旨について，諸観点より説明する。

2. 図書館等公衆送信補償金の額について

　本協会は，今般の意見聴取の結果を受け，寄せられた意見を「新聞」「定期刊行物（雑誌を含む。）」「本体価格が明示されている図書」「上記以外（本体価格不明図書・脚本／台本含む限定頒布出版物・海外出版物等）」ごとに具体的に検討した上で，可能な限り反映させることとした。

　また，それぞれの種類の著作物ごとに，各新聞社が読者向けサービスの一環として提供している記事の切り抜きコピーサービスや，一般社団法人出版者著作権管理機構（以下「JCOPY」という。）が提供する書籍の複製権許諾サービスを始めとした広く一般に提供されている複製サービス（複製権許諾サービスを含む。以下同じ。）に対する影響，具体的には価格競争によって既存サービスが淘汰されてしまう可能性についても考慮することとした。

　さらに出版物は，原則として一部分のみの販売を行っていないことから，図書館等公衆送信制度により，事実上，出版物の「バラ売り」や「切り売り」がなされてしまうという状況に陥る可能性を考慮するとともに，補償金の額が，書籍自体の頁単価を下回る事態となり，いわゆる「書籍を買うよりも図書館等公衆送信を利用したほうが安上がりである」といった状況に陥る可能性についても考慮することとした。

　以上に加え，図書館関係者からの要望を踏まえ，

図書館等公衆送信制度が施行された場合に，実際に事務取扱を行う各図書館職員が混乱することを避けるべく，可能な限り分かりやすく，円滑な業務遂行が可能となる補償金体系とする必要性についても考慮することとした。

以上を踏まえ，本協会は，図書館等公衆送信補償金の額について，認可申請をすることとした。

具体的には，本規程の根幹となっている額の算定方式は，下表［略］の補償金額である。

3. 図書館等公衆送信補償金規程（案）逐条説明
　［略］

4. 本規程案の補償金の額とした理由
（1）総論

補償金の算定方式については，立法の過程において，図書館等公衆送信によって，ライセンスの機会が失われたり，正規の電子配信サービスの市場等を阻害されたりすることにより，権利者の利益が不当に害されることのないよう留意することが求められたところである。

また，現状において諸外国に同様の補償金制度が存在しないことから，現時点で日本国内において提供されている図書館等公衆送信に類似するサービスに係る規程や使用料額（単価）をもとに検討することとした。

現時点での類似サービスについて整理すると，以下に掲げる表のとおりである。

団体名（略称）（サービス名）	規程の概要・単価	備考
株式会社日本経済新聞社（日経テレコン21）	利用料金は1アカウントあたり8,000円の基本料金（月額。ID数に応じて変動。）と情報利用料金，契約時のみの当初料金が存在。料金表は脚注記載のURL記載のとおりであり，コンテンツの種類に応じた料金設定がなされている[1]。 <具体例> ①日本経済新聞朝刊： 　本文1件あたり200円 ②日刊産業新聞： 　本文1件あたり400円	
株式会社ジー・サーチ（G-Search）	「クレカ会員」の場合，基本料は月額330円からとなり，情報利用料は従量制となっており，使用した分に応じて支払う建付けとなっている[2]。 ①新聞 全国紙： 　1件につき100円（毎日新聞） 地方紙： 　1件につき150円 専門紙・業界紙： 　1件につき200円〜400円 スポーツ紙： 　1件につき50円〜200円 ②書籍・雑誌 2頁以下の場合： 　1件につき200円〜300円 3頁以上の場合： 　1件につき500円	左記はPDF配信サービスの料金（基本料金月額は税込み，各紙の料金は税抜きで表示）
株式会社朝日新聞社 株式会社毎日新聞社 株式会社読売新聞グループ本社 株式会社中日新聞社 株式会社西日本新聞社 株式会社日刊工業新聞社	<朝日新聞社>110円 <毎日新聞社> モノクロ440円 カラー1100円 <読売新聞社>110円 <中日新聞社> モノクロ300円 カラー500円 <西日本新聞社> モノクロ200円 カラー250円 <日刊工業新聞社> 500円（郵送）※税別 600円（FAX）※税別	新聞記事コピーの提供サービス（郵送又はFAX）は，特記なき限り1記事あたり，税込み，送料別の料金を示している。左記新聞各社が設定している現行の料金は，基本的に1記事あたりの料金である。図書館等公衆送信の最小単位が紙面1頁であって，利用される記事の分量が総体的に増えることへの考慮が求められる。
株式会社メテオ[3]（メディカルオンライン）	①基本料金プラン 月額基本料金として毎月1,100円 アブストラクトは見放題 全文閲覧については1文献726円から閲覧可能 ②従量制プラン 月額基本料金はなし アブストラクトは1件110円 全文閲覧については1文献726円から閲覧可能	左記はいずれも個人会員における料金体系 抄録集など全文が短い場合，アブストラクト表示がなく全文ダウンロードが121円（税込）の文献あり

RightDirect Japan 株式会社[4]（Market place）	外部利用，製薬企業による利用又は e メール添付の場合： 1 人 1 論文につき約 5,408 円（Nature 等） 外部利用，営利企業による利用又は研修目的： 1 論文 499 部につき約 75,907 円（TheLancet 等）	電子配信サービス
株式会社インフォレスタ[5]（InYourBox）	1 論文に手数料 2,100 円を加えた実費として 4,400 円	電子（PDF）配信サービス
株式会社サンメディア[6]	和雑誌： 1 論文あたり 1,650 円から利用可能 洋雑誌： 1 論文あたり 3,850 円から利用可能	電子配信サービス
一般財団法人国際医学情報センター（IMIC）[7]	IMIC 取り扱い資料： 1 論文 1,210 円（送料込み） 当日発送サービス： 1 論文 1,430 円（送料込み） 提携図書館からの取り寄せ： 1 論文 2,640 円（送料込み）	文献複写（紙媒体）サービス
特定非営利活動法人医学中央雑誌刊行会（医中誌）[8]	宅配： 1 論文につき基本料金 990 円に著作権料及び送料（1 発送につき 330 円）を加えた金額 FAX： 1 論文につき基本料金 1,980 円に著作権料を加えた金額	複写による提供サービス
エーシー・ファクス株式会社[9]（ADS 学術文献複写サービス）	和雑誌： 10 頁以内に係る部分は一律 700 円，10 頁を超える部分については 1 頁あたり 70 円 洋雑誌： 10 頁以内に係る部分は一律 800 円，10 頁を超える部分については 1 頁あたり 80 円	複写による提供サービス
公益財団法人大宅壮一文庫[10]	入館料：500 円 <資料配送サービス> コピー料金： 　モノクロ 1 枚 85 円 　カラー 1 枚 145 円 サービス手数料（申込み 1 件につき）：305 円	
一般社団法人出版者著作権管理機構（JCOPY）	許諾料（電子）の平均値は 1 頁あたり 142 円[11]	
公益社団法人日本複製権センター（JRRC）	頁単価（10 円×30）×頁数＋基本料金 500 円	
一般社団法人学術著作権協会	複製等委託者に対して国内管理著作物の電磁的記録媒体の複製物を頒布し又は国内管理著作物をファクシミリ以外の方法で送信する場合： 1 論文あたり 500 円[12]	

1 http://t21.nikkei.co.jp/public/guide/common/pdf/pricelist_2204.pdf

2 https://www.g-search.or.jp/price/

3 https://www.medicalonline.jp/other/company

4 https://rightsdirect.jp/products/rightfind/

5 https://www.inforesta.com/index.php

6 http://www.imic.or.jp/

7 https://www.jamas.or.jp/

8 http://www.acfax.co.jp/

9 https://www.oya-bunko.or.jp/guide/tabid/892/Default.aspx

10 https://www.oya-bunko.or.jp/guide/tabid/892/Default.aspx

11 株式会社数理計画作成の令和 4 年 7 月 25 日付け「図書館等公衆送信サービス補償金額検討のための基礎集計について」と題する資料

12 https://www.jaacc.org/wp-content/uploads/2018/09/JAC_royaltyregulation_20180701.pdf

（2）補償金額の算出根拠

（ア）基本的な考え方

　図書館等公衆送信制度が施行された場合に，実際の実務を担う図書館職員が混乱することを避けるべく，可能な限り分かりやすく，かつ，円滑に業務遂行できるような補償金体系とする必要がある。この点は，図書館関係団体からも，著作物の種類等に応じて細かく分類する形で補償金額の算定方式を設定すると事務作業が煩雑となるため，できる限りシンプルで外形的にも判別しやすい形での算定方式にするべきであるとの意見が出されたところである。

　図書館等公衆送信補償金制度の下では，利用者が調査研究を行う目的で図書館等公衆送信がされることから，調査研究の際の参考文献として著作物を用いる場合や，特定の頁に記載されている特定の著作物を部分的に用いる場合が多いと考えられる。したがって，図書館等公衆送信制度に基づく著作物の利用は，対象となる出版物等に掲載されている一部分に限られるものであり，出版物等に掲載される著作物の大部分を公衆送信することは稀であると考えられる。そのため，補償金額の算定にあたっては，利

用の対象となる出版物等の頁数に応じて算出することが合理的であると考えた。

図書館等公衆送信補償金制度の補償金の額の水準は，国民の情報アクセスの充実等に資するものである必要がある一方，本協会は文化庁から指定を受けた唯一の図書館等公衆送信補償金に関する指定管理団体として，利用された著作物の権利者へ確実に補償金を届ける責務を負っている。

図書館等公衆送信された図書館資料の権利者に補償金を届けるためには，権利者を特定しアクセスする（1回の申請に係る図書館資料に複数の権利者が存在することも想定される。）ことに加え，これらの権利者に直接補償金を支払う業務を行うことから，権利者特定のためのコストや振込手数料等，一定の分配コストがかかることは明白である。なお，かかるコストは図書館資料の種類を問わず発生するものである。

図書館等公衆送信される図書館資料の種類や頁数，さらには具体的な図書館資料の権利者の数等によって，特定の図書館等公衆送信申請1件に要する分配コストは異なる。当該分配コストにつき，個別の図書館等公衆送信の申請単位で，当該申請にかかる利用者が負担することも理論上は考えられるが，申請の段階でこれを算定することは現実的ではないし，個別の申請によって補償金の額が異なることは，国民の情報アクセスの充実等の観点からも，図書館現場における事務負担の観点からも適切とは言えない。そのため，分配コストを賄うために一定の金額（以下「最低補償金額」という。）を設定した上で，本協会が収受した補償金全体の中から実際の分配コストを負担することが合理的であると考えた。

最低補償金額の設定においては，本来であれば図書館等公衆送信補償金制度の利用件数や権利者特定のための具体的なコスト，具体的な振込手数料等をもとに算定すべきであるが，これまでの図書館側との意見交換では，特定図書館等への参加動向が明らかではなく，図書館等公衆送信補償金制度の利用件数についてのシミュレーションも憶測の域を出ない。また，権利者特定のためのコストや振込手数料（権利者の利用する金融機関も区々であり，分配先によって振込手数料が異なることも想定される。）についても，実際に運用をしてみない限り具体的なコスト算出をすることは困難である。

そのため，図書館等公衆送信補償金制度の発足段階である現段階においては，補償金の額の算定において参照した民間サービスの例を参考に設定することとした。すなわち，民間サービスにおいても，同様の趣旨から「基本料金」や「入館料」の名目で最低利用金額を定めている例はあり（本理由書15頁及び16頁参照。），サービス維持の観点からは合理的なものと考えられるところ，例えば，公益社団法人日本複製権センター（JRRC）の基本料金は500円であり，また大宅壮一文庫の入館料も500円である。現にこれらのサービスが広く利用されていることを踏まえると，この金額であれば国民の情報アクセスの充実等の見地からも一般利用者から受け入れ可能な水準と考える。また，図書館等公衆送信補償金制度における最低補償金額の中には，新聞及び定期刊行物（雑誌を含む。）においては1頁の利用に係る補償金を含み，本体価格が明示されている図書及び上記以外（本体価格不明図書・脚本／台本含む限定頒布出版物・海外出版物等）においては，500円に満つるまでの利用に係る補償金が含まれていることや，金融機関の振込手数料が一般に数百円要することからも合理的な金額と考えられる。

なお，上述のとおり，最低補償金額については，制度を実際に運用してみなければ具体的なコストが見えてこないことから，制度を一定期間運用し有意なデータが得られた後には，図書館等公衆送信補償金規程附則第2条に基づき，必要に応じて見直しを行うことも検討している。

（新聞）

新聞は，その性格上，価格帯は一定の範囲で収まっていることから，一律で頁単価を設定することが合理的である。また，実務を担う図書館職員が混乱し同人の負担が増すことに配慮し，可能な限り分かりやすく，かつ，円滑に業務遂行できるような補償金体系とした上で，2頁目以降の加算料金を抑えることで利用者の利便性にも配慮した。なお，通常，新聞1頁はA3判2枚のサイズであることから，新聞紙面の1頁全体の送信申請があり，それがA3判2枚にわたったとしても，1頁と計算する。

（定期刊行物（雑誌を含む。））

定期刊行物（雑誌を含む。）については，学術分

野に関連する高額な雑誌も数多く存在し，かつ調査研究を目的としてかかる高額な価格帯の雑誌の図書館等公衆送信が多くなることが想定される。一方で，定期購読における割引等により本体価格の確認が困難であること，発行年の古い雑誌に記載された定価が現在の定価と乖離しているケースが多いこと，特定図書館等の現場において，分野等を確認することの困難さに鑑みると，分野等にかかわらず一律で頁単価を設定することが合理的である。また，実務を担う図書館職員が混乱し同人の負担が増すことに配慮し，可能な限り分かりやすく，かつ，円滑に業務遂行できるような補償金体系とした。

（本体価格が明示されている図書）

本体価格が明示されている図書は，種類・ジャンルや価格帯が幅広く，一律の頁単価は馴染まない。一方で，著作物の本体価格を基準にすれば，当該著作物の種類，ジャンル，発行部数，紙質，大きさ，製本の有無，装丁の程度，カラーの有無，写真・図表の多寡，印税など様々な価格決定要素を考慮した形で補償金の額を算出することが可能となる。そこで，本体価格を総頁数で割った頁単価を基準とし，既存ビジネスとのバランスを考慮して，一定の係数を掛け合わせて設定することが合理的であると考えた。著作物の分野やジャンルによって頁単価に乗ずべき係数を変えることも考えられるが，どこまで細分化するのか，また分野やジャンルに応じた係数の適正化をどのような形で担保するのかの判断が容易ではない。また，利用者の属性（学生等）によって係数を変更することも考えられるが，当該場合であっても実際には実務上の困難が伴うものと考えられる。

図書館で著作物が複製又は公衆送信されることは，出版物の購入に代えて行われる，いわゆるトレード・オフの関係が生じる場合も少なくないと推測されることから，当該利用による逸失利益を賄うための補償金として，本体価格を用いることは合理的であると考える。

以上を踏まえ，本体価格が明示されている図書については，本体価格を基準とし，かかる価格に公衆送信の対象となる頁数を反映することが最も合理的であると考えた。

なお，本体価格が明示されている図書につき，本体価格を基準とした頁単価のみにより補償金額を決定することとすると，事実上，出版物の「バラ売り」や「切り売り」をすることになってしまい，出版及び電子出版の市場を害することになるとともに，JCOPY が提供する書籍の複製権許諾サービス等の既存ビジネスに影響を与えることにもなる。そのため，具体的には以下の検討を行うことにより，頁単価にどの程度の係数を乗じるのが適切であるか検討を行った[13]。

① 基礎データとして JCOPY が公表している「国内で発行された出版物の複製許諾条件一覧表 2022 年 8 月適用予定データ」を取得
② 電子化権の許諾料（円 / 頁）を参考とするため，①のデータから電子化を許諾していない書誌，書籍ではない書誌を除外
③ ②の作業後の ISBN を用いて，JPRO から本体価格と頁数を取得
④ ISBN を用いて②と③のデータの紐づけを実施
⑤ ④のデータから，JPRO にデータがなかったもの，本体価格がないか 0 円だったもの，頁数がないか 0 頁だったものを除外
⑥ ⑤のデータを用いて書誌ごとに頁単価を求め，許諾料と比較し頁単価に対する倍率を算出
⑦ ⑥のデータの平均値，平均値（5% 除外値），中央値を計算

その結果，以下のとおり，書籍の複製許諾に係る許諾料は，1 頁あたり平均 142.00 円であること，許諾料の頁単価に対する倍率として，平均値が約 11 倍，平均値（5% 除外値）が 8.8 倍であることなどが判明した（以下「本比較結果」という。）。

上記「2. 図書館等公衆送信補償金の額について」において，「本体価格が明示されている図書」の補償金算定を行う際の係数を 10 と設定しているところ，この係数 10 については，本比較結果により得られた許諾料と頁単価の比較と近接している。上記検証の結果，書籍全体のうち約 66% の書籍において，図書館等公衆送信の補償金額が JCOPY の許諾料を下回らないことが予想できるとの推測が得られており，この点からも，上記係数を 10 と設定することは合理的であると考えられる。

	許諾料 （電子） （円／頁）	本体価格 （円）	頁数	頁単価 （円／頁）	許諾料 の頁単 価に対 する倍 率（許 諾料÷ 頁単価）
平均値	142.00	4433	292	18.16	11.09
平均値 （5％除 外値）	127.55	3740	253	16.15	8.80
中央値	100.00	3000	236	13.48	8.00

※ 5％除外…異常な値が平均値に与える影響を除去するため，上位・下位それぞれ 5％のデータを除外してから計算した平均値。
※ 申請対象資料の中の著作物の数について，図書館職員に算定させるのは現実的ではなく，補償金算定においては考慮しないこととしている。

（イ）新聞

　図書館等公衆送信補償金制度と競合するおそれのある既存サービスとしては，例えば以下のものがあり，これら既存サービスの経済的利益を害さないよう配慮すべきである。朝日新聞社，読売新聞社，中日新聞社，西日本新聞社，日刊工業新聞社では，それぞれ新聞記事の複製を提供するサービスを展開している。これらのサービスの料金体系は，モノクロとしての提供に係る料金が110円から440円，カラーとしての提供に係る料金が 250 円から 1,100 円の範囲で設定されているところ，既存サービスが淘汰されることのないよう，図書館等公衆送信サービスの料金が既存サービスの料金を下回らない料金設定とする必要がある。

　また，株式会社日本経済新聞社が提供する日経テレコン 21 では，月額の基本料金に加え，新聞の情報利用料金として記事 1 部あたり 100 円～ 400 円の範囲内で料金を設定している。また，株式会社ジー・サーチが提供する G-Search では，新聞の PDF 化サービスとして，1 部につき 100 円～ 400 円の範囲内で料金を設定している。こうした既存サービスについても淘汰されることのないよう，同様に考える必要がある。

　なお，カラー加算については，仮に申込みのあった 3 頁のうち，2 頁はモノクロ，1 頁はカラーといった公衆送信を行う場合には補償金計算が複雑となることから，実際に実務を担う図書館職員への配慮から，カラー加算は求めないこととする。また，利用者の求めに応じて，図書館側においてカラー送信を行うことも制限しないこととする。

（ウ）定期刊行物（雑誌を含む。）

　雑誌図書館で唯一の民間図書館である大宅壮一文庫に対してヒアリングを行ったところ，現在同文庫で設定している利用料は，索引の作成やデータベースの維持費並びに人件費など全てを鑑みた設定となっており，現行の利用料より低い金額でのサービス提供は難しいとのことであった。また，同文庫によれば，特定図書館等による図書館等公衆送信に係る事務手数料と補償金額の合計額が同文庫の利用料より低くなると，利用者は同文庫の索引検索サービスのみ利用し，送信サービスについては図書館等公衆送信サービスを利用することとなり，同文庫の経営に直接的な悪影響を与えるとの強い危機感を抱いているとのことであった。

　医学書に関しては，例えば日本医事新報社が取り扱う週刊医学雑誌の単価は，1 冊あたり 880 円となっている。このような状況の下，仮に当該医学雑誌について当該価格より低い価格で図書館等公衆送信がなされると，利用者は，同社の雑誌を購入するよりも当該雑誌の必要箇所のみを図書館等公衆送信で利用する可能性が高く，同社の雑誌販売に多大な悪影響を与えかねない。したがって，雑誌の図書館等公衆送信を行うにあたっても，既存サービスへの経済的影響に鑑み，同社の医学雑誌の平均単価を下回らないようにする必要がある。

　そのほかにも，医学書に関する図書館等公衆送信類似の既存サービスとしては，日本国内の学会・出版社発行の雑誌に掲載された医学，歯学，薬学，看護学，医療技術，栄養学，衛生・保健などのあらゆる医学関連分野の文献を検索し，必要な文献の全文閲覧・ダウンロードを可能とするサービスである「メディカルオンライン」がある [14]。同サービスの料金体系としては，月額 1,100 円（税込）でアブストラクトが見放題の基本料金プランと，アブストラクト 1 件 110 円（税込）の従量制プランがある [15]。当該料金体系の下，同サービスにおいてある 1 論文の全文 FAX 送信を受ける場合の料金は，少なくとも 1,210 円（税込）は下回らないものと解される [16]。月刊医学雑誌の単価は通常 2000 円台から 3000 円台に設定されている。これらの 1 冊単価を 1 論文単位に換算して考えた場合，図書館等公衆送信類似の既存サービスでは 1 論文の単価としては高い価格となっており，このような類似サービスの料金体系

についても，図書館等公衆送信の補償金の額の算出方法を決定する上で参考とすべきである。

上記のほか，雑誌や論文の電子配信サービスとして，米国 CopyrightClearanceCenter の代理店である RightsDirectJapan 株式会社が運営する CCC/RightsDirect 及び共同事業パートナーが提供するデジタル・コピーライト・ライセンス（JAC や DCL 等）に含まれている著作物及びその著作物に付与されている権利を検索・確認するためのクラウド型の著作権確認ツールである「Marketplace」，高画質な FAX 提供及び PDF の購入代理並びに出版社との契約によって文献の PDF 納品を行うサービスである「InYourBox」，学術情報をインターネットでお届けするデスクトップデリバリーサービスである「ArticleDirect」がある。上記 4(1) における表記載の各料金体系を踏まえると，これらのサービスにおける書籍の電子配信に係る料金の相場は，1,600 円ないし 6,500 円の範囲で設定されている。この価格は市販の医学雑誌や医学書の単価を考慮すると高い価格であり，このような類似サービスの料金体系についても，図書館等公衆送信の補償金の額の算出方法を決定する上で参考とすべきである。

また，雑誌や論文の複写サービスとしては，各種学会研究会抄録・プログラム集，単行本などの広範な資料に掲載された文献のコピーの取り寄せを可能とする IMIC の複写サービス，国内医学論文等の文献の複写を可能とする医中誌の複写サービス，科学・技術・工学・医学など自然科学分野関連の書籍の FAX 送信及び電子（PDF）配信を可能とするエーシー・ファクス株式会社の学術文献複写サービスがある。これらのサービスにおける書籍の複製に係る料金の相場は，1 頁あたり 33 円ないし 80 円，1 文献あたり 440 円ないし 2,640 円の範囲で設定されており，これは市販の自然科学系の雑誌の頁単価を下回らない価格であり，また 1 論文単位の場合においても市販の一冊単価を考慮すると当該単価を下回らない価格である。このような類似サービスの料金体系についても，図書館等公衆送信の補償金の額の算出方法を決定する上で参考とすべきである。

（エ）本体価格が明示されている図書

書籍はバラ売りや切り売りを想定していないため，当該書籍の一部分の価値を算定することは難し
い。また，基本的に，書籍は一冊の形で価格決定され，かつ，まとまった部数を刷ることで本体価格を下げているため，単純に本体価格を一部分の頁数割合で除した計算は，当該一部分の価値を表すものとはいえず，算定方法としては適切でない。

一方，書籍の一部分のみを利用する観点からは，JCOPY などの複製権許諾料が最も参考になると考えられる。JCOPY の複製権許諾料は，各出版社が独自に料金設定をしており一定の使用料規程があるわけではないが，現に一部分の利用を許諾する料金として広く公に公開しサービス提供されている実態に鑑みれば，一部分利用の逸失利益としての補償金に最も近い。JCOPY の複製権許諾料は，紙の複写と電子の 2 種類であるが，本件は公衆送信に係る補償金であるため，電子の複製権許諾料を参考にするのが妥当である。

また，JCOPY の複製権許諾料のうち，書籍の電子複写の許諾件数は約 7 万件であり，頁単価は最高で 3,000 円，最低で 7 円となっているところ，書籍の種類やジャンル，出版社によってバラつきがあるものの，平均単価としては約 142 円となっており，かかる水準を踏まえた補償金の額とすべきである。なお，既存ビジネスを害さないという観点からは，図書館等公衆送信の補償金が上記複製権許諾料を下回ることは回避すべきである。

さらに，複製権許諾料も書籍の種類やジャンルなどにより千差万別であり，一律単価は馴染まない。本来的には書籍ごとに検討すべきではあるが，全ての書籍を個別検討するのは現実的ではなく簡便な計算方法が求められる。

そのため，簡便な計算方法として本体価格を総頁数で除した頁単価（以下「単純頁単価」という。）を算定の基礎に利用する方法が望ましいとの結論を得た。書籍の本体価格は，その種類，ジャンル，発行部数，紙質，大きさ，製本の有無，装丁の程度，カラーの有無，や写真・図表の多寡，印税など様々な要素により決定されるものであり，それら全ての要素が本体価格として総合的に評価されていると考えられるからである。なお，総頁数は，本協会が特定図書館等に提供するデータベース内にある総頁数を基準とする。

上記の通り，JCOPY における書籍の電子の許諾料は 1 頁あたり平均 142 円であり，紙の書籍の単純

頁単価で割った倍率に鑑みると，単純頁単価に係数10を乗じた水準が妥当なレベルである（この点に関する具体的かつ統計的な係数の策定過程については，上記（ア）（本体価格が明示されている図書）記載の通り。）。

また，補償金の収受分配にかかる費用捻出が懸念されるところ，上記計算式により算出された補償金額が500円を下回る場合は，500円とした。結果的に収受分配の費用のため権利者に分配される配分が消滅してしまう事態は，制度そのものの持続性を脅かすものとなるほか，既存ビジネスにおいても基本手数料等を導入しているサービスが多いこと等を理由とするものである。

（オ）上記以外（本体価格不明図書・脚本 / 台本含む限定頒布出版物・海外出版物等）

本体価格不明図書については，当該図書の価格を明確化する際に多大な労力とコストが生じることが予想されるため，「本体価格が明示されている図書」に係る補償金算定式を適用させることは妥当ではない。また，実際に事務取扱を行う各図書館職員が混乱しないよう，一律した補償金額を設定する必要がある。このことに加え，本体価格不明図書の補償金額と「新聞」「定期刊行物（雑誌を含む。）」「本体価格が明示されている図書」の補償金額を比較した場合に，本体価格不明図書の補償金額が著しく高額となることは妥当ではない。以上を踏まえ，本体価格不明図書については，1頁あたり100円とすることが合理的と考える。

さらに，現在，国立国会図書館には27,000冊の映画・テレビドラマ・ラジオの台本を含む限定頒布出版物が保存されており，それらについても図書館等公衆送信補償金制度の利用対象著作物となる可能性がある。また，限定頒布出版物以外にも，古来の書籍や一般販売されていない書籍，あるいは海外出版物などについては，本体価格表示が付されていない図書も多く，それらについても図書館等公衆送信補償金制度の利用対象著作物となる可能性がある。

上記著作物については，本体価格が算定できない著作物であり，補償金額の策定に当たってベースとなる逸失利益を算定することが困難である。したがって，JRRCの個別許諾方式の使用料計算方法を参考にすべきとも考えられる。

しかしながら，他の種類の著作物の補償金額とのバランスを欠くこと，また実際に事務取扱を行う各図書館職員への配慮から，価格が無い著作物という共通点を考慮し，本体価格不明図書，脚本 / 台本含む限定頒布出版物及び海外出版物等についても，価格確認不可の商業出版物と同様の分類と考え，1頁あたり100円とすることとした。

以上

13 株式会社数理計画作成の令和4年7月25日付け「図書館等公衆送信サービス補償金額検討のための基礎集計について」と題する資料

14 https://www.medicalonline.jp/other/guide

15 同上

16 上記URLの検索エンジンにおいて「糖尿病」や「日本医事新報社」で検索したところ，いずれも全文FAX送信を受ける場合の料金は最低1,210円であった。

〈https://www.sarlib.or.jp/wp-content/uploads/2023/05/hoshokin-app.pdf〉

■図書館等公衆送信補償金の額の認可について

2023年3月29日
文化庁報道資料

図書館等公衆送信補償金制度に関し，一般社団法人図書館等公衆送信補償金管理協会より申請のあった補償金の額について令和5年3月29日付けで文化庁長官が認可を行いましたので，お知らせします。

令和3年に成立した著作権法の一部を改正する法律（令和3年法律第52号）により，各図書館等において図書館資料を用いて著作物の一部分をメール等で送信することを可能とし，その場合には図書館等の設置者が権利者に補償金を支払うこととする図書館等公衆送信補償金制度が設けられました。また，昨年11月には，図書館等公衆送信補償金を受ける権利を有する者のためにその権利を行使する団体として一般社団法人図書館等公衆送信補償金管理協会（SARLIB）を指定しました。

今般，SARLIBより，令和5年1月20日付けで補償金の額について認可申請があり，このことにつ

いて文化審議会において審査を行ってきたところ，3月20日付けで申請内容を修正した上で改めて申請がなされ，これについて文化審議会より認可することが適当とする答申が出されたことを受け，令和5年3月29日付けで文化庁長官により添付のとおり認可を行いました。

　本制度の施行は令和5年6月1日を予定しており，現在，図書館，著作物の権利者・出版者等の関係者により，補償金の額に関することのほかにも具体的な制度の運用に向けたガイドラインの作成などの準備が進められています。なお，実態上，補償金は基本的に利用者が図書館等に支払うことが想定されていますが，この際に図書館等を設置する者によっては補償金のほかに手数料を徴収する場合があり得ます。

[添付文書]

4受文庁第2742号

一般社団法人図書館等公衆送信補償金管理協会

　令和5年3月20日付けで著作権法の一部を改正する法律（令和3年法律第52号）による改正後の著作権法（昭和45年法律第48号）第104条の10の4第1項の規定に基づき認可申請があった図書館等公衆送信補償金の額については，適当な額と認められるため，同項の規定により認可します。

　令和5年3月29日

文化庁長官
都倉俊一

図書館等公衆送信補償金の額の認可に関する留意事項について（通知）

一般社団法人図書館等公衆送信補償金管理協会
代表理事あて
4受文庁第2742号
令和5年3月29日　文化庁次長

　令和5年3月20日付けで著作権法の一部を改正する法律（令和3年法律第52号）による改正後の著作権法（昭和45年法律第48号）第104条の10の4第1項の規定に基づき認可申請がありました図書館等公衆送信補償金の額については，4受文庁第2742号のとおり文化庁長官により認可したところですが，これに関し，貴協会におかれては下記の事項に御留意くださいますようお願いします。

記

・図書館等公衆送信補償金規程（案）附則第2項にある規程の見直しに関する規定を着実に実施すること。特に，同補償金規程（案）は制度の運用実績がない中で当初に適用するものとして検討されたものであることを踏まえ，実際の運用実績と図書館等設置者の意見を十分に考慮し，必要な場合には同補償金規程（案）附則第2項に定めるように規程の実施の日から3年が経過する前においても適時に見直しを検討すること。

・図書館等公衆送信補償金の額は特定図書館等の利用者が受ける便益を考慮した適正な額である必要がある。図書館等公衆送信補償金規程（案）は現時点で想定されている制度の運用によって利用者が受けることとなる便益を考慮したものと考えられるが，実際の制度の運用状況を見ながら，図書館等の設置者等と協力して利用者が受ける便益の維持・向上に努めること。

・図書館等公衆送信補償金規程（案）においては補償金の分配に要する費用を考慮して補償金の額の下限が設定されているが，この設定の在り方については，制度の趣旨である国民の情報アクセスの向上等の観点から継続的に検討すること。なお，検討に当たっては，補償金の分配に要した費用の実績その他の制度の運用実績等を勘案すること。

以上

補償金規程および「ガイドライン」等

図書館等公衆送信補償金規程

令和 5 年 3 月 29 日認可
一般社団法人図書館等公衆送信補償金管理協会

（目的）

第 1 条　本規程は，一般社団法人図書館等公衆送信補償金管理協会（以下「本協会」という。）が，新聞，定期刊行物（雑誌を含む。），図書等の著作物の公正な利用及び当該著作物の著作権者及び出版権者等の権利の保護に留意しつつ，著作権法（昭和 45 年法律第 48 号。以下「法」という。）第 31 条第 5 項（法第 102 条第 1 項において準用する場合を含む。）が規定する補償金（以下「補償金」という。）の額を，法第 104 条の 10 の 4 第 1 項の規定に基づき，定めることを目的とする。

（定義）

第 2 条　本規程において，次の各号に掲げる用語の意義は，当該各号に定めるところによる。

(1)「図書館資料」とは，図書館に蔵書されている著作物をいう。

(2)「図書館等公衆送信」とは，法第 31 条第 2 項（法第 102 条第 1 項において準用する場合を含む。）の規定により行われる公衆送信をいう。

(3)「設置者」とは，図書館等公衆送信を行う特定図書館等（法第 31 条第 3 項の特定図書館等をいう。以下同じ。）を設置する者をいう。

(4)「新聞」とは，不特定多数の人々を対象に，最新のニュースの報道と評論を主たる目的とし，同一のタイトルのもとに，ブランケット判若しくはタブロイド判の形態で綴じずに刊行される逐次刊行物をいい，通常は一定の短い間隔（日刊，週刊，週 2 回刊行など）で定期的に発行されるものをいう。

(5)「定期刊行物（雑誌を含む。）」とは，定期又は一定期間を隔てて，通常，年に 1 回又は 2 回以上刊行する逐次刊行物であって，同一の題号のもと

に終期を定めず通番を付して発行されるものをいう（商業出版社が編集発行する一般雑誌及び学協会が編集発行する学術雑誌等，雑誌と総称される逐次刊行物を含み，新聞並びに団体の会議録及び業務報告等を除く。）。

(6)「本体価格が明示されている図書」とは，新聞及び定期刊行物（雑誌を含む。）を除く，本協会が特定図書館等に対して提供するデータベースによって当該図書の本体価格が確認可能な図書をいう。

(7)「上記以外（本体価格不明図書・脚本／台本含む限定頒布出版物・海外出版物等）」とは，新聞及び定期刊行物（雑誌を含む。）を除く，本協会が特定図書館等に対して提供するデータベースによって当該図書の本体価格が確認不能な図書をいう。

2　本規程に特に定めがある場合を除き，本規程における用語は，法と同じ意味で用いるものとする。

（図書館等公衆送信により支払う補償金の額）

第 3 条　設置者が支払う補償金の額は，下表に定める図書館資料の種類に応じた補償金算定式を適用して算出した額とする。

図書館資料の種類	補償金算定式	備考
新聞	1 頁あたり 500 円 2 頁目以降 1 頁ごとに 100 円	
定期刊行物	（雑誌を含む。）1 頁あたり 500 円 2 頁目以降 1 頁ごとに 100 円	
本体価格が明示されている図書	本体価格を総頁数で除し，公衆送信を行う頁数と係数 10 をそれぞれ乗ずる	1 冊あたりの申請に係る補償金額が 500 円を下回る場合には，500 円とする
上記以外（本体価格不明図書・脚本／台本含む限定頒	1 頁あたり 100 円	1 冊あたりの申請に係る補償金額が 500 円を下回る場合には，500 円とする

布出版物・海外出版物等）		

(注) 見開きで複写を行い，図書館等公衆送信を行う場合は，2頁と数える。

(1)「新聞」及び「定期刊行物（雑誌を含む。）」に関しては，図書館等公衆送信1回の申請につき1頁あたり500円，2頁目以降1頁ごとに100円を加算して算定する。なお，新聞紙面の1頁全体の図書館等公衆送信の申請があり，かかる送信対象となる分量がA3サイズ2頁相当となった場合であっても，1頁と計算する。

(2)「新聞」及び「定期刊行物（雑誌を含む。）」につき，補償金の算定は1冊（号）ごとに別個に算定されるものとする（例えば，A社発行の新聞1頁分及びB社発行の新聞2頁分の図書館等公衆送信を希望する場合には1,100円，雑誌C4頁分及び雑誌D10頁分の図書館等公衆送信を希望する場合には2,200円となる。）。なお，「新聞」につき，同一の会社が発行する同一発行日付かつ同一のタイトルの新聞の図書館等公衆送信を希望する場合には，朝夕刊を一括した形で頁数を算定するものとする（例えば，E社発行の新聞Fの1月16日付朝刊1頁分及び同日付夕刊2頁分の図書館等公衆送信を希望する場合には，700円となる。）。

(3)「本体価格が明示されている図書」につき，「本体価格÷総頁数×対象頁数×係数10」を一括して計算の上，その結果として小数点以下が生じる場合には，小数第一位の数字を切り捨ての上，補償金の額を確定させるものとする（例えば，本体価格が2,500円で総頁数が220頁の書籍のうち12頁分の図書館等公衆送信を希望する場合には，「2,500÷220×12×10」の計算を一括で計算し，その結果として得られた「1,363.6363…」の小数第一位を切り捨てた1,363円を補償金額とする。）。なお，係数は，既存ビジネスとのバランスを考慮しつつ，本体価格を総頁数で割った頁単価を基準とした上で，補償金の額が合理的な額となるように掛け合わされる数値をいう。

(4)「本体価格が明示されている図書」につき，算定対象となる総頁数は，本協会が特定図書館等に対して提供するデータベースに登録されている総頁数を基準とし，仮に目次や巻末の書誌情報等，本文が記載されていない頁が当該総頁数に含まれていた場合であっても，これらの頁を算定対象となる総頁数からは除外しないものとする。

(5)「本体価格が明示されている図書」に頁数が印字されていない場合であっても，本協会が特定図書館等に対して提供するデータベースに登録されている総頁数を基準として額を算定するものとする。

(6)「本体価格が明示されている図書」の総頁数が，本協会が特定図書館等に対して提供するデータベースに登録されていない場合には，当該図書は「上記以外（本体価格不明図書・脚本/台本含む限定頒布出版物・海外出版物等）」として扱うものとする。

(7)「上記以外（本体価格不明図書・脚本/台本含む限定頒布出版物・海外出版物等）」につき，海外で出版された書籍については，全て上記以外（本体価格不明図書・脚本・台本含む限定頒布出版物・海外出版物等）に分類するものとする（例えば，海外で出版された雑誌については，「定期刊行物（雑誌を含む。）」ではなく「上記以外（本体価格不明図書・脚本・台本含む限定頒布出版物・海外出版物等）」に分類されるものとする。）。

(8)「本体価格が明示されている図書」及び「上記以外（本体価格不明図書・脚本/台本含む限定頒布出版物・海外出版物等）」につき，1冊あたりの図書館等公衆送信に係る補償金額が500円を下回る場合には500円とする（例えば，本体価格が2,000円で総頁数が200頁の書籍のうち4頁分の図書館等公衆送信を希望する場合には，「2,000÷200×4×10」という計算により補償金額は400円となるが，この場合であっても補償金額は500円となる。）。

(9) 本協会は文化庁から認可された図書館等公衆送信補償金管理団体であり，図書館等公衆送信補償金の対象となる図書館資料は，本協会に加盟している団体に係る著作物であるか否かにかかわらず，全ての図書館資料とする。

(10) いずれの種類の図書館資料を図書館等公衆送信する場合であっても，モノクロでの送信とカラーでの送信でその補償金の額の算定方式は同一とする。

（その他）

第4条　本規程の補償金額には，消費税法（昭和

63 年法律第 108 号）及び地方税法（昭和 25 年法律第 226 号）に規定する消費税等に相当する金額を加算する（小数点以下切り捨て）。

附則

1　本規程は，令和 5 年 6 月 1 日から実施する。
2　本協会は，本規程の実施の日から 3 年を経過する毎に，実施後の状況を勘案し，本規程について検討を加え，その結果に基づいて必要な措置を講ずるものとする。但し，事情の変更により特別の必要が生じたときは，3 年が経過する前において検討を加え，必要な措置を講ずるものとする。

〈https://www.sarlib.or.jp/wp-content/uploads/2023/05/sarlib-hoshokinkitei.pdf〉

図書館等における複製及び公衆送信ガイドライン

令和 5 年 5 月 30 日制定　令和 5 年 8 月 30 日修正
図書館等公衆送信サービスに関する関係者協議会

第 1　本ガイドラインの位置づけ

本ガイドラインは，従前から行われていた図書館等における複写サービスに加えて，令和 3 年改正法によって追加された特定図書館等における公衆送信サービスに関する法令の解釈とその運用について定めるものです。

令和 3 年改正法に対応するため，「図書館等公衆送信サービスに関する関係者協議会」が組成され，現在まで様々な議論が積み重ねられてきました。それらの議論を経て同協議会における合意に基づき定められたものが本ガイドラインとなります。

なお，令和 3 年改正法は，従前から行われていた複写サービスに関する規定にも変更が及ぶものとなっています。このため，本ガイドラインは複写サービスもその対象としています。もっとも，複写サービスは多くの図書館において永年にわたり実務慣行が積み重ねられてきたものであることを鑑み，本ガイドラインは同サービスの実施について実質的な変更を行うものとはなっておらず，「公立図書館における複写サービスガイドライン」「図書館間協力における現物貸借で借り受けた図書の複製に関するガ

イドライン」及び「写り込みに関するガイドライン」の記載を包含するものとしています。

また，令和 3 年改正法に基づく公衆送信サービスに対する補償金は，同サービスを実施する特定図書館等の設置者が，文化庁長官が指定する指定管理団体を通して権利者に支払うこととされています。そして現在，著作権者団体及び出版者団体によって設立された一般社団法人図書館等公衆送信補償金管理協会（略称「SARLIB」，以下略称表記とする）が，その管理団体に指定されています。

以上により，本ガイドラインは，著作権法（以下「法」という）第 31 条第 1 項から第 5 項に基づく，複写サービス及び公衆送信サービスの双方に適用されるものとなります。

なお，本ガイドラインは，図書館関係者，著作権者団体，出版社団体，有識者らが参加する協議会での意見交換，協議の中で，現時点で引き続き検討が必要な事項を含め共通認識が得られた部分を公表するためのものです。本ガイドラインの内容については，今後も適宜検討の場を設けて必要な見直しを行うことにしています。

第 2　改正法の解釈と運用

1　制度趣旨

図書館等における複写サービス，特定図書館等における公衆送信サービスは，いずれもそれらの施設の利用者への資料提供の一環として実施される，営利を目的としない事業となります。

著作物の複製，公衆送信は著作権者の権利であり，図書館等（以下，明示的に除く旨の記載がない限り特定図書館等を含む）がこれらのサービスを行うことができるのは，法第 31 条第 1 項から 5 項までの規定により，図書館等の公共的奉仕機能を根拠として，著作権者の権利が制限されているからです。

この制度自体が著作物の利用と保護の調和を目指したものですが，その具体的な運用ルールは，図書館等や指定管理団体において，持続的な制度運用が可能なものとする必要があります。また図書館資料の大半が新聞を含む出版物の形態をとっており，それらの商業的な流通が健全に維持されることが，図書館資料の一層の充実につながりますので，そのような観点からも，図書館等，著作権者，出版者の合意に基づくルール作りが重要となります。

以下の本ガイドラインの各項目は上記の観点から構成されているものですので，関係者はその趣旨を十分に理解し，複写サービス及び公衆送信サービスの充実と適正な運用に努めなければなりません。

2 「図書館資料」について

(1) 定義

複写サービス及び公衆送信サービスにおいて，その対象となる図書館資料とは，図書館等が選択，収集，整理，保存している資料をいいます。

(2) 図書館間協力により提供された資料の取り扱い

図書館間協力により提供された，他館の図書館資料の複製物を複写サービスの対象として扱うことは，「図書館間協力における現物貸借で借り受けた図書の複製に関するガイドライン」（大学図書館間においては「大学図書館協力における資料複製に関するガイドライン」）に準拠することにより，行うことが可能です。

今後，公衆送信サービスも実施可能となるよう別途要件等を整理していきます。

(3) 電子ジャーナル等の取り扱い

各図書館等が契約しているオンラインの電子ジャーナル，オンラインのデータベースサービス等によって提供されている著作物については，複写サービス及び公衆送信サービスの対象外です。

(4) 寄贈・寄託資料の取り扱い

図書館等にその処分権限がある（所有権がある）寄贈資料は，「図書館資料」に含まれるため，複写サービス及び公衆送信サービスの対象となります。

一方図書館等がその処分権限を有しない寄託資料については，寄託時に定められた条件によることになります。

3 サービスの主体

(1) 行為主体

複写サービス及び公衆送信サービスの行為主体は，利用者からの依頼を受けた図書館等となります。各図書館等は，利用者からの複写または公衆送信の依頼に対し，法令及び本ガイドラインに基づいてその適否を判断しサービスを実施する責務を負います。

複写サービスの実施にあたっては，司書またはこれに相当する職員（著作権法施行規則第1条の4に定めるもの）を置き（公衆送信サービスの実施にあたっては，下記第9項の要件が付加される），図書館等が主体的にサービスを行う必要があります。

(2) 外部事業者への委託

複写サービス及び公衆送信サービスの申込受付以降における事務処理の全部または一部を，図書館等は外部事業者に委託することが可能です。ただし，その場合は図書館等が当該外部事業者との間で監督権限等を有することを定めた契約を締結し，法令及び本ガイドラインに準拠したサービスとして実施されなければなりません。

(3) 利用者自らの行為

複写サービスにおいては，図書館等の館内にコイン式コピー機を設定して，法第31条第1項の範囲内で利用者自らが複写することを認めている場合があります。これは司書又はこれに相当する職員が随時管理監督することができる場合にのみ許容されるものです。

4 制度目的による限定

複写サービス及び公衆送信サービスは，利用者の調査研究の用に供することがその目的とされています。これは利用者の娯楽・鑑賞の用に供する目的でこれらのサービスを行うことは許容されないということを意味します。図書館等はサービスの実施にあたり，利用者に利用目的を記載した申請書の提出を求めるなど利用者の利用目的が法令に則ったものであるかどうかを確認することが求められます。

5 対象となる著作物の範囲

複写及び公衆送信を行うことができるのは，公表された著作物の一部分であることが原則です。

(1) 「公表」の意義

「公表された」とは，法第4条の要件を満たした場合を言います。図書館資料の大半は出版物（新聞を含む）として発行されたものですので，その掲載著作物は公表されたものとなります（法第4条第1項）。

(2) 著作物の単位

著作物の単位は，以下によることとし，複写及び公衆送信の利用可能範囲は著作物1単位ごとに判断します。

・書籍に掲載されている著作物は，書籍一冊ごと

に下記の〔著作物のジャンルごとの判断基準〕に従い判断する。なお，1作品が複数の書籍にまたがって掲載されている場合は，一冊の書籍に掲載されている部分をもって一つの著作物として扱う。

・新聞，雑誌に掲載されている著作物は，号ごとに下記の〔著作物のジャンルごとの判断基準〕に従い判断する。同一タイトルで複数の号に分けて掲載されている場合は各号掲載分を，それぞれ一つの著作物として扱う。

・事典（項目の著作者が明示されている場合）については，1項目をもって，一つの著作物として扱う。

・新聞，雑誌，事典等，素材の選択や配列に創作性が認められる編集物は，全体を一つの編集著作物として扱う。

〔著作物のジャンルごとの判断基準〕

・絵画や写真は1作品，1図版をもって，一つの著作物として扱う。

・地図は1枚，1図版をもって，一つの著作物として扱う。

・楽譜や歌詞は1作品をもって（複数楽曲によって大きな1作品が構成されている場合は，各楽曲をもって），一つの著作物として扱う。

・俳句は1句，短歌は1首をもって，一つの著作物として扱う。

・脚本については1作品をもって，一つの著作物として扱うが，連続ドラマ等の場合は同一タイトルであっても，各話またはサブタイトルごとに，一つの著作物として扱う。

・文芸作品，論文や漫画作品は1作品をもって，一つの著作物として扱うが，読み切り（連作を含む）作品の場合は同一タイトルであっても，各話ごとに，一つの著作物として扱う。

（3）「一部分」の意義

複写サービス，公衆送信サービスともに，各著作物の2分の1を超えない範囲とします。

6 全部利用が可能な著作物

（1）政令による指定

複写サービス及び公衆送信サービスにおいて，利用することができるのは著作物の一部分であることが原則ですが，著作権者の利益を不当に害しないと認められる特別な事情があるものとして政令で定める著作物については，例外として当該著作物全部の利用が許容されます。本ガイドラインでは政令（著作権法施行令第1条の4，第1条の5）の規定を踏まえて，以下（2）から（6）までに掲げた著作物を全部利用が可能な著作物とします。（2）から（6）までのいずれか一つに該当すれば，全部利用が可能な著作物となります。

（2）国等の周知目的資料

「国若しくは地方公共団体の機関，独立行政法人又は地方独立行政法人が一般に周知させることを目的として作成し，その著作の名義の下に公表する広報資料，調査統計資料，報告書その他これらに類する著作物」と定められています。

（3）発行後相当期間を経過した定期刊行物に掲載された個々の著作物

定期刊行物とは，定期又は一定期間を隔てて，通常年1回又は2回以上刊行する逐次刊行物であって，同一の題号のもとに終期を定めず巻次又は年月次を付して発行されるものを言います。

発行後相当期間は以下のとおりとします。

ア　複写サービス

通常の販売経路において，当該定期刊行物の入手が可能な期間を意味し，原則として次のように取り扱います。

・日刊，週刊，月刊，隔月刊の場合

次号が発行されるまでの期間

・3か月以上の刊行頻度の場合（上記の刊行物で予定通りに発行されない場合を含む）

当該刊行物の発行後3か月までの期間

イ　公衆送信サービス

発行後1年間（ただし，新聞については次号が発行されるまでの期間）

なお，複数の著作物が掲載されている定期刊行物において，個々の著作物は，それぞれ全部を利用可能であるとしても，合わせて当該定期刊行物の全部を利用することはできません。このような定期刊行物はその全体に対して原則として編集著作物性が認められるものであり，その一部分を利用範囲の上限とします。

（4）美術の著作物等

美術の著作物，図形の著作物，写真の著作物は，一体としての視覚的効果を有することを前提とした著作物であり，その一部分の複製，公衆送信では意

味をなさないのみならず，同一性保持権侵害の問題も生じるおそれがあります。このため，政令においては，利用対象となる著作物の一部分と一体のもの（内容に着目したものではなく，同一頁に掲載されているという外形的な状態をもって一体のものとされています）として図書館資料に掲載されていることにより，当該著作物の一部分に付随して複製，公衆送信されることとなるものについては，その全部を利用することができるものとされました。この政令の規定を踏まえ，本ガイドラインでは美術の著作物等の利用について，以下のとおりとします。

ア　複写サービス

「複製物の写り込みに関するガイドライン」に従うものとします。

イ　公衆送信サービス

公衆送信のために複製される図書館資料の一頁につき，一点当たりの美術の著作物又は写真の著作物が，当該頁の3分の2以上の割合を占めて掲載されているものについては，複製時に以下の条件を満たさなければならないものとします。

（ア）原則として解像度を200dpiとして複製すること。

（イ）図書館資料の劣化等の事情により，調査研究の用に供することが困難であると認められることから，200dpiを超えて複製する必要がある場合には，300dpi程度を上限として，目的外利用防止のための措置（デジタル方式又はアナログ方式により，複製対象となる頁上の2以上の箇所に均等に配置されるように記号等を付し，当該頁中に掲載されている美術の著作物又は写真の著作物の上に当該記号等が付されるようにする措置）を講じた上で複製すること。

（5）分量の少ない著作物

定期刊行物を除く図書館資料に掲載されている言語の著作物で，その分量が少ないものの複製，公衆送信については，以下のとおりとします。

なお，今後本ガイドラインの合意事項に基づいた政令上の規定の制定を，本関係者協議会として求めていく予定です。政令が制定された場合は，その内容を踏まえて本ガイドラインの記載を改定することになります。

ア　複写サービス

「複製物の写り込みに関するガイドライン」に従うものとします。

イ　公衆送信サービス

図書館資料の複製が行われる同一頁（見開き単位で複製が行われる場合はその見開きになっている2頁）内に，単独又は複数の著作物の全部又は2分の1を超える部分が掲載されている場合，それぞれの著作物について，その2分の1を超える部分についても公衆送信することができます。

ただし，もっぱら分量の少ない著作物で構成されている図書館資料（句集・歌集，事典類等が典型ですが，これらに限りません。）においては，前段の扱いによる複製箇所は連続してはなりません。なお，本項の規定にかかわらず，7（2）に該当する図書館資料は公衆送信サービスの対象とはなりません。

（6）漫画の著作物

定期刊行物を除く図書館資料に掲載されている漫画の著作物のうち，分量の少ない著作物の複製，公衆送信については，上記（5）に準じて取り扱うものとします。

7　利用対象外となる図書館資料（法第31条第2項ただし書）

（1）法の規定

法は，公衆送信サービスにおいて，「当該著作物の種類（著作権者，その許諾を得た者，出版権者若しくはその公衆送信許諾を得た者による当該著作物の公衆送信（放送又は有線放送を除き，自動公衆送信の場合にあっては送信可能化を含む。以下この条において同じ。）の実施状況を含む。第104条の10の4第4項において同じ。）及び用途並びに当該特定図書館等が行う公衆送信の態様に照らし著作権者の利益を不当に害することとなる場合」（法第31条第2項ただし書）と規定しています。

この規定は，下記の諸要素に照らして，現在存在する商用の著作物利用市場と衝突する場合，あるいは将来における著作物の潜在的な商用利用の可能性を阻害するおそれがある場合に，該当する図書館資料を公衆送信サービスの対象外とすることができるとするものです。なお，この規定は商用利用市場へ

の影響に着目するものですので,「著作物の種類,用途」は一般的なカテゴリーではなく,当該著作物が掲載され流通される出版物等の資料の性質に着目して解されることになります。すなわち「著作物の種類」とは,論文・専門書,一般書,新聞などの掲載資料の発行形態の類型を意味します。当該著作物に係る正規市場の規模や電子配信の実施状況も種類の要素に含まれます。また,「著作物の用途」とは,専門の研究者用,学生用,一般用などの資料利用者の属性に着目したものを言います。

「公衆送信の態様」とは,特定図書館等から利用者に送信されるデータの精度(画質など)や送信される分量などを意味します。

（2）対象外となる資料

この規定を踏まえて,本ガイドラインでは,公衆送信サービスの対象外とする資料を以下のとおりとします。

・法第31条第2項ただし書に該当するものとして,SARLIBから各特定図書館等に対し除外資料として指定されたもの

・楽譜の出版物(各特定図書館等での分類基準等による)

・地図の出版物(同上)

・写真集,画集(同上)

その他,発行後相当期間経過前の定期刊行物及び各特定図書館等において公衆送信を行うことが不適当と認めた資料も対象外とします。

8 送信データの不正拡散の防止(法第31条第2項第2号)

特定図書館等は,公衆送信されたデータがそれを受信した利用者により目的外で拡散されないよう,公衆送信サービスの利用について利用者の個人情報を登録する際,または公衆送信サービスの利用の申込みを受け付ける際,利用者に対して,利用規約を相当な方法により説明するとともに,不正拡散の防止等について定めた利用規約への同意を求めなければなりません。

（1）利用規約記載事項

利用規約において最低限定めるべき事項は以下のとおりとします。

①注意事項・禁止事項の遵守について

・公衆送信サービスを第三者に利用させない

こと

・公衆送信サービスで入手したデータを権利者の許諾なく著作権法に定められた権利制限の範囲を超えて第三者に送信し,又は転載しないこと

・利用登録時に登録した情報に変更が生じた場合は,速やかに登録した特定図書館等に届け出ること

②不適切な利用が判明した場合の利用停止等の措置

利用規約違反,その他の不適切な利用が判明した場合は,公衆送信サービスの利用停止等の措置を講ずること。

（2）送信する電子ファイルに対して講じる措置

①全頁ヘッダー部分に利用者ID(貸出カードの番号等)を挿入する。

②全頁フッター部分にデータ作成館名,データ作成日を挿入する。

ただし,今後の技術的進展等の環境変化に応じて,電磁的方法に係る措置を追加するなど,時宜に応じて追加措置の導入を検討するものとします。

9 特定図書館等の要件(法第31条第3項))

（1）責任者(第1号)

責任者は,図書館等の館長または公衆送信に関する業務の適正な実施に責任を持つ職員のうちから館長が指名する者とします。

また,同一設置者による複数の図書館等がある場合は,責任者の兼任を認めるものとします。

（2）研修項目,実施方法等(第2号)

ア 研修項目

著作権法,本ガイドライン及び補償金制度に関する内容を研修項目とします。

イ 実施方法

各特定図書館等の責任者を中心に,各特定図書館等の責任において,公衆送信サービスに係る実質的な判断に携わる職員(事務職員を含む。外部事業者に事務処理を委託している場合は,当該外部事業者を含む)に対して,上記アの研修項目を内容とする研修を定期的に実施することとします。なお,制度全般に関わる内容については,各特定図書館等が共同で実施すること

を妨げません。その際，必要に応じて文化庁および SARLIB の協力を仰ぐことができるものとします。

（3）利用者情報の適切な管理（第3号）

特定図書館等は，利用者情報を適切に管理するため，公衆送信サービスに係る内部規定を定めることとします。その際，各特定図書館等が所属する組織における既存の個人情報取扱やセキュリティ管理に係る規定を準用することができるものとします。

なお，以下は最低限定めるべき事項とします。

①個人情報の取得方法について（本人確認の方法）

②取得する個人情報の内容（氏名，住所，電話，または E メールアドレス）

③取得した個人情報の管理（セキュリティ）

④取得した個人情報の更新（利用者に更新を求める・更新の手段を提供している等）

（4）データの目的外利用を防止し，又は抑止するための措置の内容（第4号）

特定図書館等は，セキュリティ管理等を適切に行うため，公衆送信サービスに係る内部規定を定めなければなりません。その際，各特定図書館等が所属する組織・機関等における既存の個人情報取扱やセキュリティ管理に係る規定を準用することができるものとします。

なお，以下は最低限定めるべき事項とします。

①電子データの作成に係ること（データに記載する内容等，上記第8項（2）に規定した内容と同じ）

②電子データの送信に係ること（誤送信の防止に向けた対策等）

③電子データの破棄に係ること（保存期間等）

（5）その他業務を適正に実施するために必要な措置（第5号）

今後の運用状況を踏まえて定めていくこととします。

10　受信者（利用者）における複製（法第31条第4項）

公衆送信サービスにおいては，利用者が受信データをハードディスク等に保存したりプリントアウトしたりすることが想定されますので，それらの利用者による複製行為を一定の範囲内で許容する旨の規定です。

複写サービスでは，このような規定はありませんが，これはすでに複製物が利用者一人につき一部提供されている（法第31条第1項第1号）ため，改めて利用者における複製行為を許容する理由がないためです。

利用者は，入手した図書館資料の複製物について，権利者からの許諾がない限り，法第30条以下の権利制限の範囲を超えて複製等の利用をすることはできません。例えば研究室において共同で利用するために複数コピーを作成するということも違法となります。

11　著作権保護期間に関する補償金の要否判断について

著作権保護期間の判断は，言うまでもなく法令の定めに基づいて行うことが原則です。しかし，図書館資料に掲載されている著作物の保護期間判断が必ずしも容易ではないこと，著作物性を有するものであるか否かの判断も難しい場合があることといった法適用，法解釈の問題があるとともに，各特定図書館窓口における送信可否判断を迅速かつ円滑に行う必要があることを踏まえると，公衆送信サービスにおける補償金支払い要否の判断は，当該図書館資料の発行日を基準とし，編集著作物の規定（法第12条），無名又は変名の著作物の保護期間（法第52条）の規定等の趣旨に照らして行うことが妥当であると考えられます。

判断基準は当該図書館資料の発行日を基準とし，以下のとおりとします。

1967年以前　送信対象となる図書館資料内の主たる著作者の没年を調査し，没年が1967年以前または1968年以降の生存が確認できない場合であれば補償金の支払いを不要とする。没年が1968年以降の場合は，没後70年（没日が属する年の翌年から起算して70年を経過するまで）を経過するまで補償金負担が生じるものとする。

1968年以降　発行後70年が経過するまで，一律補償金負担が生じるものとする。発行後70年を経過した場合であっても，主たる著作者の没日が発行日以降で

あれば，当該著作者の保護期間満了まで補償金負担が生じるものとする。

なお，上記判断基準にかかわらず，掲載されている著作物のすべてが保護期間を経過していること，又は著作物性がないと，各特定図書館等が判断した場合は，補償金の支払いは不要とします。

また，原則として，補償金の要否にかかわらず，SARLIB に対する利用報告は行うこととしますが，古典籍等，明らかに著作権保護期間が満了している著作物については，報告対象外とすることも可能とします。

以上

<https://www.sarlib.or.jp/wp-content/uploads/2023/08/31guidelines230830.pdf>

図書館等公衆送信サービスに関する関係者協議会　事務処理等スキーム分科会合意事項

令和 4 年 6 月 20 日
令和 5 年 5 月 18 日修正

1. スキーム検討の前提

（1）サービス実施主体の要件

公衆送信サービスを実施する図書館等が「図書館等における複製及び公衆送信ガイドライン」（以下「31 条ガイドライン」という。）第 2 の 9 において解釈と運用が示されている著作権法第 31 条第 3 項に規定する特定図書館等の要件を満たしていること。

（2）補償金の負担と徴収方式

原則として，補償金は利用者の負担とし，これに，必要に応じて事務手数料等を加えた対価を徴収すること。

（3）業務委託

31 条ガイドライン第 2 の 3(2) による。

（4）事務処理を行う環境

特定図書館等が，利用者や指定管理団体との間の手続をオンライン上で行えるようにすること。

（5）作業の手順

本文書で提示される作業手順はあくまでも標準的なものであり，申込者からの入金の確認前に複製ないしデータ送信を行う等，特定図書館等の事情により作業手順を組み替えることは妨げられない。

2. 申込受付

（1）申込者の要件確認

申込者が特定図書館等に所定の利用者情報の事前登録を行っていることを確認する。

確認方法は以下が想定される。

例：ID/ パスワードによる認証，登録された利用者情報による本人確認

（2）申込方法

原則として，電子メール，インターネット等非来館による申込みが想定されるが，来館での申込みも排除されない。

3. 送信可否判断

申込対象資料が著作権法第 31 条第 2 項ただし書（送信対象外資料）に該当するか否か等を，31 条ガイドライン第 2 の 7(2) に基づき確認する。該当する場合は送信対象とせず，申込みを謝絶する。

4. 補償金要否判断

（1）補償金要否判断

31 条ガイドライン第 2 の 11 に基づき，申込対象資料が補償金の対象となる資料かどうかを確認する。

（2）確認方法

著者の没年等の確認は，各種レファレンスブック及びインターネットによる簡易な調査（出版書誌データベース（Books），Web NDL Authorities 等）による。

5. 複製箇所特定

（1）複製箇所特定

申込内容（タイトル，巻号情報，ページ数，論文名，著者名等）から，申込対象資料のうち，具体的な複製箇所を特定する。

（2）複製・送信範囲確認

31 条ガイドライン第 2 の 5 に基づき，複製箇所の範囲が，公衆送信において認められる一部分の範囲であることを確認する。範囲を超えている場合は申込者に連絡して範囲内に調整するか，申込みを謝絶する。

ただし，31 条ガイドライン第 2 の 6 において，著作権法第 31 条第 2 項に定める全部利用が可能な著作物として解釈と運用が示されているものは全部の公衆送信が可能とする。

6. 複製

（1）複製

申込対象資料の複製（撮影・スキャン等）を実施し，送信用ファイルを作成する。冊子体の場合は，原則としてページ又は見開き単位で複製を行うこととする。新聞紙面等，一定のサイズを超える場合はサイズ単位で部分指定しての複製も可能とする。なお，提供用画像の解像度は，200-300dpi 程度を目安とするが，美術の著作物又は写真の著作物については 31 条ガイドライン第 2 の 6（4）イ（ア）による場合があることに留意する。

（2）不正拡散防止措置の実施

「複製」から「データ送信」までの間に，送信用ファイルに対して，31 条ガイドライン第 2 の 8(2) の措置を行う。

また，美術の著作物又は写真の著作物については，31 条ガイドライン第 2 の 6（4）イ（イ）による追加の不正拡散防止措置が必要となる場合があることに留意する。

（3）送信実績の記録

送信実績として，次の項目を記録する。◎は必須，○は可能な限り。

書誌情報のうち以下の項目

　ISBN/ISSN（資料に記載があれば◎），著作物又は資料のタイトル（◎），責任表示（著者・編者）（○），出版者（○），出版年（○），巻号情報

　※原則として著作物単位での記載とするが，著作物単位での記載が困難な場合は資料単位で可とする。

申込情報のうち以下の項目（申込時に申込者が記載した内容でもよい）

　ページ（又は複製箇所が特定できる論文名等の情報）（◎。申込情報に記載があった場合は可能な限り両方とも）

7. 補償金額算定

図書館等公衆送信補償金規程の定めに従って補償金額を算定する。

8. 申込者への料金提示

申込者に対し，サービス対価の総額（補償金額（消費税等相当額を含む。）に加え，必要に応じて事務手数料等（消費税等相当額が必要となる場合は，当該金額を含む。））を電子メールやインターネットを用いたシステム等で提示し，支払を依頼する。

9. 申込者による入金

申込者は，サービスの対価（料金）の提示を受けた後，各館の指定する方法で対価を支払う。

10. 特定図書館等による入金確認

特定図書館等は，各館の事情に応じた方法で，申込者からの入金を確認する。一定期間入金が確認できない申込みについては謝絶し，当該申込者からの問合せ対応のために最低限必要な保存期間経過後に送信用ファイルを廃棄する。

11. データ送信

（1）データ送信

特定図書館等は，不正拡散防止措置を施した送信用ファイルを申込者に送信する。

（2）送信方法

電子メール，インターネットを通じたファイル転送システム等により送信する。

12. 指定管理団体への送信実績の報告，補償金の支払い

（1）送信実績報告

特定図書館等は，指定管理団体に対し，6(3)の項目及び補償金情報（図書館資料の種類，補償金の対象となるページ数，補償金額）を記載した送信実績一覧及び申込者に提供したファイル（ただし，不正拡散防止措置を施していないもの，不正拡散防止措置のうち利用者 ID 等個人情報に関わる情報を除いたもの又は個人情報の第三者提供について申込時等に利用者から了承を得たもののいずれかとする。また，ファイル送付までの保存に要するデータ容量及びファイル送付時のデータ容量を考慮し，ファイル解像度を下げる等適宜の変更を妨げない。）をセキュリティに配慮した方法で送付することにより，送信実績の報告を行う。

（2）補償金支払い

指定管理団体からの請求等に基づき，徴収済の補償金額（消費税等相当額を含む。）を，指定管理団体が提示する方法で支払う。

（3）頻度

送信実績の報告及び補償金の支払いは，一月に一回程度とする。ただし，ファイルの送付はこの限りではない。

13. 送信用ファイルの廃棄

特定図書館等及び指定管理団体は，事務処理上最低限必要な保存期間経過後に送信用ファイルを廃棄する。

14. 補償金の返還・追徴処理

指定管理団体の指摘等を受け，指定管理団体と特定図書館等との協議のうえ，指定管理団体及び特定図書館等間，特定図書館等及び利用者間において返還・追徴処理を行うことも可能とする。返還・追徴が発生するのは，例えば次のような場合が想定される。

・孤児著作物，著者の没年不明等，判断がつかない場合に，一律の補償金を徴収したが，保護期間満了であったことが後に判明した場合（返還）
・保護期間満了として補償金を徴収しなかったが，後に保護期間内であることが判明した場合（追徴）
・送信可否ないし補償金要否判断，あるいは補償金額算定で誤りがあった場合（返還・追徴）

〈https://www.sarlib.or.jp/wp-content/uploads/2023/05/20230525_02-5_kyogikai03_jimusyori.pdf〉

■図書館等公衆送信サービスに係る特定図書館等及び利用者に求められる要件等について

令和5年5月17日修正
令和4年8月3日修正
特定図書館等分科会

図書館等公衆送信サービス（以下，「本サービス」という）に係る特定図書館等及び利用者に求められる要件等については，以下の通り運用するものとする。なお，同要件等については，時宜に応じて関係者間で必要な見直しを行うものとする。

1 特定図書館等が満たすべき具体的な要件・基準について（第31条第3項）
　（1）責任者の配置（第1号）
　　責任者は，特定図書館等の館長又は本サービスに

係る業務の適正な実施に責任を持つ職員のうちから館長が指名する者とする。

また，同一設置者による複数の特定図書館等については，責任者の兼任を認める。

（2）研修項目，実施方法等（第2号）
　ア　研修項目
　　・著作権法及び図書館等における複製及び公衆送信ガイドライン，その他図書館等公衆送信補償金制度に関する内容
　　・各特定図書館等における本サービスの運用，事務処理といった実務に関する内容
　イ　実施方法
　　各特定図書館等の責任において，各特定図書館等の責任者をはじめとした本サービスに係る実質的な判断に携わる職員（事務職員を含む。外部事業者に事務処理を委託している場合は，当該外部事業者を含む。）に対して，上記の研修項目に係る研修を定期的に実施する。なお，制度全般に関する内容については，各特定図書館等が共同で研修を実施することを妨げない。その際，必要に応じて，文化庁及び一般社団法人図書館等公衆送信補償金管理協会（SARLIB）の協力を仰ぐことができるものとする。

（3）利用者情報の適切な管理（第3号）
　特定図書館等は，本サービスの実施に当たって利用者情報を適切に管理するための内部規定を定めること。その際，各特定図書館等が所属する組織における既存の個人情報取扱やセキュリティ管理に係る規定を準用することができる。

なお，以下の事項については，必ず内部規定において定めるべきものとする。

①個人情報の取得方法について（本人確認の方法）
②取得する個人情報の内容（氏名，住所，電話番号又はEメールアドレス）
③取得した個人情報の管理（セキュリティ）
④取得した個人情報の更新（利用者に更新を求める・更新の手段を提供している等）

（4）データの目的外利用を防止し，又は抑止するための措置の内容（第4号）
　特定図書館等は，公衆送信されたデータがそれを

受信した利用者により目的外利用されないよう，本サービスの利用について利用者の個人情報を登録する際や，本サービスの利用の申込みを受け付ける際には，利用者に対して，目的外利用の防止等について定めた本サービスの利用規約を相当な方法により説明し，同意を求めること。

特定図書館等は，セキュリティ管理等を適切に行うための内部規定を定めること。その際，各特定図書館等が所属する組織・機関等における既存の個人情報取扱やセキュリティ管理に係る規定を準用することができる。

なお，以下の事項については，必ず内部規定において定めるべきものとする。

①電子データの作成に係ること（データに記載する内容等）

「3　データの不正拡散を防止し，又は抑止するための措置の内容」に準ずること

②電子データの送信に係ること（誤送信の防止に向けた対策等）

③電子データの破棄に係ること（保存期間等）

電子データ及び電子データ作成に際し発生する中間複製物については，保存期間後速やかに，かつ適切に廃棄する。

（5）業務を適正に実施するために必要な措置の内容（第5号）

※第5号関係については，現時点で規定されていないことから，今後の文化庁著作権課における同号に基づく省令の規定に係る検討状況を踏まえ，必要に応じて記載内容につき検討する。

2　特定図書館等に利用者が登録すべき情報について（第31条第2項）

各図書館等で行っている既存の利用登録の内容に準ずること。

なお，以下の事項については，必ず登録すべきものとする。

①氏名

②連絡先（住所，電話番号又はEメールアドレス）

既存の利用登録時に，身分証明書による本人確認を必要としない図書館等においては，身分証明書等の本人確認書類による本人確認を行うこと。

登録することが可能な利用者の範囲についても，原則は各図書館等で行っている既存の利用登録要件

に準ずること。

3　データの不正拡散を防止し，又は抑止するための措置の内容（第31条第2項第2号）

特定図書館等は，公衆送信されたデータがそれを受信した利用者により目的外利用されたり，不正拡散されたりしないよう，本サービスの利用について利用者の個人情報を登録する際や，本サービスの利用の申込みを受け付ける際には，利用者に対して，不正拡散の防止等について定めた本サービスの利用規約を相当な方法により説明し，同意を求めること。

なお，利用規約に必ず定めるべき事項は，以下のとおりとする。

①注意事項・禁止事項の遵守について

本サービス利用者は，以下の事項を遵守するものとする。

・本サービスを第三者に利用させないこと

・本サービスで入手したデータを権利者の許諾なく著作権法に定められた権利制限の範囲を超えて第三者に送信し，又は転載しないこと

・利用登録時に登録した情報に変更が生じた場合は，速やかに登録した特定図書館等に届け出ること

・その他，各特定図書館等が本サービスを適切に運用するために必要なものとして定める注意事項・禁止事項

②不適切な利用が判明した場合の利用停止等の措置

利用規約違反，その他の不適切な利用が判明した場合は，本サービスの利用停止等の措置を講ずること。

また，電子ファイルに対して講じる措置については，次のとおりとする。ただし，今後の技術的進展等の環境変化に応じて電磁的方法に係る措置を追加するなど，時宜に応じて追加措置の導入を検討する。

①全頁ヘッダー部分に利用者ID（貸出カードの番号等）を挿入する。

②全頁フッター部分にデータ作成館名，データ作成日を挿入する。

（以上）

〈https://www.sarlib.or.jp/wp-content/uploads/2023/05/20230525_02-4_kyogikai03_tokutei.pdf〉

付　録

「図書館等公衆送信サービスに関する関係者協議会」委員・オブザーバー名簿

2023 年 5 月 25 日現在

■構成団体　委員（28 団体）［個人氏名は略］

団　体　名	役　職
国立国会図書館	利用者サービス部副部長サービス企画課長事務取扱
日本図書館協会	日本図書館協会著作権委員会委員長，調布市立図書館
全国公共図書館協議会	事務局参与・都立中央図書館サービス部長
国公私立大学図書館協力委員会	千葉大学附属図書館事務部長
専門図書館協議会	著作権委員会　委員長
全国美術館会議	情報・資料研究部会幹事
日本博物館協会	専務理事
全国都道府県教育委員会連合会	神奈川県教育委員会教育局生涯学習部生涯学習課長
全国市町村教育委員会連合会	事務局次長
新聞著作権管理協会	運営部会長
学術著作権協会	事務局長
日本文藝家協会	事務局長
日本脚本家連盟	常務理事
日本シナリオ作家協会	常務理事
日本写真著作権協会	常務理事
日本美術著作権連合	理事長
日本美術家連盟	事務局長
日本漫画家協会	事務局長
日本音楽著作権協会	常任理事
日本雑誌協会	著作権委員会委員
日本書籍出版協会	図書館権利制限対策 PT 座長
自然科学書協会	理事，著作・出版権委員会副委員長
日本医書出版協会	著作・出版権担当理事
出版梓会	出版に関する権利委員会委員
日本楽譜出版協会	SARTRAS 対策委員長
デジタル出版者連盟	専務理事
日本児童図書出版協会	事務局長
日本専門新聞協会	専務理事

■有識者　委員

所　属	氏　名
早稲田大学法学学術院教授	上野達弘

■オブザーバー（13 団体）

団　体　名
全国知事会
指定都市教育委員会協議会
国立大学協会
公立大学協会
日本私立大学団体連合会
全国公立短期大学協会
日本私立短期大学協会
国立高等専門学校機構
全国公立高等専門学校協会
日本私立高等専門学校協会
日本複製権センター
出版者著作権管理機構
出版物貸与権管理センター

〈https://www.sarlib.or.jp/wp-content/uploads/2023/06/20230525_kyogikai03_meibo.pdf〉

文献リスト

※編者にて確認した〈図書館等公衆送信サービス〉について扱っている文献（主として雑誌に掲載）を収録した。
配列は執筆者順。

生貝直人「図書館等のデジタル・ネットワーク対応」『ジュリスト』1565，2021.11，p.29-33

生貝直人「専門図書館と著作権 最新動向2021」『専門図書館』特別号，2021.12，p.8-13

池村聡「令和3年著作権法改正の影響度と実務対応：図書館関係の権利制限規定見直し，放送同時配信等に係る権利処理の円滑化」『BUSINESS LAWYERS』2021-05-28 〈https://www.business lawyers.jp/articles/948〉

池村聡「令和3年著作権法改正について」（高林龍［ほか］編『年報知的財産法2021-2022』日本評論社，2021.12），p.1-13

伊藤真「著作権法31条の改正とそれに伴うガイドライン等の作成について」『コピライト』730，2022.2，p.2-17

糸賀雅児「長尾真先生の逝去と著作権法の改正」『図書館雑誌』115(7)，2021.7，p.422-423

糸賀雅児「図書館等公衆送信サービスをめぐる疑問と提言」『図書館雑誌』117(1)，2023.1，p.44-46

上野達弘「デジタル・ネット時代における権利制限」『ジュリスト』1584，2023.5，p.38-44

岡部幸祐「図書館等公衆送信サービスの開始にあたって」『図書館雑誌』117(7)，2023.7，p.410-412

唐津真美「図書館から各家庭への蔵書オンライン送信をめぐる著作権法改正の動向」『ビジネス法務』21(4)，2021.4，p.96-100

川崎祥子「令和3年著作権法改正の国会論議：図書館関係の権利制限規定の見直しと放送番組のインターネット同時配信等に係る権利処理の円滑化」『立法と調査』437, 2021.7, p.64-78 〈https://www.sangiin.go.jp/japanese/annai/chousa/rippou_chousa/backnumber/2021pdf/20210730064.pdf〉

城所岩生「図書館関係の権利制限規定の見直し」『IM』2021年11・12月号，p.24-28 〈https://www.jiima.or.jp/wp-content/uploads/im-pdf/2021_11_12IM.pdf〉

小池信彦「著作権法第31条の改正で変わる図書館サービス」『図書館界』74(2)，2022.7，p.72-77

小池信彦「令和3年改正著作権法と図書館サービス：図書館資料公衆送信サービスの動向」『ほすぴたるらいぶらりあん』47(1)，2022.11，p.28-34

澤田将史「専門図書館と著作権2022：令和3年著作権法改正の概要」『専門図書館』2022全国研究集会特別号，2022.11，p.43-48

常世田良「図書館関係の権利制限について」文化審議会著作権分科会法制問題小委員会（第3回）配付資料1-1，2005.4.28，文部科学省ウェブサイト 〈https://warp.ndl.go.jp/info:ndljp/pid/12231838/www.mext.go.jp/b_menu/shingi/bunka/gijiroku/013/05050301/001.htm〉

二瓶優「著作権法31条1項1号に基づく複写に関する課題の検討：令和3年著作権法改正に関する文化審議会著作権分科会の議論を踏まえて」『現代の図書館』59(3)，2021.9，p.169-177

二瓶優「公共図書館における著作権法改正への対応について：福島県における事例を参考に」『現代の図書館』61(2)，2023.6，p.63-70

日本図書館協会著作権委員会「著作権法の図書館関係規定の見直しの動向，および授業目的公衆送信補償金制度の図書館への適用について」『図書館雑誌』115(4)，2021.4，p.236-238

長谷川清「（解説 HOT TOPICS テーマ4 何が変わる？図書館サービス：著作権法の権利制限規定の見直しを巡って）No.2 公衆送信サービスに直面した公立図書館の視点」『図書館界』75(6)，2024.3，p.336-341

前田麦穂「コロナ禍は資料アクセスをどう変えたか：研究者・学生の緊急アンケートから著作権法改正まで」『図書館界』73(2)，2021.7，p.61-67

南亮一「学校図書館と著作権法第31条：これまでの経緯と現在の動向」『図書館雑誌』115(1)，2021.1，p.28-31

南亮一「最近の図書館に関する著作権法改正の動向について：図書館WTでの検討を中心に」『みんなの図書館』527（2021年3月号），2021.2，p.17-25

南亮一「図書館における著作物の送信に関する著

作権法の改正の意義：これまでの経緯を踏まえて」『専門図書館』308，2022.3，p.2-7

南亮一「著作権法第31条はどう改正されたか？：個人送信サービスと図書館公衆送信サービスを中心に」『みんなの図書館』549（2023年1月号），2022.12，p.33-45

南亮一「（解説 HOT TOPICS　テーマ4 何が変わる？図書館サービス：著作権法の権利制限規定の見直しを巡って）No.1　2021年著作権法改正による第31条の改正：どのようなサービスなのか」『図書館界』75（3），2023.9，p.197-205

村井麻衣子「図書館での著作物利用とデジタル教科書のゆくえ」『法学セミナー』66（3），2021.3，p.28-33

村井麻衣子「令和3年著作権法改正：図書館関係の権利制限規の見直し」『カレントアウェアネス-E』418，2021.8.19

村井麻衣子「令和3年著作権法改正：インターネットを通じた図書館資料へのアクセスの容易化と放送番組の同時配信等における権利処理の円滑化」『法学教室』494，2021.11，p.58-64

村井麻衣子「未来の図書館と著作権法のあり方の検討に向けて：令和3年著作権法改正の意義と課題」『未来の図書館研究所調査・研究レポート』5，2022.5，p.143-175

村井麻衣子「令和3年著作権法改正による図書館等の公衆送信サービスについて」『コピライト』750，2023.10，p.17-28

村井麻衣子「デジタルネットワーク時代の著作権法：未来の図書館員の意識改革のために」（未来の図書館研究所編『図書館員の未来カリキュラム』青弓社，2023.10），p.172-196

山本順一「この国の図書館にかかわる著作権制限立法の在り方は，研究大国，生涯学習社会の実現を目指すものだろうか？」『みんなの図書館』535（2021年11月号），2021.10，p.44-57

山本順一「教育・研究目的の著作物利用に対してなぜ補償金が必要なのか？」『図書館学』120，2022.3，p.19-28

湯浅俊彦「図書館DXとしての電子送信」『専門図書館』308，2022.3，p.8-14

【単行書ほか】

「著作権法に関する動向と課題：令和3年改正著作権法を中心に（第7分科会　著作権）」『第107回全国図書館大会山梨大会記録』，2022.3，p.82-94　内容：委員会報告「著作権の動向とJLAの対応」（小池信彦），発表1「令和3年著作権法の改正について」（吉田光成），発表2「著作権法改正に関する全国公共図書館協議会の取組みについて」（黒田浩利），発表3「令和3年改正著作権法　施行までの課題と懸念」（伊藤真）

「著作権法の改正は，図書館サービスにどのような影響を与えるか（特別報告）」『第108回全国図書館大会群馬大会記録』，2023.3，p.11-19　内容：「法改正の背景と諸外国における図書館の公衆送信サービスの動向と課題」（生貝直人），「図書館等公衆送信サービスの開始に向けて：検討状況と今後の課題」（小池信彦），「国立国会図書館における令和3年著作権法改正への対応について」（福林靖博）

「令和3年改正著作権法の施行後の動向：図書館サービスに活かすうえで考えたいこと（第6分科会　著作権）」『第109回全国図書館大会岩手大会記録』，2024.3，p.118-123

日本図書館協会著作権委員会［著］『2021年著作権法改正と図書館サービス』日本図書館協会，2022.8，3p〈https://www.jla.or.jp/Portals/0/data/iinkai/%E8%91%97%E4%BD%9C%E6%A8%A9%E5%A7%94%E5%93%A1%E4%BC%9A/2021%20Copyright_Flyer_20220801.pdf〉

日本図書館協会著作権委員会編『図書館等公衆送信サービスを始めるために：新著作権制度と実務』日本図書館協会，2023.10，86p（JLA Booklet 14）

文化庁「令和3年通常国会　著作権法改正について」〈https://www.bunka.go.jp/seisaku/chosakuken/hokaisei/r03_hokaisei/index.html〉

国会の委員会会議録（著作権法改正に関する質疑）
〔衆議院〕第204回国会　文部科学委員会第14号（令和3年5月14日）〈https://www.shugiin.go.jp/internet/itdb_kaigiroku.nsf/html/kaigiroku/0096020420210514014.htm〉

〔参議院〕第204回国会　文教科学委員会第14号（令和3年5月25日）〈https://kokkai.ndl.go.jp/#/detail?minId=120415104X01420210525〉

「JLA メールマガジン」配信記事

※日本図書館協会が毎週配信しているメールマガジンから，関連する記事の見出しを時系列に収録した。
　　（　）内はメールマガジンの号数と配信日。（※）は未配信。
　　なお，記事本文は日本図書館協会著作権委員会のウェブページを参照されたい。

・日図協，図書館等に関する権利制限の検討につき，文化庁と意見交換（第 1003 号　2020 年 7 月 22 日）
・図書館関係の権利制限規定の在り方に関するワーキングチーム（第 1 回）のヒアリングに参加・発表（第 1008 号　2020 年 9 月 2 日）
・図書館関係の権利制限規定の在り方に関するワーキングチーム，第 2 回，第 3 回，開催（第 1012 号　2020 年 9 月 30 日）
・近畿病院図書室協議会，日本病院ライブラリー協会および本協会の連名で，文化庁に要望書を提出（第 1012 号　2020 年 9 月 30 日）
・学校図書館問題研究会，著作権法第 31 条における「図書館等」に学校図書館を加えることについて，関係各所に要望書提出（第 1014 号　2020 年 10 月 14 日）
・著作権法第 31 条の「図書館等」における学校図書館の位置づけに関する，文化庁・全国 SLA・日図協の 3 者による打ち合わせ（第 1015 号　2020 年 10 月 21 日）
・図書館関係の権利制限規定の在り方に関するワーキングチーム（第 4 回），開催（第 1016 号　2020 年 10 月 28 日）
・図書館関係の権利制限規定の在り方に関するワーキングチーム（第 5 回），開催（第 1018 号　2020 年 11 月 11 日）
・文化庁「図書館関係の権利制限規定の見直し（デジタル・ネットワーク対応）に関する中間まとめ」に関する意見募集を開始（第 1022 号　2020 年 12 月 9 日）
・著作権に関する図書館団体懇談会を開催（第 1023 号　2020 年 12 月 16 日）
・「図書館関係の権利制限規定の見直し（デジタル・ネットワーク対応）に関する中間まとめ」に対して意見提出（第 1024 号　2020 年 12 月 23 日）
・「図書館関係の権利制限規定の見直し（デジタル・ネットワーク対応）に関する中間まとめ」へのパブリックコメントの実施結果が公表（第 1028

号　2021 年 1 月 27 日）
・「「図書館関係の権利制限規定の見直し（デジタル・ネットワーク対応）に関する報告書」，まとまる（第 1030 号　2021 年 2 月 10 日）
・日図協，自由民主党知的財産戦略調査会・デジタル社会推進知財活用小委員会合同会議におけるヒアリングに参加（第 1032 号　2021 年 2 月 24 日）
・図書館関係の権利制限規定の見直しを含む「著作権法の一部を改正する法律案」が閣議決定（第 1034 号　2021 年 3 月 10 日）
・「著作権法の一部を改正する法律案」が成立，公布（第 1044 号　2021 年 6 月 2 日）
・図書館等公衆送信サービスに関する関係者協議会（第 1 回），開催（第 1065 号　2021 年 11 月 10 日）
・著作権に関する図書館団体懇談会および図書館等公衆送信サービスに関する関係者協議会図書館関係団体会議，開催（第 1068 号　2021 年 12 月 1 日）
・図書館等公衆送信サービスに関する関係者協議会　第 1 回ガイドライン分科会，開催（※）
・図書館等公衆送信サービスに関する関係者協議会　第 1 回補償金分科会開催（第 1077 号　2022 年 2 月 16 日）
・図書館等公衆送信サービスに関する関係者協議会　第 1 回特定図書館等分科会開催（第 1077 号　2022 年 2 月 16 日）
・図書館等公衆送信サービスに関する関係者協議会　第 2 回ガイドライン分科会，開催（第 1078 号　2022 年 3 月 2 日）
・図書館等公衆送信サービスに関する関係者協議会　全体会議事概要を公開（第 1078 号　2022 年 3 月 2 日）
・図書館等公衆送信サービスに関する関係者協議会　第 2 回特定図書館等分科会，開催（第 1081 号　2022 年 3 月 23 日）
・図書館等公衆送信サービスに関する関係者協議会　第 2 回補償金分科会，開催（第 1084 号

2022 年 4 月 20 日）
・図書館等公衆送信サービスに関する関係者協議
会　第 3 回ガイドライン分科会，開催（第 1084
号　2022 年 4 月 20 日）
・図書館等公衆送信サービスに関する関係者協議
会　第 1 回事務処理等スキーム分科会，開催（※）
・図書館等公衆送信サービスに関する関係者協議
会，第 3 回補償金分科会開催（第 1092 号　2022
年 6 月 22 日）
・図書館等公衆送信サービスに関する関係者協議
会，第 4 回ガイドライン分科会開催（第 1092 号
2022 年 6 月 22 日）
・図書館等公衆送信サービスに関する関係者協議
会，第 2 回事務処理等スキーム分科会開催（第
1092 号　2022 年 6 月 22 日）
・図書館等公衆送信サービスに関する関係者協議
会　第 5 回ガイドライン分科会，開催（第 1097
号　2022 年 7 月 27 日）
・図書館等公衆送信サービスに関する関係者協議会
第 4 回補償金分科会，開催（第 1097 号　2022 年
7 月 27 日）
・図書館等公衆送信サービスに関する関係者協議
会　第 3 回特定図書館等分科会，開催（第 1099
号　2022 年 8 月 17 日）
・図書館等公衆送信サービスに関する関係者協議
会　第 6 回ガイドライン分科会，開催（第 1099 号
2022 年 8 月 17 日）
・図書館等公衆送信サービスに関する関係者協議
会　第 5 回補償金分科会，開催（※）
・図書館に向けた図書館等公衆送信サービス説明
会，開催（第 1104 号　2022 年 9 月 21 日）
・図書館に向けた図書館等公衆送信サービス説明
会（1 回目）の質疑応答概要を掲載（第 1107 号
2022 年 10 月 12 日）
・文化庁，「著作権法施行令の一部を改正する政令
（案）」及び「著作権法施行規則の一部を改正する
省令（案）」に関する意見募集を開始（第 1107 号
2022 年 10 月 12 日）
・図書館に向けた図書館等公衆送信サービス説明
会，開催（第 1109 号　2022 年 10 月 26 日）
・図書館等公衆送信補償金管理協会，設立（第
1111 号　2022 年 11 月 9 日）
・図書館等公衆送信サービスに関する関係者協議会

（第 2 回）議事概要および資料を公開（第 1113 号
2022 年 11 月 30 日）
・図書館等公衆送信サービスに関する関係者協議
会第 7 回ガイドライン分科会開催（第 1113 号
2022 年 11 月 30 日）
・「図書館に向けた図書館等公衆送信サービス説明
会」動画公開延長，2 回目質疑応答概要を公開（第
1113 号　2022 年 11 月 30 日）
・図書館等公衆送信サービスに関する関係者協議
会，第 8 回ガイドライン分科会を開催（第 1117
号　2022 年 12 月 28 日）
・著作権法の一部を改正する法律の一部の施行期
日を定める政令等の公布（第 1118 号　2023 年 1
月 11 日）
・図書館等公衆送信サービスに関する関係者協議
会，第 9 回ガイドライン分科会を開催（第 1122
号　2023 年 2 月 8 日）
・図書館等公衆送信補償金の額が認可（第 1130 号
2023 年 4 月 5 日）
・図書館等公衆送信サービスに関する関係者協議
会　第 10 回および第 11 回ガイドライン分科会，
開催（第 1130 号　2023 年 4 月 5 日）
・文化庁，「著作権法施行規則の一部を改正する省
令（案）」に関する意見募集を開始（第 1133 号
2023 年 4 月 26 日）
・図書館等公衆送信サービスに関する関係者協議
会（第 1136 号　2023 年 5 月 24 日）［以下の 3 分
科会が開催された。(1) 第 4 回特定図書館等分科
会，(2) 第 12 回ガイドライン分科会，(3) 第 3
回事務処理等スキーム分科会］
・「図書館等における複製及び公衆送信ガイドライ
ン」公開（第 1137 号　2023 年 5 月 31 日）
・著作権法の一部を改正する法律の公布（第 1138
号　2023 年 6 月 7 日）
・「著作権法施行規則の一部を改正する省令案」に
対して意見提出（第 1138 号　2023 年 6 月 7 日）
・図書館等公衆送信サービスに関する関係者協議
会　第 4 回事務処理等スキーム分科会，開催（第
1176 号　2024 年 3 月 27 日）

https://www.jla.or.jp/committees/chosaku//tabid/946/Default.aspx
https://www.jla.or.jp/library/gudeline/tabid/876/Default.aspx

著作権関係資料集
図書館等公衆送信サービス編 2020～2023

2024 年 3 月 31 日　初版第 1 刷発行

定価：本体 2,000 円（税別）

編集：日本図書館協会著作権委員会
発行：公益社団法人　日本図書館協会
　　　〒 104-0033　東京都中央区新川 1 丁目 11-14
　　　Tel 03-3523-0811（代）　Fax 03-3523-0841
印刷所：イートレイ株式会社

JLA202321　　ISBN978-4-8204-2313-3

Printed in Japan

本文の用紙は中性紙を使用しています

図書館等公衆送信サービスを始めるために
―新著作権制度と実務
JLA Booklet no.14

Japan
Library
Association
Booklet
no.14

図書館等公衆送信サービスを
始めるために
―新著作権制度と実務

日本図書館協会著作権委員会 編

日本図書館協会

著者・編者：日本図書館協会著作権委員会編
発行：日本図書館協会
発行年：2023.10
判型：A5判　頁数：86p
ISBN：978-4-8204-2306-5
本体価格：1,000円

令和3年改正著作権法の「特定図書館等による図書館資料の公衆送信」等の改正事項が，2023年6月に施行されました。本サービスを行う「特定図書館」は，法令により研修を行うことが要件とされ，その内容は関係者間において研修項目として合意されています。

本書はその研修の便宜を図るため，①著作権法に関すること，②図書館等公衆送信補償金制度に関すること，③ガイドライン等に関すること，④各特定図書館等における実務に関すること，についてまとめました。時間的・地理的制約を超えた「国民の知のアクセス」の向上への期待に応えるために，より多くの図書館等が「特定図書館」となることを望まれています。今後の図書館サービスの展開に必読の一冊です。

【目次】
1. 著作権法に関すること（文化庁著作権課）
  1.1 「著作物」とはなにか
  1.2 「著作権」とはどのような権利か
  1.3 著作権はいつまで存続するのか
  1.4 著作者の権利の制限（許諾を得ずに利用できる場合）
2. 補償金制度等について（村瀬拓男）
  2.1 SARLIB について
  2.2 補償金制度の考え方
  2.3 参加特定図書館等とSARLIB との間の事務手続きについて
3. ガイドラインとその実務（小池信彦）
  3.1 図書館等公衆送信サービスとは
  3.2 制度の前提

  3.3 図書館等における複製及び公衆送信ガイドライン
  3.4 特定図書館等および利用者に求められる要件等
  3.5 事務処理等スキーム分科会合意事項
  3.6 特定図書館等における実務
  3.7 補足
資料
  1 図書館等における複製及び公衆送信ガイドライン
  2 図書館等公衆送信補償金規程
  3 図書館等公衆送信サービスに係る特定図書館等及び利用者に求められる要件等
  4 図書館等公衆送信サービスに関する関係者協議会事務処理等スキーム分科会合意事項
  5 関係法令

公益社団法人　日本図書館協会
〒104-0033　東京都中央区新川1-11-14
Tel 03-3523-0812　Fax 03-3523-0842
hanbai@jla.or.jp

ご注文はこちらから！ ▶

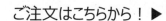